KB269389

매경 기자들이 쓴

돈 버는 주식투자

매경 기자들이 쓴

돈 버는 주식투자

매일경제신문 증권부

매일경제신문사

주식투자는
로또가 아니다

증시가 확 달라졌다. 종합지수 1,000포인트 시대가 다시 열리며 주식시장이 활기를 띠고 있다. 유가증권시장에서 신고가를 경신하는 종목이 잇따르고 코스닥시장에서도 순환매가 일면서 주식투자 열기가 뜨겁다. 하지만 증권사 객장 분위기는 차분하다. 오히려 일부 객장은 예년에 비해 썰렁할 정도다. 샐러리맨, 중년 투자자에 주가가 크게 상승하면 애기 업은 아줌마까지 등장해 장사진을 이루던 객장의 모습이 사라지고 있는 것이다. 소위 '개미'는 장을 속속 떠나고 프로들만 남았기 때문이다.

주식을 팔고 증시를 떠나는 개인들의 행렬은 증시 상황이나 경제 여건, 정부의 경제정책 방향과는 무관하게 이어지고 있다. 개인 투자자들은 2000년대 이후 줄곧 보유주식을 팔아치웠다. 지수가 U자형 움직임을 보인 2000년부터 2005년 8월 5일까지 개인의 주식 순매도금액은 모두 26조 3,000억 원에 달한다. 특히 지난 2003년 3월, 530선을 기록한 종합지수는 20조 원에 가까운 개인의 순매도에도 아랑곳하지 않고 2005년 8월까지 두 배 가까이 올랐다. 상승 무드가 고조된 2005년 들어 개인은 6조 6,555억 원의 주식을 더 팔았고, 8월 초 현재 1조 6,000억 원의 평가손실을 기록했다. 지난 1999년 말 418만 명으로 최대를 기록했던 주식투자 인구는 2004년 말 378만 명으로 줄었다. 개인이 시가총액에서 차지하는 점유율은 1999년 31.7%에서 2004년 20.8%로 낮아졌다.

이처럼 개인들이 일시적인 매도가 아닌 추세적인 이탈현상을 보이는 것은 어떤 이유 때문일까? 여러 가지 해석이 나오지만 주식투자에 섣불리 나섰다가 낭패를 본 개인들이 그만큼 많았고 이들이 주가가 오르는 과정에서 미련 없이 증시를 떠나고 있다는 설명이 가장 설득력을 얻고 있다. 바뀐 증시의 패러다임에 적응하지 못하면서 외국인과 기관투자가, 그리고 각종 펀드가 개인이 떠난 자리를 매꾸고 있다.

저금리시대에 돈을 굴리는 방법으로 손실위험이 큰 직접투자 보다는 펀드투자가 늘고 있는 것도 큰 변화다. 지난 2004년 10월 7조 원대에 그쳤던 주식형 펀드 수탁고는 2005년 들어 폭발적으로 증가하면서 8월 12일 사상 처음으로 14조 원을 넘어섰다. 아울러 2005년 6월 말 현재 펀드 등 간접투자 계좌수도 687만 5,456개로 직접투자 계좌수 674만 5,448개를 앞질렀다. 이같은 추세는 단타매매, 묻지마 투자를 일삼던 개미들이 점차 사라지고 전문가에 여윳돈을 맡겨 재산을 불리는 간접투자가 보편화 되는 선진국형 증시로 탈바꿈하는 과정으로 평가된다. 대박을 꿈꾸는 로또식 투자 보다는 과학적이고 합리적인 투자만이 성공으로 가는 지름길이라는 인식이 금융시장 전반에 확산되고 있는 것이다.

재료에 의해 모멘텀을 받은 주식에 투자하는 것이 단기적으로는 유효한 전략일지는 모른다. 그렇지만 실적과 무관하게 상승기류를 타는 종목을 잘못 건드렸다가는 대박은 커녕 큰 손실을 보기 일쑤다. 1990년대 후반 미국 증시에서도 '묻지마' 식 투기열풍은 큰 후유증을 남겼다. 지난 1995년부터 2000년 초까지 이어진 상승 국면에서 미국 주가는 기업실적 증가율을 크게 앞지르며 상승했다. 2000년 1분기에 첨단 기술주와 인터넷 주식의 거품은 나스닥 상장기업들의 전년도 순익기준 주가수익비율(PER)이 400배에 도달하면서 상승장세가 극에 달했다. 주가와 이익 사이의 격차를 더 이상 감당할 수 없는 수준에 도달했기 때문이다. 주가 거품은 예상 실적과 실제 발표되는 실적간의 차이가 크게 나타나면서 결국 무너지고 만다. 미국 나스닥주가는 2001년 늦겨울까지 고점대비 60%가량 폭락했다.

주식은 로또가 아니다. 대박을 터뜨리는 놀이터로 증시를 생각해서는 큰 오산이다. 자신을 먼저 알고 철저한 이론무장을 갖추면서 냉철한 판단을 겸비해야만 살아남을 수 있다. 증시에서는 매일매일 황소와 곰의 싸움이 벌어진다. 황소는 강세장, 낙관론자를 의미하고 곰은 약세장, 비관론자를 대변한다. 쇼펜하우어가 저술한 '의지와 표상으로서의 세계' 처럼 황소는 주가 상승에 대한 의지를 담은 상징이며 곰은 주가 하락을 의미하는 표상이다. 황소는 싸울 때 강력한 두 뿔로 치받아 올리는 움직임을 보이며 곰은 두발을 딛고 일어서서 앞발의 날카로운 발톱으로 상대를 쳐내리는 공격적인 행동을 보인다. 이 같은 황소와 곰의 서로 다른 공격적 행동은 주식의 상승과 하강을 상징하는 것으로 해석된다. 장세변화의 곳곳에서 늑대들은 양을 노린다. 늑대는 분위기에 편승해 단기차익을 내어 치고 빠지는 전문 투기꾼이다. 양은 급변하는 시황 속에서 스스로 생존해야 하는 선량한 개인투자가다.

그렇다면 투자의 프로들은 어떻게 투자하나?

프로만이 남은 증시에서 개인들은 어떤 전략을 펴야 성공할 수 있을까?

1,300포인트를 넘어선 주식시장은 어디까지 뻗어나갈 것인가?

미래에는 어떤 산업이 유망하며 투자유망주는 어떻게 골라야 할까?

다양한 펀드상품은 어떤 것이 있으며 내 몸에 맞는 펀드는 무엇인가?

안정적인 수익을 올리려면 채권투자전략을 어떻게 짜야 하나?

이 책은 이처럼 주식투자자들이 당면하는 여러 가지 상황, 고민거리와 의문점에 대한 해법을 제시하는 투자지침서로 쓰여졌다. 매일경제신문사 증권부의 베테랑 기자들이 유가증권시장, 코스닥시장, 펀드시장, 선물시장 등 각 분야에서 발로 뛰면서 얻은 투자정보, 경험, 그리고 이론을 현실에 맞게 종합 정리한 노력의 결정체다.

일반 주식투자자나 증권산업 종사자들에게 실전투자의 유용한 길잡이가 되는 것은 물론, 대학에서는 증권투자론 등 관련 교과목의 부교재로도 손색없이 활용될 수 있을 것이다. 단기적인 이익을 취하는 편법이나 꼼수가 아니라 장기적으로 승리하는 정석투자의 지름길을 제시한다. 특히 개인은 기관과 외국인 등 프로 투자자들이 어떻게 투자하는 지를 알고 대응책을 마련해야 한다. 이 책은 프로들이 구사하는 각종 기법을 구체적으로 설명하고 그 활용방법을 다양한 사례를 곁들여 안내하고 있다.

주식시장은 매수와 매도간의 균형이 이루어지는 합리적인 시장이지만 항상 기회와 틈새는 있는 법이다. 헐값으로 거래되는 종목을 찾아내는 안목으로 틈새를 뚫고 유망주를 찾아내야 한다. 주가에는 모든 정보가 녹아있다. 기업의 과거 실적뿐만 아니라 앞으로 얼마나 실적이 증가할 것인지, 배당금은 어느 수준으로 지급될 것인지 등에 대한 예상치가 현재 주가에 반영돼 있다. 미래의 실적과 배당 예상치는 시간이 흐르면서 달라지며 주가에 영향을 미친다. 따라서 분위기에 편승한 주가 모멘텀을 중시하기 보다 객관적인 가치에 입각해 저평가 종목을 발굴해 투자에 나서는 일이 성공투자의 요체다.

이 책은 투자자들이 다양하게 구사할 수 있는 정석투자 기법을 제시하고 있다. 지수 1,300포인트 돌파로 본격 개막된 프로시대의 장세를 헤쳐나가는 강력한 무기가 될 것이다.

매일경제신문 증권부장

남 종 원

PART 1

성공 증권투자로 들어서는 길

PART 4

Contents

펀드투자에서 성공하려면

PART 5

Contents

채권투자로 안정적 수익 올리기

성공 증권투자로
들어서는 길

증권투자에서 성공하는 길은 의외로 쉬울 수 있다. 복잡하지도 않고 평탄한 대로를 가는 것처럼 평이할 수 있다. 투자자가 마음을 어떻게 먹느냐에 따라 달라지기 때문이다.

일단 일확천금식으로 돈을 벌겠다는 욕심을 버려야 한다. 신경을 써 투자한 대가로 은행 정기예금 이율을 상회하는 정도면 만족할 수 있는 마음가짐을 가져야 한다. 이 마음으로 자신이 잘 알고 있는 종목 중에서 실적개선이 계속 이어지는 우량주나 성공경험을 가진 펀드 중심으로 투자하면 실패 확률을 낮출 수 있다. 특히 중요한 것은 매일 쏟아져 나오는 소문 등에 휘둘리지 말고 중장기 투자를 하는 것이다.

지금 시대는 급속하게 변하고 있다. 과거 40여 년 동안 부동산 중심으로 재산이 부풀려지던 시대는 약해지고 있다. 우량종목에 대한 중장기 투자나 간접투자로 돈을 번 사람들도 차츰 늘고 있는 것이다. 1998년 3만 원대에 머

증권선물거래소 직원들이 2005년 9월 26일 서울 여의도 거래소에서 종합주가지수 사상최고치를 경신한 전광판을 바라보며 환하게 웃고 있다.

물던 삼성전자 주가가 어떻게 20배 가까이 오른 60만 원선에 도달할 수 있었겠는가. 2,000원짜리 담배 한 갑도 안 되던 하이닉스 주가가 10배 넘게 오른 현실을 받아들일 수 있는가. 미래에셋의 인디펜던스 펀드에 돈을 맡긴 사람이 3년만에 3배 이상 벌었다는 사실을 믿겠는가. 바로 우리나라 증권투자에서 나타나고 있는 현실이다. 성공한 증권투자가들은 물론 운이 좋아야 한다. 하지만 종목과 펀드에 대한 충분한 사전조사와 탐험은 성공투자의 확률을 높여줄 것이다 .

마지막으로 증권투자에 올인 하는 것은 지극히 위험하다는 사실을 지적해두고 싶다. 각 투자가들은 자신에게 맞는 적정 포트폴리오를 생각하고 이에 맞춰 투자하는 마음가짐이 필요하다. 가족이 살 수 있는 최소한의 집 정도는 마련하고 긴급할 때 쓸 수 있는 현금성 자산도 일정 수준 확보해둬야 한다. 증권투자는 아무리 안전하게 한다고 해도 위험이 따르는 만큼 집을 담보로 잡거나 빚을 내서 하는 것은 다시는 일어서기 어려울 정도로 타격을 받을 수 있는 것이다.

이 장에서는 증권투자에서 성공하기 위한 기본 이론과 요소들을 소개한다. 이런 내용들은 증권투자에 재미를 느끼면서 한걸음씩 차분하게 나아가는 방법을 제시해줄 것이다.

소문에 휘둘리지 말고
가치투자에 나서라

국내 증시에 외국인 투자비중이 급증하면서 증권투자의 패러다임이 급속히 바뀌었다. 소문만 쫓아 투자하다간 십중팔구 실패한다. 특히 자신이 알지도 못하는 기업을 투자 대상으로 삼았을 땐 실패의 가능성이 더욱 크다.

증권 시세는 끊임없이 변화한다. 복잡하게 얽힌 경제적, 사회적, 정치적 변수 등 많은 요소들이 증시에 영향을 주기 때문이다. 그렇다면 투자가들은 매일 급변하는 주가를 무슨 잣대로 분석하고 투자해야 하는가.

투자가는 무작정 사거나 팔라는 시장 수요에 휩쓸려서는 안 된다. 기업의 능력은 분석될 수 있기 때문에 합리적인 투자를 해야 한다. 모든 기업이 자신의 인력, 기술력, 마케팅 능력 등 고유한 특성을 갖고 있기 때문이다. 이런 특성들은 동일한 산업 안에서 경쟁하는 타 기업과 비교될 수 있다. 기업마다 자신이 속한 산업 범주 안에 속하는 다른 기업과 비교해보았을 때 어느 정도 범위에서 적정 주가를 가지고 있다. 즉 한국의 한 통신회사의 주식 가격을, 상장된 국내의 다른 통신회사나 외국의 통신주와 비교할 수 있다는 말이다. 기적을 바라지 않고서는 상대적으로 비교·분석할 때 한 통신주의 가격이 다른 통신주 가격의 몇 배를 넘을 순 없다.

투자가는 자신이 투자하고자 하는 관심종목의 적정가격이 어느 정도인지를 가늠할 수 있는 눈을 갖고 있어야 한다. 자신이 그런 평가방법을 모른다면 해당 산업, 해당 종목의 전문 애널리스트가 분석한 결과를 분석하고 해석할 수 있어야 한다. 그들은 자신이 설정한 가정 내에서 기업들의 현금흐름과 타 기업들과의 상대적 분석을 세밀히 하기 때문에, 한 애널리스트의 분석을 맹종하지 말고 명망 있는 몇몇 분석가들의 리포트를 종합적으로 분석해봐야 시장이 보인다.

외국인 투자비중 급증으로 투자 패러다임이 바뀐 현재 증시에서 개인투자자로서 성공하려면 외국의 큰손, 다시 말해 외국계 주요 투자은행, 대형 외국계 펀드와 국내 기관투자가들이 어떤 기준으로 종목을 선택하고 사고 파는지 알아야 한다. 이들은 크게 네 가지로 분류된다.

첫째, 성장성 투자가(Growth Investors)다. 이들은 어떤 산업의 어떤 회사가 다른 산업, 다른 기업보다 성장 가능성이 월등히 높다고 믿고 투자한다. 우리는 5년 전에 전세계 IT 관련 주식이 급속히 성장했던 것을 기억한다. 이때 많은 투자가는 IT 분야가 다른 산업보다 압도적으로 높게 성장할 것이라고 믿고 투자했다가 쓴맛을 보았다. IT산업이 실적으로 연결되지 못한 채 거품이 터지면서 큰 손해를 본 것이다.

둘째는 가치 투자가(Value Investors). 이들은 어떤 기업이 동종의 다른 기업에 비해 저평가되어 있다고 믿고 장기 보유함으로써 수익을 바라는 투자가들이다. 많은 외국 투자가가 일찍부터 삼성전자나 포항제철(현 포스코) 등의 주식을 사들인 것은 이들 기업가치가 다른 나라의 동종 기업에 비해 많이 저평가됐다는 인식에서 시작됐다.

셋째는 안정된 배당수익 투자가(Income Investors). 이들은 안정적이면서도 높은 배당금을 기대하고 투자한다. 주로 외국의 전력회사처럼 안전하면서도 다른 기업보다 배당을 많이 하는 기업이 그 대상이다. 우리나라 기업들이 최근 배당 성향을 많이 올린 것도 그러한 이유에서다.

마지막으로 시장 변화에 따른 투자가(Momentum Investors)다. 이들은 시장에서 생긴 어떤 변화에 따라 예상 수익이 급증하는 기업에 투자하는 부류다. 한국에는 이렇듯 시장 변화에 따르는 부류의 투자가가 선진국에 비해 많다고 한다. 최근 조류독감, 광우병, 유가 급등, 남북경협 등의 변수가 터졌을 때 이로 인해 수혜를 보는 종목에 많은 투자가 일어났던 현상이 그 예다. 이런 투자의 특성은 시장 변화에 민감하게 대응하다 보니 그 투자기간이 매우 짧다는 것이다. 국내뿐만 아니라 외국 투자가 중에도 이같은 부류의 투자가가 많다.

하지만 오랜 주식투자 역사를 갖고 있으면서 성공한 투자가에게는 이들 네 가지 투자 형태가 골고루 나타난다. 한국도 차츰 투자 형태가 선진국 스타일로 바뀌고 있다. 선진국형 투자 스타일은 일확천금을 얻을 기회를 갖기보다는 실패 위험을 줄이는 것이다.

얼마 전 중국에서 사스가 중국을 강타했을 때 우리나라 제약주가 하늘 높은 줄 모르고 뛰었다가 얼마 안가서 폭락했었다. 조류독감이 나타나니 어업을 하는 수산주가 7배까지 올라가더니 결국 원래 수준으로 돌아오지 않았던가. 그 과정에서 약삭빠르게 치고 빠진 전문 투기꾼들은 돈을 벌었지만 소문만 믿고 들어간 개미들은 박살난 것이다.

이같은 현상이 아직도 나타나는 것은, 결과가 뻔히 보이는데도 어떤 현상이 일어나면 그에 동조하여 부화뇌동하는 개인과 작전 세력이 같이 동조한다는 데 문제가 있다. 모두들 자기는 과거의 경험으로 보아 충분히 타인 보다는 빨리 치고 빠질 수 있다고 착각하는 것이다.

하지만 결과적으로 개미들은 언제나 당하고 작전 세력들은 대부분 재미를 봤다.

그런데 왜 개미들은 과거에 그렇게 당했으면서도 계속하는 것인가. 그것은 주식 투자를 투자로 생각하지 않고 한 탕 할 수 있는 투기로 여겼기 때문이다. 10%나 20% 벌어서는 성이 차지않고 두 배 세 배 먹어야만 투자를 제대로 했다는 정신이 그들을 투기꾼으로 만들어버리는 것이다.

장기적으로는 우리 모두 정상적인 투자가가 되어야 우리나라 자본시장이 발달할 수 있다. 이런 측면에서 우리가 나아갈 길은 여전히 멀다. 기업 측면에서 볼 때 한국 기업들도 투명한 경영을 하며 실제배당률을 차츰 선진국 기업 수준으로 올려야 한다. 외국처럼 안정된 배당수익 투자가들이 나타나도록 안정되면서도 낮은 성장률을 가진 기업들이 자기 특성을 살릴 수 있어야 한다.

이런 여건이 성숙되면 국내 투자가들도 실제 배당률이 높은 종목을 사는 경향이 높아질 것이다. 배당금을 기대하고 투자하는 사람이 늘어난다는 것은 그만큼 국내 증시 여건이 실적과 수익, 가치를 감안한 합리적인 투자가로 바뀌어감을 의미한다.

이미 국내에는 좋은 실적과 높은 성장 가능성, 고배당을 추구하는 기업이 늘어나고 있다. 따라서 우리 자본시장도 다변화 되어 모든 투자자를 유치하는 시대가 되어가고 있다. 간접투자가 점점 그 영향력을 높이고 안정된 분석을 바탕으로 시장이 흘러가는 기조도 마련되었다고 본다. 하지만 아직도 개인 투자 비중이 높은 우리 주식시장에서 소문에 휘둘리지 않는 풍토가 오기까지는 얼마나 시간이 걸릴지 모른다. "무슨 주식을 사야 하나요?"라고 묻는 대신, 어떤 기업이 올해 말 예상 현금흐름의 몇 배로 거래되고 있는가라는 질문이 자연스럽게 나와야 한다.

투자가들이 좋은 기업을 고르고 분석할 수 있는 눈을 기르면 자연스레 돈을 벌 수 있는 기회가 많아질 것이다.

부자는 치밀한 계획과 노력, 냉정한 판단력으로 만들어진다

기회는 준비한 사람만이 잡을 수 있다. 무작정 기회가 오기를 기다리는 것은 감나무 아래서 감 떨어지는 것을 기다리는 것과 마찬가지다. 맛있는 감을 먹으려면 일단 어떤 감나무에 먹음직스러운 감이 열렸는지 찾아야 한다. 이어 먹고 싶은 감을 따러 직접 나무에 올라가던지 아니면 흔들어서라도 그 감을 따야 한다. 감을 찾는 눈과 함께 그 감을 따는 방법과 땀이 필요하다는 얘기다.

기회도 감과 같은 것이다. 기회를 잡으려면 미리 준비하고 있어야 한다. 언제든지 기회가 온다 싶으면 바로 낚아챌 수 있는 준비된 자세가 필요하다. 기회를 잡을 줄 아는 사람들은 기회가 자기에게 오도록 만들어나가기도 한다. 한국 알부자들의 성공스토리를 봐도 마찬가지다. 이런 부자들의 사고나 생활습관은 일반인들과 확연히 구분된다.

일반인들은 생활비를 대고 남은 금액을 저금하지만 부자로 성공했던 사람들은 먼저 적금을 떼어내고 나머지로 생활한다고 한다. 적금도 한 푼이라도 이자를 더 준다든지 나중에 아파트청약자격 등 부가서비스를 기대할 수 있는 금융상품을 선택한다. 부자는 돈을 모으고 불려나가는 과정도 계획적이다. 따라서 평범한 사람이 부자가 되려면 부자가 되겠다는 각오와 이에 따른 실천이 필요하다. 성공한 부자들은 몸에 배인 절약 습관이 있어야 부자가 될 수 있음을 보여준다. 그만큼 절약에 따르는 현실의 고통을 감내해야 한다는 얘기다. 부자가 되겠다는 각오로 철저한 계획을 세우고 한 푼 두 푼 모아나가야 한다는 얘기다.

물론 사업가의 경우 무조건 돈을 아끼는 것만이 능사는 아니다. 기회가 오면 아낌없이 투자하는 것이 오히려 사업을 위한 플러스 요인이 될 수 있기 때문이다. 하지만 돈 잘 버는 사업가는 결코 허튼 곳에 돈을 쓰지 않는다. 앞으로 자신이 더욱 큰 재산을 벌 수 있게 도와줄 수 있는 사람이나 업체에 미래의 안목을 가지고 과감히 투자한다.

부자가 되기 위한 계획과 실천은 크게 3단계로 정리할 수 있다. 첫번째는 종잣돈을 마련하는 시기고 두번째는 재테크를 통해 재산을 늘리는 시기다. 마지막 세번째 단계는 이 재산을 금융, 저축, 증권, 부동산, 현금 등으로 적절하게 배분하면서 전체 소득을 극대화하는 시기다.

1단계인 종잣돈 마련에는 왕도가 없다. 열심히 벌면서 아끼고 저축해야 한다. 근로자우대저축이나 비과세신탁 등을 통해 기초 자금을 마련해야 한다는 얘기다. 종잣돈을 마련하는 데 있어서 부모에게 결혼자금이나 상속을 받으면 시간이 적게 걸리겠지만 그렇지 않을 때는 근검절약하면서 저축하는 길밖에 없다. 그렇다고 자신의 능력을 넘어서서 무리하게 벌기는 어려운 만큼 차분히 모아나가야 한다. 주식투자를 해서 단기간에 종잣돈을 모으겠다는 '대박의 꿈'을 잘못 실천했다가 큰 코 다칠 수 있다. 여윳돈으로 투자했을 경우 손해를 봐도 크게 타격을 받지 않겠지만 종잣돈을 만들어가는 과정에서 돈을 날리면 두 배 세 배 힘들어질 수 있다.

2단계에서는 종잣돈을 이용해 집을 마련하거나 채권이나 주식 등에 투자해 높은 수익을 올리는 시기다. 이 시기에는 금융상품에 대한 이해, 경기상황과 돈 흐름을 잘 파악하는 게 중요하다. 경제·금융 지식에 밝으면서도 냉정하게 판단하고 적절하게 결단을 내릴 수 있는 사람은 2단계에서 성공할 가능성이 높다.

부동산시장 전망이 밝다면 자신이 정착하려는 지역에서 감내할 수 있는 부담을 안고 집을 사는 게 현명한 선택일 수 있다. 금융상품 중에서는 한푼이라도 이자를 더 주거나 세금을 줄여주는 저축상품 등을 적극 활용해야 한다. 증권투자를 할 때는 경기가 나쁘더라도 상대적으로 손해를 덜 볼 수 있는 종목에 투자하는 게 현명한 방법이다. 물론 이런 위험이 싫으면 펀드투자도 고려할만하다. 증권투자로 돈을 벌려면 증권시장, 금융시장의 경제흐름을 따라잡으면서 좋은 종목을 사고 적절한 시점에 팔 수 있는 지식을 갖춰야 한다.

제대로 공부하고 언제든지 실천에 옮길 수 있는 결단력을 갖춰야 돈을 벌수 있다는 얘기다. 특히 주식투자는 고집이나 감정보다는 과학적 계산과 냉철한 결정이 필요하다. 매입한 기업의 주가가 많은 부실을 낸 것으로 밝혀지거나 부정 등에 휘말려 더 이상 발전 불가능하다는 판단이 설 때는 과감한 매도 전략이 필요하다.

3단계는 집을 포함한 전 재산을 이용해 최적의 포트폴리오를 구성하는 것이다. 일단 기본 생활에 필요한 현금성 자산을 확보한 후 저축상품, 연금, 부동산, 주식, 펀드, 채권 등으로 구성해볼 수 있다. 이 포트폴리오는 중장기적 계획 아래 구성하되 이자소득, 상가 임대소득 등 매월 일정액을 현금으로 돌려 받는 방법을 선택할 수 있을 것이다.

증권 투자는 여윳돈으로 해야 한다

증권투자는 항상 여윳돈으로 해야 한다. 빚을 내서 투자한다거나 한 채밖에 없는 집을 팔아 투자하는 것은 위험천만한 일이다. 주식투자는 많은 돈을 벌 수도 있지만 반대로 언제든지 잃어버릴 수 있다. 실패해서 잃어버려도 큰 타격을 받지 않을 정도의 돈만 투자하는 게 현명하다. 따라서 사채는 물론이고 은행 빚을 내 주식을 사는 것도 위험하다. 전세금이나 아파트 중도금, 아이들 학자금 등 꼭 써야 할 돈은 주식에 투자하지 않는 게 혹시 발생할지 모를 위험을 줄일 수 있는 방법이다. 1980년대, 농촌에서 소나 논밭을 팔아 주식에 투자했던 많은 농부들이 빚더미에 앉아 자살하는 등 사회적인 문제를 일으킨바 있다. 요즘에도 주식투자 실패로, 집을 날리고 가정마저 잃어버린 투자가들의 얘기가 자주 오르내리고 있다.

장세 사이클을 읽어라

주가는 일정한 추세 속에서 상승과 하강하는 사이클을 반복한다. 자연 절기의 춘하추동(春夏秋冬), 인간과 동물의 생로병사(生老病死)와 마찬가지로 증시도 흥망성쇠(興亡盛衰)의 흐름을 사후적으로 나타낸다. 이와 관련 일본의 우라가미 구니오라는 분석가는 주식시장이 금융장세, 실적장세, 역금융장세, 역실적장세라는 4가지 국면으로 흘러간다는 주장을 폈다. 그는 금리(자금사정), 기업실적(경기)과 주가의 상관관계를 통해 증시의 순환구조를 설명한다.

그의 이론에 따르면 주식시장의 순환은 △경기가 나빠도 돈의 힘으로 주가가 오르는 금융장세 △경기와 기업실적이 함께 회복되면서 주가 상승이 절정에 달하는 실적장세 △경기 회복은 지속되지만 긴축정책 여파로 주가가 꺾이는 역금융장세 △기업실적과 주가가 함께 하락하는 역실적장세로 이어진다.

실제로 국내 증시는 경기침체가 가시화 된 지난 2004년 하반기부터 콜금리 인하와 시중유동성 유입으로 2005년 3월까지 종합지수 1,000을 넘어서는 상승장세를 나타냈다. 이 시기는 '금리하락', '기업실적 악화', '주가 상승'이라는 금융장세의 3가지 특징을 그대로 보여준 시기였다. 이후 주식시장은 경기회복을 기다리며 금융장세에서 실적장세로 이행하는 과도기를 보였다. 실적장세의 특징은 금리, 기업실적, 주가가 동반 상승하는 모습을 보인다는 점인데 실제로 이들 3대 변수간의 강력한 상호작용은 곧바로 나타나는 것이 아니라 상당기간 지연되는 양상을 나타냈다. 다만 증시에서는 기업이 투자를 늘리고 내수소비가 바닥을 친 후 회복세를 보임에 따라, 기업실적이 호전될 것이라는 기대감 속에 2005년 6월부터 선취매가 일면서 주가지수가 큰 폭으로 상승하여 12월에는 1,300포인트를 돌파했다.

주식시장의 4단계 사이클: 금리, 기업실적에 따른 주가움직임

(1)금융장세	금리 ↓	기업실적 ↘	주가 ↗
(2)실적장세	금리 ↗	기업실적 ↑	주가 ↑
(3)역금융장세	금리 ↑	기업실적 ↗	주가 ↘
(4)역실적장세	금리 ↘	기업실적 ↓	주가 ↓

경기와 금리추이에 따라 주식시장이 4가지 흐름을 보인다는 이론은 계절에 비유될 수 있다. 봄(금융장세), 여름(실적장세), 가을(역금융장세), 겨울(역실적장세)이 바로 그것이다. 하나하나 구체적으로 살펴보자.

금융장세는 경기가 침체기에 빠져 회복에 대한 전망이 불투명하고 기업이익도 감소하지만 시중 자금사정이 호전돼 주가가 상승하는 국면을 말한다. 강세장세의 초기인 금융장세는 눈이 남아있는 꽃샘추위 속에서도 꽃망울이 하나 둘씩 맺히듯이 금융완화라는 봄바람을 등에 업고 종달새가 소리 높여 노래 부르는 절기다.

이 때는 정부가 경기를 부양하기 위해 통화량을 늘리고 금리를 낮추는 정책을 편다. 비관이 극에 달한 이후 주가가 반등하면서 상승국면이 시작되는 단계로 이해할 수 있다. 풍부한 자금을 바탕으로 증권시장에 참여하는 투자자들이 늘면서 싼 값에 주식을 살 수 있는 좋은 기회가 제공된다.

금리하락이 멈추면서 이 같은 금융장세가 끝난 다음에는 본격적인 상승장이 펼쳐지는 실적장세가 전개된다. 여름의 햇살을 받아 꽃이 만개하는 절기다. 경기침체기에 펼친 정부의 재정확대, 통화팽창 정책이 어느 정도 가시화 되면서 소비가 늘고 일부 업종의 기업실적도 점차 호전되는 시기다. 창업이 늘고 건설수주가 증가하며 도소매업종 경기가 호전되는 국면으로 경제성장률도 바닥을 치고 상승한다.

기업실적의 호전은 이 국면에서 업종별로 시차를 두고 나타난다. 기업의 결산을 앞두고 실적이 양호할 것으로 예상되면 실적호전 예상주에 대한 투자수요가 일면서 주가가 오르기 시작한다. 투자자 입장에서는 실적이 좋아지는 '턴어라운드 종목'을 미리 골라서 마음 편하게 사들인 투자자가 결실을 기다리는 주식투자의 호계절이다.

그 다음으로 펼쳐지는 역금융장세는 경기 확장국면이 지속돼 기업실적이 가시화 되고 주가가 상승하면서 과열에 대한 염려가 높아지는 단계다. 실적이 좋아진 기업들의 적극적인 설비투자로 금리가 상승하면 투자자들은 주식을 팔아서 그 자금을 높은 이자를 주는 금융기관에 예금하게 되고 이에 따라 주식공급량은 증가하지만 수요는 감소하게 돼 주가가 하락하는 현상을 보인다. 호황의 여운이 이어지지만 가을 단풍을 즐길 틈도 없이 찬바람에 대비해야 하는 시기다. 수확기를 잘 맞추면 환한 웃음을 지을 수 있지만 때를 놓치고 수확을 게을리 하다가는 낭패를 보기 십상이다. 이 때는 인플레가 걱정거리로 대두됨에 따라 통화당국이 물가안정을 위한 금융긴축정책에 주력하게 된다. 이에 따라 시중 자금사정은 점차 나빠지고 금리는 상승세를 타면서 주가는 약세로 기울기 시작한다.

마지막 단계인 역실적장세는 주식시장의 겨울이나 마찬가지다. 경기가 불황기로 본격 진입하면서 자금수요가 줄고 금리가 떨어져도 기업 이익이 크게 감소하는 국면이다. 갑작스런 눈발이 내리고 북풍이 엄습해 모든 자연이 얼어붙는 이 장세는 경기후퇴기와 불황기에 나타난다. 일부 업종에 걸쳐 약세를 보이던 주가는 대부분의 업종에서 약세기류에 휩싸이며 비관적인 장세전망이 시장을 지배하게 된다. 경기가 부진하고 금리가 인상되면 기업들은 이미 조달한 자금에 대한 추가 이자부담 때문에 자금조달이 곤란해지면서 투자를 줄이게 된다. 이로 인해 매출이 줄어들고 실적도 나빠진다.

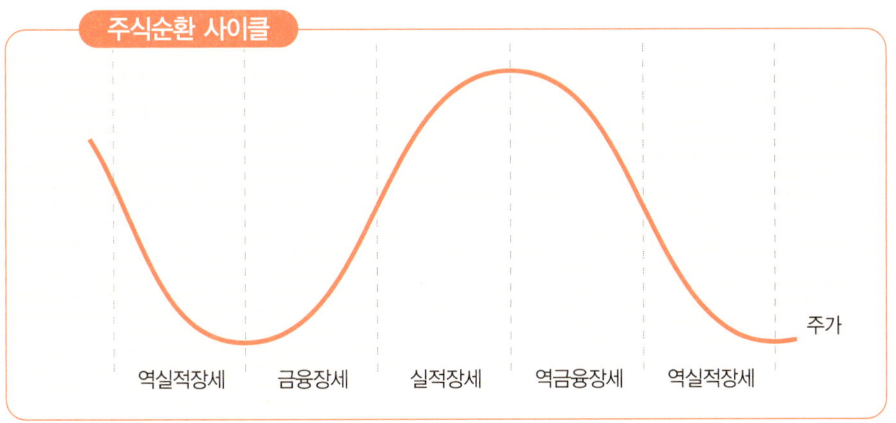

◉ 주식순환 단계별 투자전략

주식 투자자들은 이 같은 4대 국면에 처한 시기별로 서로 다른 전략을 구사해야 투자성과를 볼 수 있다. 현재의 장세가 어느 국면에 들어가 있는지, 그 상황은 어떻게 바뀌고 있는지, 즉 언제쯤 다음 단계로 이행되는지에 대한 관심이 필요하다. 실물경기와 자금시장, 기업실적 등 주가에 영향을 미치는 상황의 변화에 앞서 얼마나 현명한 전략을 수립하고 실천에 옮기느냐에 따라 주식투자의 성패가 달라진다.

각 국면마다 장세를 이끄는 유망주가 다르다. 우선 금융장세에서는 주가 낙폭이 컸던 낙폭과대주와 함께 저금리정책의 효과를 볼 수 있는 금리민감주가 각광을 받는다. 정부의 재정지출 확대 등 경기부양책에 따라 건설주가 선호되고 업종대표 우량주도 투자자들의 관심을 끌게 된다. 특히 은행차입이 많은 기업들은 금융비용이 감소하며 실적 증가가 예상되면서 주가가 상승한다. 이 시기에는 금리인하로 국제경쟁력이 생기는 기업의 주가를 선별해서 투자하는 것이 유리하다.

실적장세에서는 기업실적이 호전되는 종목들이 주도주로 떠오른다. 이 국면에서 주도주의 상승탄력은 기업실적이 호전되는 정도에 따라 달라진다. 금융장세에서 탁월한 성적을 낸 종목들 가운데 탄력이 둔화되는 종목이 나타나며 새로운 '미인주' 발굴이 활발해지는 순환매 현상이 일어난다.

이 시기에는 부진한 실적이 개선되는 종목에 초점을 맞춘 투자전략이 최우선이다. 특히 영업실적이 적자에서 흑자로 호전되는 '턴어라운드' 종목이 가장 주목을 받게 된다. 흑자폭이 확대되는 종목들도 탄력이 좋은 주가움직임을 보일 수 있다. 업종, 규모, 주가수준에서 주도주의 손바뀜도 활발해진다. 부품소재산업과 중소형주, 중저가주 등 소외 받던 부분이, 그 동안 상승세를 보였던 완제품생산업체, 대형주, 고가주를 대신해서 서서히 상승대열에 합류한다. 주가가 고점에 다다를 때는 모든 정보가 장밋빛처럼 밝게 보이고 지금 사더라도 충분히 시세차익을 거둘 수 있을 것 같은 욕망을 불타게 한다. '천장은 3일에 불과하지만 바닥은 100일에 달한다'는 주식시장의 격언에 비춰보면 주가의 고점은 한 순간에 사라져버릴 수 있다는 점에 주의를 기울여야 한다.

역금융장세는 그 동안 상승세를 보였던 대형주들이 시중유동성 악화에 영향을 받아 약세로 기우는 모습을 보인다. 금융긴축과 외부의 쇼크 때문에 매물이 쏟아지며 이에 따라 주식시장은 점차 하강곡선을 그릴 가능성이 높다. 그에 반해 중소형주들이 국지적으로 등락을 거듭하는 모습을 보이는 등 개별재료를 중심으로 한 주가움직임이 나타나는 국면이므로 주식보유 규모를 줄이면서 탄력적인 시장대응에 나서는 것이 바람직하다. 이 시기에는 내수 관련 업종인 음식료, 섬유, 제약 등이 상대적으로 주목 받을 수 있다. 또한 금리상승에 따라 상대적으로 금융업의 수지가 개선되어 주가에도 긍정적인 영향을 미치게 된다.

역실적장세에서는 '쉬는 투자'보다 더 좋을 게 없다. 주식값이 무차별적으로 하락하는 국면이므로 투자활동이 크게 위축되는 시기다. 경기후퇴와 실적악화를 반영해 주가는 고점에서 크게 떨어진 상태이고 주가의 바닥을 누구라도 예측하기 힘들다. 약세장이 지속되는 가운데 간헐적인 주가반등이 시도되지만 본격적인 회복을 기대하기엔 역부족이다.

주가의 하락세가 이어지면 어디까지 내려갈지 모르는 공포심이 시장을 지배하게 된다. 조그만 악재도 심리가 위축돼 있는 터라 투자자들의 투매를 유발한다. 역금리장세에서 기록한 저점에서 반등이 나타난다 하더라도 역실적장세에서는 다시 추가하락이 나타나면서 통상적인 장세의 바닥진입 패턴으로 이어진다.

이 시기에는 금융기관에서 과다하게 대출을 받은 업체들은 자금부족으로 부도가 나거나 파산하는 사태를 맞게 되므로 투자대상 종목의 재무적 건전성이 어느 때보다 중요하다. 투자자들은 망할 가능성이 적은 대형우량주에 몰리게 되므로 상대적으로 외면되는 중소형주의 주가는 약세를 보이게 되는 주가양극화 현상이 심해진다. 장기적인 관점에서 이 시기는 오히려 기업내용이 좋은 종목을 값싸게 사들일 수 있는 절호의 기회가 될 수 있다.

이같은 분석은 결론적으로 주가의 흐름을 이해하고 투자전략을 수립, 실천하는데 유용한 길잡이가 될 수 있다. 하지만 주가는 금리 이외에 여러 가지 변수가 영향을 미친다는 점에서 그 한계가 있다. 예를 들어 환율, 유가, 원자재값, 부동산가격 등 여러 가지 가격 변수의 변동에 따라 기업 실적과 실물경기가 영향을 받을 수 있기 때문에 종합적인 시각에서 분석하는 자세가 필요하다. 아울러 글로벌 증시의 움직임도 중요한 변수인데 미국과 유럽, 일본 등 주요국 증시의 동조화 현상이 여전한 만큼 각 나라 주식시장의 동향에 대해서도 각별한 관심이 요구된다.

04

중장기적 안목으로 투자하라

'중장기적 안목으로 투자하라'는 말은 사실 정석투자를 주제로 삼고 있는 이 책의 전부라고 생각해도 좋을 만큼 중요한 투자 원칙이다. 정석투자를 통해 높은 수익률을 올려 부자가 되기를 원하는 사람은 중장기적 안목을 갖고 투자해야만 성공을 거둘 확률이 높음이 이미 국내외에서 증명돼 있기 때문이다. 그러나 한국에서 지난 1980년대 이후 '중장기 투자' 만큼 투자자들로부터 외면 받은 투자원칙은 없을 것이다.

이 원칙이 외면 받은 이유는 간단하다. 이런 방법으로 한국 증시에서 돈을 벌기가 쉽지 않았기 때문이다. 보다 냉정하게 얘기하면 △시장의 합리성 결여 △불투명한 투자정보와 분식회계 △예측할 수 없는 정부의 규제와 간섭 △상장기업의 허약한 기초체력 등이 복합적으로 작용하면서 중장기 투자로 돈을 버는 것은 사실상 불가능했다.

그러나 90년대 말의 혹독한 구조조정기를 거쳐 2000년대 중반에 들면서 이제는 상장기업들의 체질이 크게 개선됐고 투자 주체들과 투자패턴에도 많은 변화가 있었다. 또 증시에 영향을 미치는 미시적, 거시적인 경제 변수들이 중장기 투자를 가능하게 하고 있다. 급격한 노령화의 진행과 저금리 기조라는 근본적인 변화가 모르는 사이에 국민들의 삶과 부를 뒤바꾸고 있는 것이다. 정석투자에 기초해 중장기 투자를 하지 않고 은행 예금만 바라보는 사람들은 5년 뒤, 10년 뒤에는 땅을 치고 후회하면서 다가올 노년을 걱정할 가능성이 높다는 것이 증시 전문가들의 예상이다.

그러면 중장기 투자가 미래의 성공투자 전략일 뿐 지금 이를 실행하기에는 무리일까? 이런 생각은 '사실과 다르다'는 것이 통계와 자료로 입증되고 있다. 이미 한국 증시에서 가치투자와 중장기 투자를 통해 엄청난 수익률을 내는 종목이 속출하고 있기 때문이다.

전고점 대비상승률 상위 종목

구 분	2000.1.14	2005.8.12	상승률
크라운제과	7,220	130,500	1,707.5%
태평양	19,650	294,500	1,398.7%
롯데칠성음료	65,500	893,000	1,236.4%
현대모비스	6,610	79,400	1,101.2%
나산	1,200	11,250	837.5%
현대미포조선	9,290	76,300	721.3%
벽산	2,100	16,400	681.0%
성신양회	2,910	20,850	616.5%
신세계	56,000	382,000	582.1%
한국철강	3,950	25,850	554.4%
삼호	2,450	15,900	549.0%
S-oil	12,725	81,600	541.3%
오뚜기	14,600	84,500	478.8%
금비	6,900	39,500	472.5%

*자료=증권선물거래소

실제 예를 멀리서 찾을 필요는 없다. 생활 속에서 쉽게 찾을 수 있는 제품을 생산하는 내수 관련주의 최근 5년간 수익률을 보면 중장기 투자의 위력을 실감할 수 있다.

2005년 9월 7일 종합주가지수는 크게 상승하면서 10년 10개월만에 전 고점을 넘어 1,142.99포인트로 사상최고치를 기록했다. 2000년 1월과 2005년 8월의 주요 내수주 주가를 비교해보면 크라운제과가 7,220원에서 13만 500원으로 18배 상승해 가장 높은 상승률을 보인 것으로 나타났다. 또 5년 7개월 전 1만 9,650원이던 태평양 주가도 15배나 급등해 2005년 8월 중순 현재 30만 원에 근접한 상태다. 이 밖에 음료업체인 롯데칠성음료 주가도 2000년 1월 4일 이후 15배나 상승했고, 패션업체인 나산(9.3배), 백화점업체 신세계(6.8배), 건설업체인 삼호(6.4배), 음식료 업체 오뚜기(5.7배) 등 내수 관련기업의 주가가 크게 올랐다.

이들 종목에서 높은 수익을 올린 투자자들은 내수 관련 업종의 근본적인 변화를 한발 앞서 파악한 사람들이었다. 90년대 후반부터 업계의 구조조정이 진행되면서 해당 업종 1등과 2등 업체의 시장점유율과 시장지배력이 크게 올라갔고 이것이 바로 기업의 수익으로 이어질 것이라는 안목에서 중장기 정석투자를 한 투자자들이다. 한국에서도 중장기 투자의 위력이 본격화 되고 있는 셈이다. 그러나 2000년 당시 유망 투자업종으로 꼽혔던 통신, 의료정밀, 서비스, 증권, 유통업 등은 당시의 주가에도 못 미치고 있다.

그러면 투자자 입장에서 중장기 투자에 성공하려면 어떻게 해야 할까?

가장 손쉬운 방법은 신문의 증권면이나 증권사 리포트에서 제공하는 중장기 투자 유망 종목에 주목하는 것이다. 우량주와 고배당주에 장기 투자하는 것이 개인 투자자로서는 최선의 투자방법이라는 것이 알려지면서 증권업계와 언론의 관심도 중장기 투자 유망 종목에 쏠리고 있다. 이런 기사나 관련 리포트가 나올 경우 잘 기억했다가 자신의 투자 포트폴리오에 포함시킬지 추가로 해당 종목에 대해 공부해야 한다. 개인 투자자가 해당 업종과 종목에 대해 철저히 공부해 중장기 투자에 나설 경우 기관 투자자보다 오히려 선행 투자를 할 수 있는 기회도 있다. 당장의 실적이 저조하더라도 확정된 미래 실적이 있으면 과감하게 투자해야 한다는 얘기다.

대표적인 사례로 2004년과 2005년 초 조선주에 대한 투자 기회를 들 수 있다. 2004년 가을 매일경제신문 증권면을 다시 찾아보면 조선주에 대한 분석 기사를 심심치 않게 확인할 수 있을 것이다.

2005년 하반기로 접어들면서 일부 조선주는 흑자로 전환하기 시작했지만 당시만 해도 주요 조선업체들이 과거의 저가수주 영향을 받아 분기마다 대규모 적자를 내고 있었다. 그러나 2006년부터 본격적으로 실적이 호전되면서 역사상 유례가 없는 장기호황을 누릴 것이라는 전망이 지배적이었다. 향후 조선주의 외형과 이익이 크게 늘어나겠지만 실적부진으로 주가가 저평가 상태인 만큼 중장기 투자자들은 좋은 기회를 맞았다는 것이 기사의 요지였다.

결국 2004년 9월 초 약 2만 5,000원선이었던 현대중공업의 주가는 2005년 8월 중순 6만 5,000원까지 접근해 있다. 같은 기간 대우조선해양의 주가도 1만 3,000원에서 2만 1,000원대로 뛰어 올랐고, 5,000원선이었던 삼성중공업의 주가는 1만 4,000원대까지 급등했다.

그러나 막상 2004년 가을께 조선주에 대한 중장기 가치투자에 불을 붙인 것은 국내 기관이 아니라 외국계 투자 펀드들이었다. 국내 기관의 경우 실적 저조에 따른 단기적인 수익률 변화를 두려워 해 조선주에 대한 과감한 선행 투자를 할 수 없는 상황이었다. 하지만 2004년 가을, 조선주의 단기적인 가격변동에 신경 쓰지 않고 중장기 투자를 결정한 개인 투자자들은 1년 사이에 투자원금을 2~3배 불리는 놀라운 성과를 거뒀다.

한편 매달 적금을 넣듯이 중장기 투자하는 종목 선정을 위해서는 철저한 공부가 필요하다는 점을 기억해야 한다. 자신의 미래와 노후생활이 달려 있다는 절박한 마음을 갖고 해당 업종과 종목에 대해 공부해야 한다는 얘기다.
이를 위해서는 평소 계좌를 갖고 있는 증권사의 협조를 얻어 해당 종목에
대한 분석 리포트를 구해 공부하고, 수시로 조언을 구하는 것이 좋다. 특히
중요한 것은 회사의 A부터 Z까지 내용을 담고 있는 이른바 '풀페이퍼(full
paper)'를 구해 회사의 수익구조와 리스크 요소, 장기적인 업종전망과 주식
수급 등을 공부해야 한다.

예를 들어 현대차에 5~10년간 장기투자 하겠다는 생각을 갖고 있는 투자자
라면 해당 종목을 내 집처럼 알고 있어야 한다. 내수와 수출이 매출에서 차
지하는 비중, 유럽, 미국, 중국 등 주요 시장별 매출비중과 이익률, 해당 시
장에서의 향후 경쟁력과 위험요소, 주요 자동차업체와의 주가수준 비교 등
다양한 정보를 파악하고 있어야 한다는 얘기다. 이렇게 회사의 현재와 미래
가치를 잘 파악하고 있는 투자자는 단기적인 뉴스나 변수에 신경 쓰지 않고
장기 투자할 수 있다. 만약 회사의 미래 가치를 심각하게 훼손하는 변수가
등장한다면 중장기적 관점에서 이를 분석, 자신의 투자 포트폴리오에서 제
외하면 된다.

투자 실전에서 증권사들은 중장기 투자할만한 종목들로 우량주와 고배당주,
턴어라운드를 마친 종목들을 추천하고 있다. 등장하는 단골 종목들은 국민
은행, 삼성전자, 한전, POSCO, 우리금융, 신세계, 농심 등 업종 대표주들이
다. 이들 종목은 단기적으로 상승력이 부족해 보이지만 장기적으로 주가가
우상향 곡선을 그려왔다는 공통점이 있다. 장기투자 한다면 투자 위험을 최
소한으로 줄이면서 높은 수익률을 기대할 수 있다는 얘기다.

한편 중장기 투자종목 선정에 있어서는 증권투자의 살아있는 전설인 워렌
버핏 버크셔헤더웨이 회장과 마젤란 펀드로 13년간 2,700%가 넘는 경이적
인 수익률을 올린 피터 린치의 장기투자 종목 발굴 기준을 다시 곱씹어볼
필요가 있다.

워렌 버핏의 기준은 △자기자본이익률(ROE)이 높은 기업 △누구나 쉽게 이해할 수 있는 사업을 하는 기업 △매우 강력한 프랜차이즈를 갖추고 있고 그 업종에서 가격 선도입장에 있는 기업 △천재가 아니라도 충분히 경영이 가능한 사업을 영위하는 기업 △미래의 이익을 예상하기 비교적 쉬운 기업 △정부의 규제를 받지 않는 기업 △재고수준이 낮고 자산 회전율이 높은 기업 △항상 주주를 위한 경영을 하는 기업 등이다.

반면 피터 린치의 기준은 보다 높은 수익을 위해 저평가된 중소형주를 찾는 경향이 컸다. 그의 종목 발굴 기준은 △전통적인 펀드매니저들이 관심을 갖지 않는 소외종목 △하이테크 생산기업보다 이를 이용하는 기업 △내부자가 매입하는 종목 △애널리스트의 최고인기종목과 대중의 인기종목은 제외 △미래 PER이 낮아질 종목 △대형주보다 성장성이 높은 중소형주 등이다.

워렌 버핏과 피터 린치의 종목 발굴 방법에는 다소 차이가 있지만 모두 해당 종목과 업종의 미래에 대한 철저한 공부를 기반으로 중장기 투자를 염두에 두고 있다는 것은 공통점이다.

05
미국 허리케인이
한국 개미들 울린다

지난 2001년 9.11테러가 발생하자 미국을 비롯한 대부분 나라 주가는 10% 이상 폭락했다. 테러가 주식시장을 직접 겨냥한 것도 아니었는데 타격을 받은 것이다. 그것도 우리에겐 비행기로 10시간 이상 걸리는 머나먼 미국 뉴욕에서 벌어진 일인데. 이 사건으로 국내뿐만 아니라 세계 대부분 국가 주식시장이 큰 폭의 하락세를 보였다. 언뜻 보면 상관관계가 이해되지 않지만 이처럼 주식시장은 시장 안팎의 여러 가지 요인들에 의해 움직인다.

시장의 국내 요인들 말고도 글로벌 증시의 영향도 곧바로 영향을 받는다는 것이다. 어떤 증시 전문가는 "주가에 영향을 미치는 변수를 꼽으라면 열손가락이 모자랄 것"이라고 말할 정도다. 기본적으로 주식시장이 상장(등록)된 기업들의 실적이나 기업내용을 반영한다고 볼 때, 기업 내적인 요인과 구분해 기업과 상관없이 주식시장이 움직이는 요인을 기업 외적 요인으로 표현한다. 주가에 영향을 주는 기업 외적 요인에는 대략 경기, 통화량, 물가, 금리, 환율, 자금시장환경, 원자재 가격, 투자심리 등이 있다.

그러면 어떻게 영향을 주는가. 이를 단적으로 표현하긴 매우 어렵다. 경제 현상들이 한 방향으로, 동일한 유형으로 변하지 않기 때문이다. 같은 경제현상이라 하더라도 변화 양상에 따라, 다른 요인의 작용여부에 따라 나타나는 결과는 매우 달라진다.

2005년 9월 한국 증시는 '국제 유가가 사상 최고치를 경신하면서 세계 증시에도 부정적인 영향을 미칠 것이라는 염려가 확산되고 있다' 는 대부분의 분석에도 불구하고 상승세를 이어가 사상 최고치를 경신했다. 2005년 말 현재 1,300대에서 움직이고 있다. 국제 유가가 중요한 변수였지만, 그보다 근본적인 요인이 국내 증시를 받쳐주었다는 것이다. 따라서 다양한 경제 현상들의 복합적인 영향력을 분석하는 게 중요하다.

분명한 것은 주가가 경제 현상의 변화보다 먼저 움직이는 특성을 갖는다는 것이다. 다시 말해 경기가 좋아진다고 예상되면 실제로 경기가 좋아지기 훨씬 전부터 주가가 오른다는 얘기다. 경기가 좋아진다고 해서 모든 업종의 주가가 오르는 것은 아니다. 경기호전에 따른 혜택이 많은 업종들이 집중적으로 오름세의 혜택을 입게 된다.

통화량이 증가하면 주식시장에 자금이 풍부해져 주가가 상승할 가능성이 크다. 하지만 지나치게 늘어날 경우 화폐가치 하락 때문에 물가가 상승할 가능성도 있다. 이렇게 되면 오히려 주가가 떨어지는 압박요인을 받게 될 수 있다. 물가 상승요인도 중요하다. 다만 물가 상승의 구체적인 양상에 따라 주가에 미치는 영향이 다르다는 특징이 있다. 물가가 오르더라도 급격히 오른다면 소비심리를 얼어붙게 할 수 있고 이는 기업의 수익을 감소시키면서 주가하락으로 이어지게 된다. 반면 경기가 회복되면서 나타나는 완만한 물가 상승은 기업의 실적 향상에 도움을 줄 수 있다. 이는 당연히 주가 상승으로 이어질 것이다.

금리의 경우는 어떠한가. 금리가 오르면 부채를 지고 있는 기업들의 이자 부담이 커지게 되므로 기업에 부정적인 영향을 끼치게 될 가능성이 높아진다. 특히 투자자 입장에서도 주식 투자의 매력이 떨어져 손을 놓게 되는 사람들이 많아진다. 굳이 위험을 감수하지 않더라도 안정적인 은행 상품을 선택하면서 높은 금리를 만끽할 수 있다는 것이다. 따라서 금리가 상승하면 주가는 하락으로 연결된다.

원화 환율 상승은 수출에 주력하는 기업 주가를 높이게 된다. 원화 환율 상승은 원화값이 상대적으로 떨어진다는 것을 뜻한다. 원화 값이 떨어지면 똑같은 1달러어치를 수출하고도 원화로 받는 돈이 많아짐을 의미한다. 예를 들어 1달러 값어치가 1,000원 하다가 1,100원으로 오른다면 과거에 1달러어치를 해외에 팔고 1,000원을 받던 기업은 1,100원을 손에 쥐게 된다. 또 원화값 하락은 상대적으로 우리나라 수출가격을 낮게 해주면서 수출확대 요인으로 작용한다.

이에 반해 수입을 주로 하는 기업들은 손해를 보게 된다. 수입가격 부담이 늘면서 상대적으로 수입이 위축되는 결과를 낳기도 한다. 유가를 포함한 국제 원자재 가격도 비슷한 메커니즘을 발휘한다. 국제 원자재 가격이 오른다면 이는 기업 비용 증가로 이어지게 되고 해당 원자재 사용 업종 기업의 주가는 떨어지게 된다.

06

분산투자로
위험을 낮춰라

지난 2005년 6월 말 서울 목동에 사는 장 모 씨(42)는 한숨만 연발했다. 2004년 말에 받은 연말 특별상여금 500만 원을 털어서 삼성전자 주식 10주를 샀지만 수익률이 변변치 못했기 때문이다. 장 씨의 당시(6월27일) 수익률은 8.44%였지만 이 기간중 종합주가지수는 10.62%나 올랐다.

그러나 같은 회사 동료인 김 모씨(39)는 웃음을 감추지 못했다. 삼성전자 대신 LG필립스LCD, LG전자, 하이닉스 등의 주식을 샀던 것. LG전자의 수익률만 주가지수 증가율에 못 미쳤다. 하지만 하이닉스가 지난 2004년 말 대비 42%, LG필립스LCD가 18% 오르면서 재미를 톡톡히 봤다. LG필립스LCD나 하이닉스 등 후발 IT업체들이 국내 대표주인 삼성전자를 추격하면서 삼성전자 한 종목만 투자하는 대신 다른 IT주를 섞어서 투자하라는 권고가 많아지고 있다.

특히 삼성전자는 반도체, LCD, 휴대전화, 가전 등 사업부문 중 어느 한 부문의 업황이 주가를 결정하지 못해 특정업황 호전의 이익을 누리지 못한다

는 단점을 가지고 있다는 점에서다.

남진우 신영증권 리서치센터장은 "업종별 업황은 똑같지 않으며 시차를 두고 변하고 있다"며 "특정 업황 호전의 수혜를 크게 누리지 못하는 삼성전자 한 종목만 사는 대신 업종별 대표주를 업황에 따라 사고파는 전략이 바람직하다"고 말했다.

가령 최근에는 휴대전화 사업 비중이 큰 LG전자의 올해 실적이 크게 개선되기 힘들 경우 LG전자 비중을 줄이는 대신 D램 반도체 경기 호전론을 감안해 하이닉스 비중을 늘리는 전략이 필요하다는 주장이다.

실제로 기업별 투자수익률은 크게 차이가 난다. 지난 2005년 8월11일 현재 삼성전자 주가는 지난 2004년 말 대비 24.3%나 상승했다. 그러나 이 기간 중 주가지수 상승률 25.4%에는 미치지 못했다. LG전자는 0.9% 상승하는 데 그쳤다. 하지만 하이닉스는 상승세를 이어가 2004년 말 대비 99.1%나 상승하는 기염을 토했다. LG필립스LCD도 25.4% 상승해 지수상승률 수준을 맞췄다.

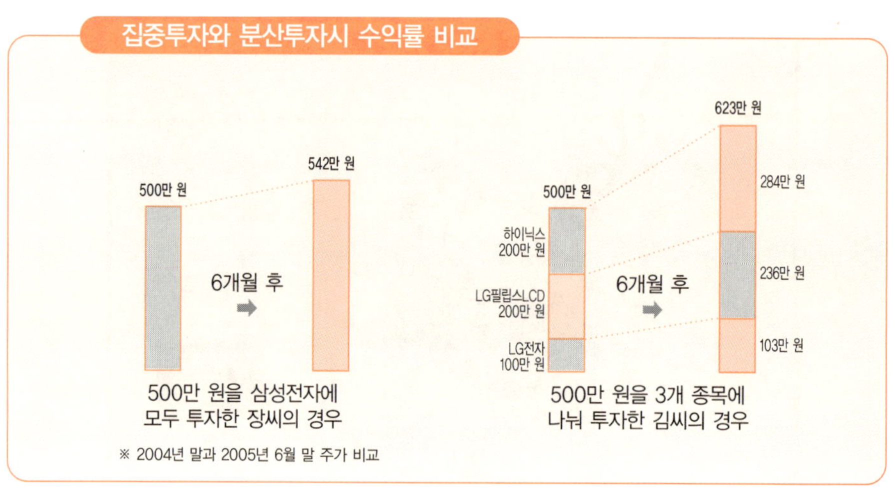

강윤흠 대우증권 연구원은 "삼성전자와 경쟁하는 하이닉스나 LG필립스LCD 주가는 2005년 들어 크게 올랐지만 삼성전자는 여기에 못 미쳤다"며 "2위 업체 추격에 삼성전자 주가가 영향을 받은 셈"이라고 풀이했다.

삼성전자는 사업부문별로 수익창출구가 분산돼 있지만 특정 사업부의 주가 상승 기회를 다른 사업부가 줄이고 있다는 지적도 '분산투자' 권고론의 한 근거다. 김세중 한국투자증권 연구원은 "삼성전자는 부문별로 사업이 혼합돼 있어 이익이 안정돼 있다는 장점에도 불구하고 이익을 내지 못하는 사업이 있기 때문에 어느 특정 업황 호전의 혜택을 누리지 못하고 있다"고 말했다.

실제로 삼성전자의 가전사업부나 디지털미디어사업부는 2004년에 이어 2005년에도 수익을 내지 못할 전망이다. LG필립스LCD, 하이닉스 등 단일 사업을 영위하는 업체들은 업황에 매우 민감하다. 때문에 주가 변동성도 크다는 점을 유의해야 한다.

김장열 현대증권 반도체팀장은 "단일 업종 업체들은 업황이 좋을 때에는 주가가 많이 오르지만 주가가 하락할 때에는 급격히 하락하는 위험이 있다"고 지적했다. 때문에 오히려 삼성전자같이 한 기업 내에 적절한 사업포트폴리오를 구축한 종목에 대한 투자를 소홀히 해서는 안 된다.

남진우 센터장은 "적극적인 투자자라면 업황을 감안한 IT업체별로 분산투자 하는 게 바람직하지만 중장기 투자자는 변동성이 작은 삼성전자를 보유하는 게 적절하다"고 말했다. 더 적극적인 투자자라면 삼성전자를 채권처럼 안정적 수익기반으로 일정 부분을 보유한 채 다른 IT주들을 업황에 따라 매매하는 전략도 권할만하다.

실제로 LG전자는 지난 2005년 7월 중순 이후 저조한 2분기 실적을 발표하면서 하락세를 면치 못했다. 반면 삼성전자는 하반기 반도체와 LCD부문의 실적 호전 기대에 따라 안정적인 주가 흐름을 이어갔다. 삼성전자를 일정 부분 보유한 채 업황에 따라 보유 비중을 조절하는 한편 다른 주식들도 업황이나 실적에 따라 교체매매를 하는 전략이 수익률 제고에 도움이 될 것이다.

숲을 보면서
나무를 꼼꼼히 살펴라

증권투자로 성공한 개인투자가들을 만나는 것은 쉽지 않다. 개인들이 증권투자에서 성공할 확률이 낮기 때문이다. 특히 국내거래소 시가총액에서 차지하는 외국인 비율이 40%를 넘은 상황에서 국내 기관투자가들과 함께 개인들도 뒷북치기 일쑤다. 주가가 올라갈 때는 팔고 내려갈 때는 사는 관행에서 쉽게 벗어나지 못 하고 있는 것이다. 하지만 간혹 만나게 되는 성공한 개인투자가들은 증시흐름과 종목에 대해 정확히 알고 있었다.

먼저 증시의 큰 흐름, 다시 말해 숲을 움직이는 패턴을 보자. 한국증시는 일종의 사이클을 타면서 움직이고 있다. 경제학에서 경기의 호황과 불황을 오가면서 사이클을 그리는 것과 보조를 맞춰 미리 6개월~1년 가량을 선행하면서 주가가 변한다는 것이다.

지금까지 종합주가지수가 1,000을 기록한 것은 노태우 대통령시절(4일)을 비롯해 김영삼(127일), 김대중 대통령(122일)때 넘어섰고 노무현 대통령시절인 2005년 12월 현재는 1,000을 넘어 1,300대에 올라서 있다.

한국증시는 1,000을 향해 나아가면서 활황국면을 맞았고 내려 가면서는 불황국면을 맞았다. 활황국면의 배를 잘 탄 투자가들은 돈을 벌었지만 막차를 탔던 투자가들은 어김없이 찾아온 불황국면의 파도에 휩쓸려 큰 손해를 봐야 했다. 제1차 활황국면은 1985년 말 130선에서 1,000까지 오른 1989년 4월까지 40여 개월간이었다. 이 기간은 지금까지 세 차례에 걸친 1,000돌파로 가는 활황국면 중 가장 길었다.

1차 1,000 돌파 이후인 1989년 4월부터 1993년 8월 김영삼 당시 대통령의 전격적인 금융실명제 도입이후 일어난 쇼크 때까지 39개월의 불황국면을 맞았다. 이후 1993년 9월부터 1995년 여름까지 20개월간 호황을 보였다. 이후 주가는 시름시름하다 1997년 1월 한보철강 부도를 시작으로 대기업들이 잇달아 도산하면서 IMF구제금융을 받는 사태까지 발생했다. 일부에서는 한국이 국가부도(모라토리움)에 직면할지도 모른다는 우려가 퍼져나가면서 주가는 1998년 6월 300선 밑으로 떨어졌다.

그러나 주가흐름을 읽은 외국인투자가들과 함께 국내의 일부 전문투자가들은 인터넷을 기반으로 신기술 IT산업의 흐름을 읽어내면서 대박을 잡았다. 이 기간 중 IT벤처기업들의 주가는 거침없이 상승했다. 코스닥 주식들은 연일 상한가를 쳤고 일부 투자가들에게 하루에 15%씩 수익을 얻는 기쁨을 선사했다. 1만여 주 내외의 우리사주 주식을 평균 2만 원선에 구입했던 KTF직원들은 주가가 30만 원을 넘어서면서 무려 15배의 차액을 올렸다. 당시 1만 주를 보유하고 있던 과장급 직원이 이 가격에 주식을 팔았더라면 30억 원의 샐러리맨 거부가 될 수 있었을 것이다.

하지만 실적이 뒷받침되지 않는 IT기업들의 주가는 시장에서 냉정한 평가를 받으면서 폭락했다. 21세기 들어 처음으로 1,000을 돌파한 주가는 불과 18개월 후인 2001년 9월 17일 500선 밑으로 떨어졌다. 이후 주가는 경기회복과 기조로 다시 상승하기 시작, 불과 7개월만인 2002년 4월, 2배 수준인

900선을 넘어섰다. 900선 주가는 다시 1년만인 2003년 3월 500선까지 내려왔다가 2004년 3월 다시 900선을 넘어섰고 또 한창 출렁이다가 2005년 2월 말에 다시 1,000을 넘어섰다. 2005년 12월 현재 1,300대를 오르내리면서 사상 최고치를 넘어서기도 했다.

증시는 이렇게 활황과 불황국면을 넘나들면서 사이클을 이루며 움직이고 있다. 이는 투자가들에게는 그만큼 위험이 있다는 것을 알려주는 것으로 이런 활황과 불황국면을 타는 게 쉽지 않다는 것을 보여준다. 이런 주가의 변동 사이클은 불황국면이라는 판단이 서면 마음을 비우고 쉬는 것도 성공투자전략이 될 수 있음을 나타내준다.

2005년 겨울 현재 증시에는 경기회복 기대와 희망이 강하게 살아있다. IT, 금융주 중심으로 실적이 좋아지는 기업들이 많은 것도 주가상승을 도와준다. 특히 은행 정기예금에 맡겨 봤자 연 4% 이자도 못 챙기는 상황은 적립식 펀드 등으로 자금을 몰리게 하고 있다.

이런 펀드로의 자금유입은 중장기 투자를 가능케 하면서 기관투자가들의 주식매입을 뒷받침하고 있다. 외국인들도 한국경제가 여전히 저성장의 늪에 빠져있긴 하지만 우량기업들을 중심으로 실적이 좋아질 것을 기대하고 이들 기업주식을 꾸준히 사들이고 있다. 이런 현상에 대해 증시를 오랜 동안 지켜봤던 전문가들은 한국증시가 재평가(rerating)되고 있다고 말한다. 바람직한 방향이다.

그렇다면 이런 주가추이는 어디까지 갈수 있을까? 씨티글로벌증권이나 도이치증권 등의 한국 증권 분석가들은 더 이상 올라가기 어렵고 떨어질 가능성이 높다고 주장한다. 하지만 국내 내로라 하는 증권전문가들은 낙관일색이다. 종합주가지수는 최고점을 찍었던 1994년 11월 장중 한 때의 기록(1,145포인트)을 넘어 2005년 9월 7일 사상 최고치를 갈아치웠다.

낙관론자들은 그 근거로 1994년 당시 북한측의 서울 불바다 발언으로 조성된 전쟁분위기가 북한과 미국간 제네바 합의로 사그라들면서 주가가 급격하게 올랐던 상황보다 지금 상황이 훨씬 좋다는 것이다. 특히 94년 당시에는 경기호황국면에서 주가가 최고점을 친 반면, 지금은 경기회복의 희망이 보이기 시작한 시점에서 1,000을 돌파한 점을 강조하고 있다. 아울러 주가를 연간 주당 이익으로 나눈 주가수익비율(PER)이 당시보다 지금이 2배 가까이 낮은 점도 주가 대세 상승기를 이끌 것이라고 주장한다.

대세 상승기에 접어들었는지는 아직 속단하기 힘들다. 시간이 지나면서 분명한 승자가 가려질 것이다. 하지만 이런 주가흐름보다 더 중요한 것은 개별종목을 잘 보고 골라야 한다는 것이다. 다시 말해 나무를 고를 때 전체적인 숲(시장환경)을 보면서 정말 좋은 나무(종목)를 골라야 한다는 얘기다. 이런 좋은 나무 고르기는 물론 단기관점보다는 중장기적인 관점에서 이뤄져야한다. 실제로 주가가 급등락을 거듭한 우리 증시에서는 우량종목들 주가는 지속적으로 올라왔다. 삼성전자는 1998년 3만 원대에 머물렀던 게 2005년 12월 현재 60만 원대에서 오르내리고 있다. 불과 7년여만에 20배나 오른 셈이다. 현대차, 포스코 등 한국의 대표주식도 이런 중장기 잣대로 보면 많이 올랐다. 이런 종목들 주가가 오르는 것은 그만큼 실적이 뒷받침되기 때문이다. 또 배당을 적절히 잘 해주고 있다.

이는 실적이 악화되는 기업의 주가가 올라가는 것을 기대하기 어렵다는 사실을 보여준다. 흑자를 내다가 어느 날부터 실적이 악화되고 마침내 적자로 돌아서는 기업의 경우 주가는 이에 앞서 순식간에 빠진다. 주가는 종목과 그 종목관련 정보의 유통속도에 따라 차이가 있긴 하지만 실적전망을 미리 반영해 움직이기 때문이다. 이렇게 시장은 냉정하고 빠르게 반응하면서 해당기업의 주가를 형성한다.

증시전체의 숲을 보고 종목을 잘 보려면 그 만큼의 혜안과 노력이 필요하다. 신문을 열심히 보고 경제흐름과 해당기업의 움직임을 따라잡아야 한다.

해당업종 및 기업의 전문 분석가, 일명 애널리스트들이 만들어내는 보고서도 세심하게 체크해야 한다. 의문 나면 바로 해당 애널리스트나 회사에 직접 물어보는 정성도 필요하다. 이런 정보를 얻은 후에는 과감한 결단이 필요하다. 저평가됐다고 판단했을 때는 과감히 사고 자신이 목표했던 수익률을 얻었다고 판단될 때는 역시 과감히 던져야 한다.

물론 중장기적인 관점에서 투자한다는 원칙을 지키는 게 평안할 수 있다. 하루 하루 주가움직임에 일희일비해서는 스트레스 받아서 버티기가 어렵다. 이런 스트레스는 직접 주식을 사고파는 투자가가 짊어지고 가야 할 짐이다. 이런 짐이 부담스러우면 간접투자를 권하고 싶다. 물론 간접투자에도 위험이 있긴 하지만 과거보다는 많이 줄었다. 간접투자 기관들은 직접투자자보다 정보가 많고 분석력도 뛰어나다. 시장에 대한 영향력도 크다.

개인 몇 사람이 특정주가를 움직여보겠다고 나서지만 시장은 쉽사리 움직이

종합주가지수가 2005년 9월 7일 1142.99에 마감하면서 사상최고치를 경신하자 증권선물거래소 직원들이 환호하고 있다.

지 않는다. 하지만 많은 개인들의 돈이 모아진 기관이 움직이겠다고 나서면 상황은 달라진다. 결국 개인 직접투자가가 기관을 이기기는 어려울 수밖에 없는 시장구조가 생긴 것이다. 미국 일본 유럽의 개인투자자들이 적은 것도 따지고 보면 개인들이 투자했다가 실패하고 시장을 떠난 결과이기도 하다.

개인이 간접투자에 나서기로 결심했을 경우 어떤 펀드, 어떤 투자상품을 골라야 하는가. 물론 우량펀드나 투자상품을 골라야 한다. 그러려면 이를 고르기 위한 사전노력이 필요하다. 일단 믿을 수 있어야 하고 투자자 관리 형태, 수수료 및 상품조건, 과거의 운용실적 등을 따져봐야 한다.

이제 증권투자에서 성공하려면 어느 정도 자격을 갖출 필요가 있는 시대에 접어든 것 같다. 이런 자격은 바로 실적을 보고 장기투자하는 '정석투자' 의 마음가짐을 갖는 것이다. 직접 주식을 살 때는 실적이 좋은 종목을 사야 하고 펀드 등에 돈을 묻어둘 때는 우수한 운영노하우와 좋은 조건, 훌륭한 관리능력 등을 갖춘 펀드를 골라야 한다. 다소 설명이 부족하거나 투명하지 못한 점이 나타나면 근처에도 얼씬거리지 않는 게 좋다.

다음으로 투자자 스스로 마음을 다스리는 게 중요하다. 1,000만 원 투자해서 100만 원 벌었던 어떤 투자가가 주식투자 별거 아니라고 자신하고 큰 돈을 투자했다가 망한 사례와 비슷한 경험담들이 수두룩하다. 따라서 자신이 감내할 수 있는 돈 범위 내에서 투자하는 게 중요하다. 이런 자제는 자신의 마음을 다스리는 데서부터 나온다.

08

턴어라운드주를
발굴하라

대기업에 다니는 황모씨는 지난 2004년 말 받은 상여금 200만 원을 어떻게 사용할 지 고민했다. 증권사 애널리스트 친구인 이모씨의 조언을 듣고 하이닉스반도체 주식을 샀다. 이씨는 당시 "하이닉스가 올해 완전히 턴어라운드에 성공할 것"이라며 "지금 사두면 은행예금은 물론 어떤 투자보다도 돈을 더 벌 것"이라고 귀띔했다. 황씨는 곧바로 실행에 옮겼다. 황씨가 지난 2005년 8월 초까지 거둔 수익률은 무려 100%. 200만 원을 투자해 수익으로만 200만 원을 번 셈이다.

턴어라운드 종목에 대한 관심이 높아지고 있다. 턴어라운드 기업이란 대개 수년동안 적자상태를 유지하다가 실적이 급격하게 호전되면서 흑자전환에 성공한 기업을 일컫는다. 턴어라운드 주는 대개 적자상태나 저조한 실적을 유지하는 동안 주가가 헐값에서 바닥을 치고 상승하기 때문에 큰 수익을 얻는 경우가 많다. 하이닉스처럼 과거 부실기업의 대명사로 불렸지만 2004년 흑자구조로 바꾸고 반도체 불황기였던 2005년에도 흑자기조를 탄탄히 갖춰가는 기업도 턴어라운드 종목으로 꼽힌다.

하이닉스 주가는 지난 2004년 말 1만 1,650원에 불과했다. 그러나 지난 2005년 7월엔 2만 원 대로 올라섰고 8월엔 지난 연말보다 2배 가까운 2만 3,000원 대를 구가했다. 하이닉스는 2005년 2분기에 수익률면에서 다른 외국 경쟁사들을 따돌리면서 세계 2위 메모리 반도체업체로 우뚝 섰다. 하이닉스는 당시 21%대 영업이익률을 기록했다.

반면 마이크론, 인피니온, 엘피다 등 세계 3~5위권 D램반도체 업체들은 지난 분기 실적에서 영업손실을 확대하거나 이익률이 저조했다. 대우증권과 블룸버그 통신에 따르면 유럽 최대 반도체 회사인 인피니온테크놀로지는 지난 2005년 2분기 메모리부문 영업이익률이 -19%를 기록했다. 인피니온의 영업손실은 지난 2005년 4~6월에 시장 예상치보다 더 나쁜 2억 4,000만 유로(2억 8,900만 달러)를 냈다. 지난해 같은 기간 5,600만 유로 규모 적자보다 적자폭을 늘렸다.

세계 3위 업체인 마이크론도 D램 부문 영업이익률이 -20%를 기록한 것으로 추정됐다. 일본 D램 업체인 엘피다도 -3%대 영업이익률을 보였다. 하이닉스가 2005년 2분기에 D램 부문에서 12%대 영업이익률을 기록한 것과는 대조적이다. 정창원 대우증권 반도체팀장은 "하이닉스가 해외업체와 영업이익률에서 우위에 있다"며 "경쟁력 격차가 커지면서 이미 게임은 끝났다"고 선언했다.

현대미포조선도 대표적인 턴어라운드 종목이다. 지난 2001년과 2003년에 2년 연속 적자를 보였지만 2003년부터 본격적인 턴어라운드가 진행됐다. 지난 2004년엔 1,062억 원이란 순이익을 거뒀다. 2005년에도 1분기에 261억 원의 순이익을 낸 데 이어 2분기에는 365억 원의 순이익을 기록했다.

주가도 이에 화답했다. 현대미포 조선 주가는 지난 2004년 말 3만 5,000원보다 2배 이상 뛴 상태다. 지난 2005년 8월 11일 기준으로 7만 6,900원을 기록했다. 금호산업과 대우인터내셔널도 구조조정과 함께 신규사업 진출에 따라 기업의 운명이 바뀐 기업들이다. '번개표 형광등'으로 유명한 금호전기는 더 이상 형광등 회사로 머물지 않았다. 금호전기는 LCD 패널의 핵심부품인 냉음극 형광램프 사업에 진출하면서 지난 1998년 부도위기에서 탈출한다. 2002년 흑자전환 되면서 매년 큰 폭의 이익 증가율을 기록했다.

덕분에 5,000원대 머물렀던 주가도 2005년 8월엔 6만 원을 넘보고 있다. 대우인터내셔널도 대우그룹 몰락과 함께 잊혀져 갔지만 2003년 12월 워크아웃을 졸업하고 2005년 턴어라운드 기대주로 떠올랐다. 강력한 구조조정에 이어 해외자원개발 사업에 승부를 걸면서 주가도 상승세를 이어가고 있다.

이밖에도 눈여겨볼만한 기업들이 많다. 특히 구조조정을 마치고 인수합병(M&A)이란 재료까지 붙은 턴어라운드 기업들에 대한 관심을 가져야 한다는 목소리도 높다. 박동명 굿모닝신한증권 연구원은 "워크아웃이나 화의 법정관리 탈피 후에도 지속적인 구조조정이 기업의 생존과 주가에 필수적"이라며 "구조조정 관련주 가운데 채권단이 대주주이면서 기업가치가 높은 기업에 관심을 가질 만하다"고 말했다. 사모투자펀드(PEF) 도입으로 채권단이 대주주인 구조조정 대상기업 중 대형 알짜기업들의 매각이 속도를 더하면서 주가도 탄력을 받을 것이란 설명이다. 그는 관련 종목으로 하이닉스, 대우건설, 대우인터내셔널, 대우정밀, 현대건설, 신원, 외환은행, LG카드 등을 꼽았다.

턴어라운드 종목 선정 체크리스트

① 강력한 구조조정과 그에 따른 흑자전환 종목
② 신규 사업 진출에 성공한 기업
③ 핵심 사업부마저 매각해 핵심역량에 집중한 기업
④ 신용등급 상향에 따라 자금조달 비용 감소한 기업
⑤ 특정 분야나 제품에서 1위로 올라선 기업
⑥ 제품가격이나 생산성이 증가하는 기업

09

배당유망주 투자로 고수익 노려라

　　　만일 종합주가지수에 배당이 포함됐다면 100 포인트는 더 올랐을 것이라는 재미있는 분석이 나왔다. 증권선물거래소는 1990년부터 배당금을 누적한 규모를 종합주가지수에 반영했더니 정확히 현재 지수보다 100포인트 더 상승하게 된다고 최근 설명했다.

그렇다면 2005년 8월 현재 지수대는 이미 역사적 전고점인 1,038포인트를 훌쩍 뛰어넘어 1,200포인트 정도인 셈이다. 그만큼 꾸준히 우량주에 배당투자한 이는 이같은 혜택을 톡톡히 누려왔다. 2005년 8월 현재 3년 만기 국고채 수익률은 4.3%대, 예금금리는 4%대를 밑돌고 있으나 지난해 배당수익률은 4.3%를 기록했다.

배당금 규모가 대폭 증가한 점도 긍정적이다. 증권선물거래소에 따르면 2004년 12월 결산법인의 총 배당금은 10조 1,461억 원에 달했다. 당시 국내 유가증권시장의 시가총액은 412조 원. 즉 배당이 전체 시가총액의 2.4%를 차지한 셈이다. 더구나 이는 2003년 12월 결산법인 532개사 배당총액(7조 2,266억 원)을 훌쩍 넘어선 수준이다.

2005년에는 2004년보다 더 큰 배당풍년이 예상되고 있어 관심을 모으고 있다. 상장기업들이 2005년에도 꾸준한 순이익을 올린 데다 주주가치 제고를 위해 배당성향을 더 확대할 것으로 전망되기 때문이다.

이에 따라 배당성향이 높은 주식에 잘만 투자하면 은행 예금금리를 초과하는 수익률을 거둘 수 있을 것으로 지적됐다. 연말 배당시즌을 맞이해 배당주 추천이 잇따르고 2005년 8월 현시점에서도 배당주를 매수하라는 주문이 있다.

일부에서는 2005년 여름이나 2006년 1월이 배당투자 적기라고도 한다. 그러나 배당투자는 시기가 그리 중요하지 않다. 배당을 하게 되면 그만큼 주가는 하락하는 배당락현상이 나타나기 때문이다.

예를 들면 12월 28일이 배당기준일이어서 그날까지 주식을 매수한 뒤 배당 혜택을 누린다면 다음날 주가는 곤두박질쳐 손실을 입게 된다. 배당금을 받은 만큼 평가손실이 발생하는 셈이다. 다만 우량기업 주가의 경우 배당락현상을 금새 회복하고 기업가치에 걸맞은 평가를 받는다.

따라서 투자기간이 얼마인지 여부와 어떤 종목에 투자하는지가 배당의 관건이다. 배당은 오랫동안 안정된 수익을 기대하는 장기투자자에게만 매력적이다. 이미 많은 외국계 장기투자 펀드들은 우량주식에 투자해 시세차익보다는 배당을 통한 꾸준한 수익을 올리는 것에 초점을 맞췄다. 최근 국내에서 배당관련펀드들이 줄을 잇는 것도 장기투자관점에서다.

배당유망종목으로는 한국전력, 한국가스공사, POSCO 등 사업영역에서 상대적으로 위험이 적고 꾸준한 실적을 내는 유틸리티 및 철강주가 꼽힌다. 다음으로 실적향상이 기대되는 종목가운데 투자자의 배당요구가 높은 종목들에 대한 관심도 커졌다. 외국인 지분율이 높거나 대주주가 투자금회수 차원에서 배당을 선호하는 경우도 배당가능성이 크다. 씨티글로벌마켓증권에 따르면 한국전력, KT, KT&G, LG상사, 중소기업은행, 대림산업, 금호타이어,

한라공조, 제일모직, 부산은행 등이 경기방어적인 배당유망주로 꼽혔다.

한편 한 기업이 예상과 달리 올해 대규모 배당을 하겠다고 공시하면 주가가 급등하는 경우가 종종 발생하지만 일주일 내 주가가 제자리로 돌아오곤 한다. 배당공시 약효가 오래가지 않는 것이다.

최근 코스닥시장에서 대규모 배당을 실시하겠다고 밝힌 기업들이 비슷한 패턴을 보였다. 배당결의 시점과 배당을 받을 수 있는 기준일 사이의 공백을 배당효과가 아닌 개별 기업의 고유 변수와 실적이 큰 영향을 미치기 때문이다.

김학균 굿모닝신한증권 연구원은 "배당투자는 투자원금을 오랫동안 배당수익을 통해 회수한다는 개념으로 접근하는 장기투자"라며 "단기 시세차익을 노리고 배당주에 접근하는 것은 주의를 기울여야 한다"고 지적했다. 이어 김 연구원은 "실적이 뒷받침되고 현금배당률이 높으며 거래량 등 유동성이 높은 종목에 관심을 가져야 한다"고 조언했다.

경기 방어적인 배당주 종목

종 목	05년 배당수익률	04년 배당수익률
한국전력공사	3.9	3.9
KT	6.9	7.4
신한금융지주	3.7	2.9
우리금융지주	4.0	1.6
KT&G	5.0	4.6
하나은행	3.7	2.9
KT Freetel	3.7	2.3
중소기업은행	4.4	2.8
대림산업	4.3	5.0
GS건설	3.9	3.9
부산은행	4.2	3.5

종 목	05년 배당수익률	04년 배당수익률
대구은행	4.1	3.5
금호타이어	4.3	5.7
한라공조	4.2	3.9
제일모직	4.0	3.9
LG상사	5.6	4.3
LS 전선	4.1	4.1
LG 생활건강	3.9	1.9

*자료 = 씨티글로벌마켓증권

배당성향

회사의 법인세를 공제한 당기순이익 가운데 배당금으로 지급되는 부분을 백분율로 표시하는 것. 배당성향이 높을수록 이익 중 배당금이 차지하는 비율이 높아져 재무구조의 악화요인이 된다. 반면 배당성향이 낮을수록 사내유보율이 높고 다음 기회의 설비투자, 배당증가, 무상증자의 여력이 있음을 뜻한다. 예컨대 배당성향이 30%란 것은 당기순이익에서 30%를 배당금으로 지급한다는 것을 의미한다.

잘 아는 주식 4~5개만 매매하라

주식투자 종목은 몇 개가 적당할까?

'시골의사'라는 필명으로 알려진 증권투자 전문가인 P씨. 그는 병원을 운영하는 의사이면서도 주식 선물 등 재테크에 남다른 실력을 발휘해 주목을 받고 있는 유명인사다. TV토론에 출연해 자신의 투자철학을 밝히기도 하고 투자강연회에서는 일반인들이 궁금한 내용을 나름대로의 논리를 갖고 설명해 큰 인기를 모은다. 그는 최근 한 언론과의 인터뷰에서 이례적으로 자신이 보유한 종목과 투자전략을 솔직하게 털어놓았다. 그가 밝힌 투자전략은 매우 간단하고 명료하다.

"장기적으로 볼 때 주식투자 수익률이 부동산보다 훨씬 높다고 생각합니다. 2년째 다섯 개 종목에만 돈을 묻어 놨지요. 한국전력, ㈜LG, KT, 안철수연구소, 그리고 LG생명과학이 바로 그 종목들입니다. 이들 종목은 미래성장, 안정성, 배당, 가치를 고려해서 선택한 것입니다. 당장 차익이 나더라도 팔 생각이 없습니다. 앞으로 주가가 매수가격의 10배가 될 때 팔 생각입니다."

그는 정작 일반 투자자들에겐 "주식투자 하지 마세요"라고 강권한다. 주식

투자가 그만큼 어렵고, 열심히 노력한다고 해서 반드시 성공하는 것은 아니기 때문이다. 분위기에 휩쓸려 남들이 하는 대로 따라 했다가 돈만 날리기 일쑤다. 그렇지 않으려면 애당초 객장에 얼씬도 하지 말라는 뜻이다. 그는 "착하고 순수한 사람이 주식으로 큰 돈 벌기는 불가능합니다"라며 "피도 눈물도 없는 인간만이 주식투자를 해야 합니다"라고 주장한다. 자신처럼 "모니터 앞에서 카멜레온이 될 수 있어야 하고, 감정적이지 않은 사람이어야 주식투자에서 성공합니다"라는 것이다.

시골의사의 투자전략은 (1)자신이 잘 아는 종목에만 투자한다 (2)장기적인 관점에서 주식을 산다 (3)성장성이 높고 배당을 많이 주는 종목만 주목한다 (4)업종 대표 종목을 선택한다는 것으로 요약된다. 그는 주식투자를 할 때 자신을 갖지 못한 채 여러 종목에 기웃거리고 매매횟수만 늘려봐야 수익률을 높일 수 없다는 원칙을 몸소 실천하고 있는 것이다.

또 다른 전문가. 한 대형증권사의 프라이빗뱅커(PB)인 K씨(35). 그의 직업은 돈 많은 부자들의 재산 증식을 돕는 일이다. 그는 돈을 굴리는데 프로이지만 주식투자 전략은 지극히 단순하다. 역시 '잘 아는 종목만 산다'는 것. 그가 매매하는 종목은 삼성전자, SK텔레콤, 국민은행, CJ홈쇼핑 등 오직 4개뿐이다. 이 밖의 다른 종목은 아무리 좋은 재료가 있어도 절대로 손대지 않는다는 게 그의 철칙이다. 직장에서 상사가 부하를 관리할 때 인원을 적정한 규모로 줄여야 하는 통솔범위(Span of Control)의 원칙을 지키는 방식과 마찬가지다. 인원이 너무 많으면 효과적인 관리감독이 어렵기 때문이다.

그는 자신의 포트폴리오 대상종목을 싸게 사서 비싸게 파는 박스권 매매 전략을 구사한다. 먼저 주식을 사기 전에 그 종목들의 내재가치를 따져 적정주가를 계산해둔다. 증권사의 종목분석 보고서를 액면 그대로 믿지 않고 자신의 방식대로 주요 지표를 계산한다. 해당 업종의 장단기 전망, 영업이익과 순이익 예상치, 주가수익배율(PER) 등 여러 요인을 고려한다.

일단 목표주가를 산정하고 나면 대상 종목들의 주가추이를 주시한다. 자신의 일이 바쁘지만 언제든지 상황변화에 따라 행동에 옮길 수 있도록 홈트레이딩시스템(HTS)을 이용해 주문을 낸다. 보유 종목들 가운데 하나라도 적정수준보다 주가가 크게 떨어지면 곧 바로 매수에 나선다. 시간이 지나 해당 종목의 주가가 적정수준으로 올라서면 매도를 시작한다.

투자기간은 해당종목에 2년 이상 장기 투자한다는 생각으로 매매전략을 펼친다. 대신 주가가 매입가격의 일정 수준 아래로 떨어지면 즉시 손절매에 들어간다. 그는 "다른 종목을 발굴하는데 시간과 비용을 쏟느니 잘 아는 종목을 한번 더 보는 게 훨씬 더 효율적"이라고 말한다. 투자경험상 같은 종목이라도 시간이 지나면 매수 기회는 반드시 돌아온다는 것이 그의 지론이다.

이같은 두 가지 사례에서 비춰볼 때 투자대상 종목을 4~5개로 좁혀놓고 장기적인 안목으로 매매전략을 구사하는 것이 바람직한 것으로 평가된다. 자신의 포트폴리오를 잘 아는 종목으로 최대한 축소해서 투자하는 가장 일반적인 전략은 어떻게 구체화될 수 있나? 실제로 세계적인 경쟁력을 가지고 있는 우리나라 대표기업을 4~5개 골라서 투자하고자 하는 전체금액을 분산해서 투자하는 방법이 바람직할 수 있다.

예를 들면 삼성전자, 현대차, 포스코, 한국전력, KT&G 등 우량 종목의 주가추이를 주시하면서 주가가 저평가된 상태라는 생각이 들 때 분할 매수하고 장기 보유하는 전략이 주효할 수 있다. 국내 시장에서 시장지배력이 높은 SK텔레콤, NHN, 농심, 신세계, 국민은행 등과 같은 업종대표종목은 꾸준한 성장세를 보이는 주식으로 주목을 받고 있다.

그렇다면 왜 업종대표 종목인가? 지난 1992년 국내 주식시장이 외국인에게 문호를 개방한 이후 주가는 업종대표주를 중심으로 상승해왔다. 그 동안 기업의 펀더멘틀(기본가치)에 구조적인 변화가 생기면서 주가가 이를 반영했고 앞으로도 이같은 추세는 산업구조가 바뀌기 전에는 앞으로도 상당기간 이어질 것으로 예상된다.

'2등은 아무리 뛰어나도 1등에 묻힌다. 승자가 모든 것을 가진다' 는 냉엄한 경쟁의 법칙은 기업실적과 주식시장에서도 그대로 적용된다. 시장지배력이 강한 기업의 실적은 그렇지 못한 기업보다 월등히 뛰어나다. 업종대표주의 실적이 뛰어나고 주가가 더 강한 탄력을 보이는 '쏠림현상' 은 여러 각도에서 설명될 수 있다.

실제로 비금융기업 중 이익 상위 50개사가 전체 이익에서 차지하는 비중은 현재 95%에 달한다. 이는 지난 1989년 64%에 비해 30%포인트 이상 높아진 것이다. 부익부 빈익빈(富益富 貧益貧) 현상이 심해진 셈이다. 기업이익이 한 쪽으로 몰리면서 주가 역시 고가주와 중저가주로 차별화되는 현상이 나타나고 있는 셈이다. 몇 주일, 몇 달과 같이 단기적인 상승탄력면에서 중저가 주식이 고가주보다 나을 수는 있다.

하지만 5년, 10년, 나아가 20년 후를 겨냥하는 장기레이스에서는 대표우량주가 중소형주보다 유리한 위치를 점유하게 된다. 중소형 저가주는 실적보다는 단기적인 모멘텀에 의해 움직이기 쉬운 성향이 있기 때문에 일시적으로 순발력 있는 상승세를 타다가도 추진력이 오랜 시일이 흐르도록 유지되고 강화되지 못하는 것이 일반적인 현상이다. 물론 나름대로 틈새시장에서 높은 수익성을 내는 종목이 있을 수는 있다. 하지만 시장상황이 급변하는 경우에는 이같은 수익력을 지속적으로 확보하는 것이 어렵게 된다. 시장은 일시적으로 기업실적을 제대로 반영하지 못할 수 있다. 하지만 장기적으로는 기업실적에 따라 주가가 결정된다는 것이 일반적으로 인정되는 주식평가 원칙인 것이다.

11

워렌 버핏처럼 가치투자하라

세계의 갑부 중 한명으로 꼽히는 워렌 버핏. 그의 성공 수단은 신문을 팔아 번 돈으로 시작한 주식투자였다. 그의 성공 투자비법은 의외로 간단하다. 자신이 잘 알고 있는 유망기업의 가치를 분석한 다음 기업가치보다 낮게 평가 받고 있는 주식을 사서 장기 보유하는 게 그의 투자원칙이다. 오직 기업의 가치만을 중요하게 생각했고 경제나 주식시장의 동향에는 큰 관심을 두지 않았던 것이 특징이다.

◇투자자는 타자, 좋아하는 공을 기다려라 = 워렌 버핏은 주식투자를 야구에 비유했다. "투자자는 야구에 비교하면 타자와 마찬가지다. 차이점이 있다면 투자자는 스트라이크 아웃이 없어 자기가 선호하는 공을 기다릴 수 있다는 점이다."

그의 유명한 일화는 투자방법에서도 나타난다. 일반적으로 알려진 분산투자보다는 우량기업에 대한 집중투자를 선호했다. 보통 그의 주식자산 중 75%는 5개 회사에 집중돼 있다. 그는 주식투자를 기업을 통째로 매수하는 경우와 마찬가지로 생각했다. 자신이 잘 모르는 사업을 하는 회사의 주식에는 절대로 투자하지 않았다. 그 대신 꼭 필요한 제품을 생산하고 소비자가 그 회사 제품을 구입하는 것 외에는 다른 대안이 없는 기업을 택했다.

그 결과 경쟁이 거의 없는 프랜차이즈형 기업이 주요한 투자대상이었다. 신문사(워싱턴포스트), 방송사(ABC방송), 광고회사(인터퍼블릭) 등 기업 주식에 거액을 투자했던 셈이다. 그러나 정부 규제로 통제 받는 기업은 대상에서 제외했다. 또한 누구나 쉽게 뛰어들 수 있는 평범한 제품을 생산하는 기업, 계속적인 설비투자를 원하는 사업 등도 손을 대지 않았다.

우량주로 꼽혔던 마이크로소프트, 인텔, 시스코 등 기술주들도 쳐다보지 않았다. 장기간에 걸쳐 주가가 상승한 종목들이지만 기술변화에 따라 미래 현금흐름을 예측하기 힘들었기 때문이다. 자신이 잘 알지 못하는 분야라는 점에서다. 이에 따라 지난 2000년 '기술주' 열풍이 불었을 때에도 흔들리지 않았다. 덕분에 거품붕괴에도 불구하고 높은 수익을 거둔 것으로 유명하다.

◇제값주고 사라 = 워렌 버핏은 "주식을 값싸게 주고 사는 게 중요한 게 아니고 제값을 주고 좋은 주식을 사는 게 중요하다"고 강조한다. 단순히 싸게 보이거나 주가가 과거보다 급락한 주식이 아니라 기업가치에 비해 주가가 현저히 낮을 때 사라는 얘기다. 그는 기업가치를 산정할 때 미래의 예상현금 흐름을 장기채권 수익률로 할인해 추정한 내재가치를 중시한다.

기업이 일시적인 문제 때문에 이 내재가치보다 주가가 하락해 있거나, 전체 주식시장이 침체되어서 모든 사람들이 주가하락을 두려워할 때 매수해야 한다고 권고한다. 재무적인 면에서는 주당순이익보다는 자기자본 순이익률이나 매출액 순이익률에 무게를 뒀다. 연간 이익보다는 4~5년간 평균 이익을 중시했다. 버핏은 기업의 경영자도 검토한다. 주주들에게 정직하고 회사의 자금을 합리적으로 배분하며 업계의 잘못된 관행을 타파하는 경영자를 중시했다.

◇10년 이상 보유하라 = 워렌 버핏이 10년 이상 보유한 종목들은 수두룩하다. 그는 "10년 동안 보유하겠다는 생각이 없다면 단 10분도 갖고 있지 마라"고 할 정도로 우량주의 장기보유를 권고한다. 일반 투자자들은 주가가 오를 때 팔아서 차익을 실현하려는 욕구가 생기고 떨어지면 손실을 줄여야 한다는 조바심에 시달리게 마련이다.

하지만 끊임없이 팔고 싶은 유혹을 이겨내고 장기 보유한다는 것은 대단한 인내가 필요하다. 자신이 잘 아는 우량주를 골랐다면 10년 이상 장기 보유할 목적으로 투자하라는 얘기다. 실제로 삼성증권이 최근 시뮬레이션 한 결과 우량주 투자의 평균수익률은 투자기간이 길수록 점점 높아지고 10년 이상 투자했을 경우에는 획기적인 고수익을 거두는 것으로 나타났다.

특히 종목별로 골고루 분산해 장기투자 했을 경우 위험은 같지만 수익은 커지는 결과를 보였다.

그렇다면 한국에도 10년 이상 장기 보유할 만한 종목들이 있을까?《내일의 금맥》이란 저서로 유명한 마크 파버 투자회사의 파버 회장은 "전세계 투자자들은 보유재산 가운데 50% 이상을 아시아에 투자해놓아야 한다"고 조언했다. 중국과 인도 등 신흥시장의 성장성뿐만 아니라 한국 등 그 주변국들도 눈여겨 보라는 권고다. 결국 주식투자로 성공하려면 지금부터 자신이 이해할만한 우량주를 눈여겨 보면서 10년 이상 장기투자 할 종목을 고르는 것부터 시작할 때다.

워렌 버핏은 누구인가?

미국의 주식투자가인 워렌 버핏은 내브라스카주 오마하에서 1930년에 태어났다. 콜롬비아대학 경영대학원에서 경제학 석사 학위를 받았다. 가치투자(value investing)라고도 불리는 과학적 주식투자 방법을 증권가에 소개한 벤자민 그레이엄(Benjamin Graham,1894~1976) 밑에서 일하기도 했다.

1956년 주식투자를 시작해 한때 미국 최고의 갑부로 등장했다. 지금도 미국 5위 안에 드는 갑부인 워렌 버핏은 전설적인 투자의 귀재로 평가 받고 있다. 1965년 버크셔 헤더웨이(Berkshire Hathaway)를 인수했다. 1967년 소형 보험회사 2개를 매입하면서 투자지주회사로 변모하게 된다. 그는 뉴욕에서 2,000km 이상 떨어진 자신의 고향 오마하에서 거의 벗어나지 않지만 주식시장의 흐름을 정확히 꿰뚫는다고 해서 '오마하의 현인(Oracle of Omaha)'라고도 불린다.

워렌 버핏의 가치투자 원칙

① 자신이 잘 알고 있는 회사에 투자하라

② 제값주고 좋은 주식을 사라

③ 우량기업에 집중투자하라

④ 정직하고 주주이익 중시하는 경영자를 중시하라

⑤ 10년 이상 장기보유하라

12

직접투자가 자신 없으면 간접투자하라

은행 적금을 통해 돈을 모아왔던 A씨(42세 여성). 주식이 오르고 있다는 얘기를 주변에서 듣고, 돈 3,000만 원을 갖고서 재무설계사인 사돈 총각을 만났다. 1시간이 넘게 주식형 펀드니 채권형 펀드니, 머니마켓펀드(MMF), 주가지수연계증권(ELS) 등 틈새펀드 등에 대해 설명을 들었지만 '원금을 까먹을 수 있다'는 설명에 쉽사리 펀드 가입을 하지 못하고 그냥 집에 왔다.

A씨는 그날 밤 집에서 사돈 총각이 던진 질문을 곱씹어 봤다.

"이 3,000만 원을 앞으로 어디에 쓸 겁니까. 연 몇% 정도의 수익률을 원해요, 1년 내에 바로 찾을 겁니까. 아니면 그냥 잊어버리고 한 3년 이상 넣어둘 건가요…"

A씨는 스스로 생각했다. '내 돈인데 나 스스로도 어떻게 할지 모르고 있었구나.' 증권사나 은행창구에는 펀드를 가입해도 되느냐는 질문이 쇄도하고 있다. 이미 주가나 채권금리가 모두 크게 오른 상황이라면 어떻게 높은 수익률을 내는 펀드에 투자할 수 있느냐는 원론적인 질문들이 난무한다.

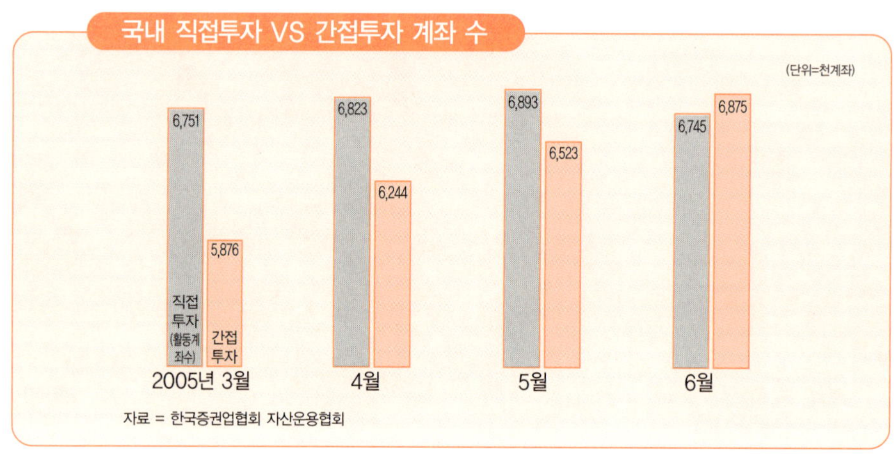

이른바 '펀드현상'이다.

간접투자 열기가 전국적으로 확산되고 있다는 얘기다. 너도 나도 주식을 직접 사기보다는 펀드에 가입하려는 움직임이 뚜렷해지고 있다. 간접투자는 이제 새로운 주식투자 트렌드로 확고하게 자리잡고 있는 분위기다. 이같은 간접투자 열기는 간접투자가 수익성이나 안전성 면에서 뛰어나기 때문이다. 시중에서 팔리는 펀드 상품들 가운데는 1년 수익률이 30% 이상 되는 것들이 많다. 어떤 가치주 펀드 상품은 수익률이 100%에 육박하는 경우도 생겼다. 직접 주식을 사는 경우에 못지 않은 수익률이다. 직접 주식을 사고 팔 때는 오를지 말지를 끊임없이 판단해야 하지만, 펀드 상품은 그럴 필요도 없다. 큰 흐름만 쥐고 있으면 된다.

요즘처럼 적립식으로 가입하면 더욱 그렇다. 적금 대신 가입해놓으면 은행 정기적금 이자율보다 훨씬 높은 수익률을 안겨다 줄 가능성이 높다. 실적배당상품이긴 하지만, 증시 트렌드를 잘만 판단하면 실제 손실로 이어질 가능성은 아주 적다.

장기투자에서 펀드의 매력은 더욱 빛을 내고 있다. 미국 시장에서 투자기간을 5년 정도로 넓게 잡으면 시장수익률(벤치마크)을 따라잡아 가는 건 펀드

상품뿐이다. 따라서 주식시장이 앞으로 좋아질 것이라는 기대감만 있다면 펀드를 언제 가입할 것인가를 고민하는 것은 크게 의미가 없다.

다만 내가 기대하는 목표수익률을 얼마로 할 것인지를 먼저 정하는 게 필요하다. 그러나 높은 수익률을 생각한다면 그만큼 투자위험도 존재한다. 잘못하면 원금을 까먹을 수도 있다는 각오를 해야 한다. 수익률보다 안전함을 택한다면 좀더 보수적으로 운용하는 펀드를 택해야 한다. 펀드상품은 이러한 투자자들의 입맛을 맞출 만큼 다양하게 나와 있다. 특히 주가가 큰 폭으로 상승할 때는 주식편입비율이 높은 상품에 가입하는 것이 유리하다. 대세상승기에는 뭘 살까 고민하지 않고 지수대로 움직이는 인덱스 펀드에 투자하는 게 바람직하다.

전문가들은 간접투자를 '청개구리처럼 하라'고 주문한다.

마치 청개구리처럼 투자 타이밍을 가져가는 게 좋다는 얘기다. 주가가 최고점에서 너도 나도 간접투자가 좋다고 외칠 때는 이미 적절한 가입시기를 놓친 것이며 간접투자 역시 조정을 받는 시점에서 남들이 가입을 주저할 때 들어가는 게 높은 수익을 얻는 비결이라는 것이다.

대부분 간접투자가 인기를 끄는 시점이 증시가 활황세를 보일 때인데, 많은 투자자들이 간접투자상품에 가입하면 무조건 높은 수익률을 얻을 수 있을 것으로 확신하고 '묻지마 간접투자'에 나선다는 것이다. 그러나 이처럼 시장호황기에 투자한 사람들의 경우 '상투'를 잡기가 쉽다는 설명이다.

결국 청개구리처럼 주식시장 흐름과 반대로 투자하는 방식을 택하는 게 좋다는 것이다. 주가가 활황세를 보이면 '묻지마 투자'에 나서고, 주가가 떨어지면 잠수하는 방식의 간접투자는 적절하지 않다.

PART **2**

증권투자
성공과 실패의 교훈

주식투자에 있어서도 실전만큼 훌륭한 스승은 없다. '주가수익비율(PER)을 살펴라', '테마주를 잡아라', '포트폴리오를 잘 짜라' 등 선뜻 머리에 들어오지 않는 주식 격언과 난해한 개념, 까다로운 투자 원칙을 숙지하는 것도 필요하지만 주식거래라는 싸움터에서의 성공과 실패 사례를 면밀히 살피는 것만큼 중요한 일은 없다. 다양한 투자 사례 가운데는 아직까지 개념이나 원칙으로 일반화 되지 않은 지혜들이 숨어있다. 성공과 실패의 사례를 케이스 별로 분석하고 나름대로의 투자 철학을 정립해야 분위기에 휩쓸리지 않는 투자 안목을 갖출 수 있다고 전문가들은 조언한다. 특히 구체적 투자 사례 속에는 일반론이 담아내지 못하고 있지만 투자자들이 반드시 고려해야 할 예외적 명제들을 얼마든지 찾아볼 수 있다. 한동안 정책수혜주로 꼽혀 '묻지마 투자' 대상이 된 건설주들은 이른바 '한국판 뉴딜정책'이 발표되자 일부 대형건설사들만 수혜를 입고 중소형건설사들의 주가는 곤두박질쳤다. 강력한 테마주로 꼽히는 줄기세포주에 덮어놓고 투자하다가 대주주들이 주식을 매각하면서 손해를 입은 투자자들도 부지기수다. 주식투자에 성공으로 통하는 왕도를 알려주는 원칙은 없음을 실전 사례들은 웅변으로 보여주고 있다.

분위기 편승 말고
기업의 속을 봐야

증권사 지점에 아기 울음소리가 들리면
주가가 오를 데까지 다 올랐다는 속설이 있다.

아기 맡길 곳도 없는 아기엄마까지 다급한 마음으로 증권사 객장을 찾을 정
도라면 주식시장이 천장에 도달했을 가능성이 높다는 것이다. 사실 분위기
에 편승해서 주식투자를 하는 사람들도 꽤 있다. 이런 방식은 주가가 무한
정 올라가는 장에서는 잠시 돈을 벌 수 있다. 그러나 장기적으로 결국 투자
한 돈 모두를 날려버릴 수 있는 위험이 있다.

테마주가 대표적인 사례다. 광우병, 조류독감 소식만 나오면 급등하는 수산
주는 반짝 상승했다가 내림세로 반전하는 사례를 종종 볼 수 있다. 전문가
가 아닌 일반투자자의 증권투자는 위험을 피하는 자세로부터 시작해야 한
다. 그러려면 투자할 기업과 시장에 대해 최소한의 지식을 갖춰야 한다.

투자자는 여러 정보 소식통을 통해 관심 있는 주식이 현재 고평가 됐는지
아니면 저평가됐는지를 확인해야 한다. 또 관심 주식이 동종 업종의 경쟁회
사보다 성장성이나 이익창출 능력 등이 있는지 따져봐야 한다. 특히 해당

기업의 영업능력, 이익창출 능력, 배당의지, 기술력, 경쟁상황, 업황 등을
종합적으로 감안해 적정주가가 어느 정도인지 가늠해봐야 한다.

○ 기업간 상대가치 평가 방법

주가수익비율(PER)과 이비에비타(EV/EBITDA)는 기업간 상대가치를 비교,
분석하는 방법으로 적정주가 산정에 가장 많이 쓰이는 지표다. PER은 주가
를 1주당순이익(EPS, 순이익/발행주식수)으로 나눈 값이며, EV/EBITDA는 기
업가치를 순수한 영업활동을 통해 창출한 이익으로 나눈 값이다. PER과
EV/EBITDA가 낮을수록 내재가치에 비해 저평가됐다고 판단한다.

PER과 EV/EBITDA에 대해선 뒷장에서 자세히 소개할 예정이고 이 장에서
는 이것이 실제로 어떻게 활용되는지 살펴보도록 한다. 투자자 입장에서는
싸게 주식을 사서 비싸게 파는 것이 수익을 올릴 수 있는 방법이다. 주식이
싸냐 아니면 비싸냐를 비교할 수 있는 지표가 바로 PER과 EV/EBITDA다.

투자자가 종목을 고를 때 고려해야 할 사항은 그 종목이 어떤 업종에 해당
하느냐다. PER과 EV/EBITDA는 동종 업종에 비해 해당 종목이 싸냐 아니면
비싸냐를 보여주는 지표이기 때문이다. 예를 들어보자. 굿모닝신한증권 분
석에 따르면 2004년 기준 업종별 평균 PER을 살펴보면 건설업 6.5배, 기계
10배, 비금속광물 10.4배, 서비스업 9.3배, 섬유 및 의복 20.6배, 운수장비
8.8배, 운수창고 3.1배, 유통업 11.4배, 음식료업 12.7배, 의료정밀 72.7배,
의약품 12.1배, 전기전자 6.9배, 전기가스 6.2배, 종이 및 목재 9.8배, 철강
및 금속 3.9배, 통신업 10.7배, 화학 6.1배다.

투자자 입장에선 자신이 사려고 하는 종목이 어떤 업종에 해당하는지를 확
인한 이후 그 종목이 업종 평균 PER에 비해 고평가 또는 저평가돼 있는지를
고려해야 한다.

글로벌 밸류에이션도 고려해야

국내 증시에서 동종 업종 내 PER과 EV/EBITDA를 비교하는 것도 중요하지만 한국 증시 재평가로 인해 글로벌 기업간 밸류에이션도 고려해야 한다는 의견이 많다.

국내 기업 중에선 외국 유수 기업과 어깨를 나란히 하는 업체들도 있다. 따라서 한국 기업의 경쟁사인 외국 기업 주가가 어떻게 형성되어 있는지 확인하는 것도 국내 기업 주가 흐름을 예측할 수 있는 한 방법이 될 수 있다. 예를 들어 대우증권 분석에 따르면 2005년 예상실적 기준 인텔의 PER은 18.8배인 반면 삼성전자는 8.9배에 그치고 있다. 사실상 국내증시에서 외국인이 차지하는 비중이 40%대로 높은 이유는 그만큼 한국 회사들이 '글로벌 플레이어'임에도 불구하고 외국 기업 주가에 비해 싸기 때문에 대거 매수한 데 따른 현상으로 볼 수 있다.

그러나 2005년 들어 한국 기업들의 펀더멘털이 본격적으로 재평가되고 있는 과정에 있어 향후 장기적으로는 한국 기업들의 밸류에이션이 외국 기업 수준으로 향상될 것이라는 기대감이 높다. 이렇게 볼 때 외국 유수 기업과 어깨를 나란히 하는 국내 주식을 장기보유 하는 전략도 고려해볼 만하다.

영업이익률 추이도 살펴봐야

한편 기업 수익성 지표도 투자시 고려해야 할 중요한 사항이다. 수익성 지표 중 대표적인 것인 매출액 영업이익률이다. 매출액 영업이익률은 장사다운 장사를 했는가를 나타내는 지표로 영업이익을 매출액으로 나눈 값이다.

영업이익률도 업종마다 차이가 있다. 소위 '굴뚝기업'의 영업이익률은 낮은 반면 '최첨단 기업'의 영업이익률은 높다. 굿모닝신한증권에 따르면 2004년 기준 업종별 평균 영업이익률을 살펴보면 건설업 7.6%, 기계 6.0%, 서비스업 27.3%, 섬유 및 의복 1%, 운수장비 4.2%, 운수창고 9.0%, 유통업 3.3%, 음식료 6.6%, 의료정밀 2.8%, 의약품 11.6%, 전기전자 14.4%, 전기가스 7.4%, 종이 및 목재 6.9%, 철강 및 금속 16.7%, 통신업 18.1%, 화학 8.4%다. 물론 여기서도 업종별 비교가 중요하다. 즉, 투자하고 하는 종목이 업종 평균에 비해 얼마인지를 보고 투자전략을 세우는 것이 바람직하다. 그런데 최근 들어서 변신을 시도하는 '굴뚝 기업'들이 나타나고 있다.

SK케미칼은 석유화학분야의 사업 확장 한계를 인식하고 고마진 사업인 생명과학, 정밀화학분야를 육성하는 데 노력을 기울이고 있다. SK케미칼은 생명과학분야를 육성하기 위해 2005년 4월 SK제약을 합병했다. SK케미칼은 이러한 노력에 힘입어 2005년 2분기 실적이 개선되는 모습을 보였다. 이러한 실적 개선에 힘입어 증권사들의 긍정적인 평가가 잇따랐고 이는 주가 상승으로 이어졌다.

그러나 이러한 변신이 반드시 주가에 긍정적인 것은 아니다. LG화학은 정보전자소재 사업을 육성하고 있지만 2005년 상반기 실적이 부진해 전체적인 실적을 악화시킨 것으로 나타났다. 결국 주가 흐름도 좋지 못했다.

업종별 밸류에이션

(단위 : 배 · %)

종 목		PER			EV/EBITDA			영업이익률			EBITDA 마진		
		2002	2003	2004	2002	2003	2004	2002	2003	2004	2002	2003	2004
KS	건설업	3.5	5.8	6.5	2.9	3.7	5.2	7.2	7.4	7.6	8.4	8.3	8.3
KS	기계	7.3	14.6	10.0	4.0	6.9	6.1	7.1	5.9	6.0	10.5	9.3	8.8
KS	미분류업종	5.8	8.5	11.3	6.7	5.2	4.7	16.0	18.8	22.4	19.5	22.5	25.9
KS	비금속광물	2.9	3.8	10.4	2..3	2.7	3.6	18.1	18.0	11.9	26.8	26.3	19.9
KS	서비스업	6.6	22.3	9.3	4.4	9.7	6.3	11.0	16.6	27.3	13.8	19.6	30.5
KS	섬유 및 의복	–	12.1	20.6	5.3	7.2	10.3	6.9	4.5	1.0	10.2	7.8	4.2
KS	운수장비	6.0	7.1	8.8	3.0	3.8	4.5	6.2	7.1	4.2	10.6	10.7	7.5

종 목		PER			EV/EBITDA			영업이익률			EBITDA 마진		
		2002	2003	2004	2002	2003	2004	2002	2003	2004	2002	2003	2004
KS	운수창고	2.7	33.9	3.1	3.8	3.2	2.6	3.3	6.3	9.0	9.3	12.4	14.2
KS	유통업	–	7.1	11.4	7.5	10.6	9.1	1.9	3.0	3.3	2.4	3.9	4.1
KS	음식료업	18.4	9.5	12.7	4.7	5.2	6.6	8.1	8.3	6.6	12.2	12.4	10.5
KS	의료정밀	–	31.6	72.7	7.7	8.9	5.3	3.7	5.0	2.8	11.3	11.3	9.7
KS	의약품	9.3	9.9	12.1	4.0	5.2	6.1	12.5	11.5	11.6	15.8	14.8	14.9
KS	전기 및 전자	11.8	16.4	6.9	4.8	6.2	4.3	10.5	10.6	14.4	19.5	18.8	21.5
KS	전기가스	4.0	5.9	6.2	6.1	6.5	7.2	8.4	7.5	7.4	14.7	13.7	13.6
KS	종이 및 목재	3.3	12.7	9.8	3.3	4.9	5.2	11.9	8.2	6.9	16.8	13.2	11.8
KS	철강 및 금속	7.8	6.5	3.9	4.0	3.6	2.6	10.6	13.6	16.7	18.1	20.5	22.2
KS	통신업	10.4	11.3	10.7	5.2	4.3	3.5	20.4	19.0	18.1	39.5	37.9	36.8
KS	화학	10.2	11.2	6.1	4.8	5.7	5.0	5.7	6.2	8.4	10.7	10.9	12.5
	거래소전체	**9.2**	**9.6**	**6.9**	**4.5**	**5.1**	**4.5**	**8.0**	**9.1**	**10.1**	**13.5**	**14.6**	**15.2**
KQ	가구	7.4	6.0	7.4	3.2	2.5	2.0	16.2	11.5	8.8	18.6	14.2	12.2
KQ	교육서비스	–	23.2	10.0	1.9	1.5	3.5	8.1	22.1	24.7	38.3	42.7	36.7
KQ	금속광업	7.6	9.2	4.4	4.2	4.9	3.5	5.9	5.3	7.6	9.0	8.0	9.6
KQ	기계장비	71.7	28.3	12.9	7.1	7.8	6.2	5.5	6.4	8.3	9.2	10.0	11.4
KQ	기타서비스	15.6	21.4	10.2	6.2	11.8	4.1	8.8	13.3	10.7	13.1	17.0	13.5
KQ	도매	13.3	20.0	90.6	7.8	9.4	9.0	3.0	1.7	1.3	4.1	2.8	2.4
KQ	디지털컨텐츠	–	–	–	29.9	28.2	16.2	5.1	8.2	6.2	15.2	15.6	14.0
KQ	반도체	–	–	11.0	13.6	14.2	6.4	−3.4	4.2	10.0	8.4	12.0	15.1
KQ	방송서비스	9.8	38.8	12.5	5.5	8.0	5.5	3.8	7.6	13.1	5.0	12.7	18.6
KQ	부동산	6.7	–	–	–	0.6	0.2	−12.3	5.4	2.5	−8.9	8.5	4.0
KQ	비금속	6.4	8.8	6.0	3.9	6.3	6.0	6.7	7.8	7.6	9.4	10.4	10.4
KQ	사업지원	–	–	202.8	7.2	9.0	9.7	1.3	0.7	2.0	4.9	4.3	4.8
KQ	섬유,의류	5.9	–	–	4.1	9.0	10.1	7.4	2.7	1.6	9.1	4.7	3.7
KQ	소매	–	–	–	16.0	13.6	12.4	1.1	4.6	3.5	3.6	8.5	7.9
KQ	소프트웨어	–	–	–	–	–	–	−7.8	−6.0	−11.1	−0.5	2.3	−3.6
KQ	숙박, 음식	9.6	12.5	12.0	4.3	7.2	4.7	7.7	8.4	4.7	9.5	10.1	6.5
KQ	여행운송	4.4	7.8	6.2	3.6	6.8	8.4	15.1	14.3	13.4	17.9	17.1	16.5
KQ	오락, 문화	–	17.9	10.2	7.6	7.8	8.2	10.1	12.2	10.7	13.0	14.7	13.0
KQ	운송장비, 부품	6.8	8.5	6.1	3.8	4.4	4.1	3.9	3.0	2.4	7.8	7.5	6.7
KQ	육상운송	3.9	2.1	2.9	3.0	3.8	3.0	7.7	5.9	5.8	8.9	7.1	6.9
KQ	음식료, 담배	8.9	24.5	7.9	5.2	8.3	5.1	5.9	4.1	5.5	8.4	7.0	8.6

종 목	PER			EV/EBITDA			영업이익률			EBITDA 마진		
	2002	2003	2004	2002	2003	2004	2002	2003	2004	2002	2003	2004
KQ 의료, 정밀기기	–	20.5	51.3	11.8	8.3	8.5	5.2	8.6	5.9	10.0	13.3	10.7
KQ 인터넷	–	133.5	–	20.1	17.7	12.7	0.8	15.1	10.8	8.9	23.5	19.6
KQ 일반전기전자	–	–	39.7	8.2	10.3	7.2	4.4	3.1	3.9	7.1	5.9	7.3
KQ 자동차판매	–	15.2	16.9	13.3	13.5	14.0	16.3	17.0	11.9	19.9	20.3	15.1
KQ 전문건설	8.9	7.1	5.4	1.9	2.0	2.0	5.6	5.5	5.9	7.3	6.9	7.4
KQ 전문기술	19.4	15.4	93.0	4.8	4.6	3.8	4.8	3.5	4.9	7.3	5.8	6.4
KQ 정보기기	–	–	–	10.9	14.9	8.4	2.8	2.8	2.8	5.7	6.2	5.8
KQ 제약	15.9	17.0	16.0	4.5	4.2	6.6	15.5	13.3	14.1	19.6	17.5	18.1
KQ 종이, 목재	3.0	6.5	9.0	2.7	4.7	6.2	10.2	5.7	6.2	14.6	10.3	10.3
KQ 종합건설	4.3	1.9	5.5	7.2	2.5	2.7	3.1	7.3	6.6	3.9	8.0	7.1
KQ 출판, 매체복제	–	–	–	7.2	15.5	–	3.4	0.2	-7.5	8.3	5.3	-2.5
KQ 컴퓨터서비스	–	–	–	18.9	12.5	10.9	-1.5	-1.8	-1.5	2.1	2.3	2.9
KQ 통신서비스	–	–	–	4.5	3.9	3.7	5.0	7.5	5.2	24.4	28.3	22.2
KQ 통신장비	–	–	–	8.5	8.8	7.2	3.8	2.6	2.2	9.2	7.3	6.4
KQ 항공운송	2.0	–	2.4	2.0	3.3	3.2	7.7	1.3	4.8	14.5	8.5	11.0
KQ 화학	14.5	–	32.1	4.8	6.6	7.2	7.2	3.8	5.0	11.3	9.0	9.5
KQ 환경	9.3	16.3	17.4	4.4	8.7	9.2	28.0	27.1	27.3	41.4	38.2	36.5
KQ IT부품	29.4	76.3	10.6	5.5	7.8	4.8	8.2	7.9	8.0	14.4	13.6	13.2
코스닥 전체	-1,134.0		23.8	6.0	7.2	5.7	4.5	4.7	5.3	9.6	10.1	10.1

주1) 종목대상 : 비금융, 12월 결산
주2) 주가기준 : 각 연도말 종가
자료 : 굿모닝신한증권

02

현금창출능력이 평가 잣대

포스코의 2005년 8월 16일 종가는 21만 9,500원. 52주 최고치는 22만 9,000원(2005년 3월 7일), 최저치는 15만 7,000원(2004년 8월 24일)이다. 포스코 주가는 20만 원과 21만 원 박스권에서 움직이고 있다. 과연 이 주식을 살 만한 가치가 있는 걸까? 많은 투자자는 매일 변하는 기업들 주가를 유심히 살펴보지만 이런 헷갈리는 상황에 자주 도달한다. 무엇 때문인가. 일단 정보가 부족하고 분석방법을 몰라서 그렇다.

일반투자자들 사이에서 가장 손쉽게 사용하는 주가수익비율(PER)로 주가를 평가해보자. 이 때 PER은 시가총액을 그 회사의 그 해 혹은 그 다음해 말 예상되는 순이익으로 나눈 것이다.

포스코의 2005년 PER은 6.7배. 일본 최대 철강회사인 닛폰스틸의 PER(34.7배), 대만 차이나스틸의 PER(9.2배)보다 낮다. 포스코의 PER이 낮다는 것은 닛폰스틸이나 차이나스틸보다 시장에서 저평가되어 있음을 나타낸다.

얼마만큼 저평가되어 있는지는 그 회사가 속한 증시 여건에 따라 달라질 수 있다. 한국의 북한 핵 문제와 노동유연성 및 정치불안 등이 이유가 되어 한국시장전체가 저평가되고 있다고 외국투자자들은 보고 있다. 따라서 다른 나라의 경우를 종합하여 포스코와 다른 국제 철강회사들의 주가들보다 다소 낮게 거래되는 것이 타당하다고 본다. 물론 이 평가는 주관적이어서 증권분석가마다 다를 수 있다.

최근 PER을 이용한 이같은 분석은 설명력이 많이 떨어진다는 이야기도 나오고 있다. 손익계산서에서 순이익을 산출할 때까지 특별이익이나 특별손실 등과 같은 요소들이 개입되기 때문에 순이익이 영업활동만으로 창출된 현금흐름을 반영하지 못하기 때문이다. 이같은 특별이익 및 손실은 기업의 일상적인 영업과 관계가 없는 요소들이다. 세계에서 손꼽히는 증권분석가들은 이런 이유 때문에 순이익 대신 그 회사의 영업을 잘 나타낼 수 있는 변수를 사용한다.

일반 제조업의 경우 실질적인 현금흐름을 잘 나타내는 세전영업이익을 뜻하는 에빗(EBIT)이나 에비타(EBITDA: 이자 세금 감가상각비 차감 전 이익)를 많이 활용한다. 에비타는 세전영업이익에 감가상각비와 같은 비현금성 비용을 합한 것으로 세전 기준 영업현금흐름을 측정한 것이다.

금융업은 장부상의 가치와 시장가격을 비교하는 방식(PBR: Price to Book Ratio)을 주로 사용하고 통신업은 가입자 수를 비교하기도 한다. 각 기업의 특성에 따라 어떤 것이 그 기업이나 산업을 더 잘 표현할 수 있는 현금흐름이 되는지에 따라 골라 사용하면 된다.

에비타와 에빗 등은 현금흐름 배수(Cashflow Multiple) 방식에 의한 기업가치 분석의 기초가 된다. 현금흐름 배수는 어떤 상장회사의 기업가치(EV · Enterprise Value)나 시가총액을 그 회사의 그 해 말 예상되는 현금흐름으로 나누어 그 배수가 얼마나 되는가를 나타낸 것(예: EV/EBITDA)이다.

여기서 EV는 어느 시점의 시가총액에 그 기업이 빌린 순차입을 합한 것이다. 이때 유의할 점은 현금 흐름을 나타내는 에비타와 에빗이 과거의 숫자가 아닌 올해 말 아니면 내년의 예상되는 수치를 사용한다는 것이다. 과거 숫자는 미래를 나타내는 지표로서 가치가 적기 때문이다. 다시 말해 올해나 내년에 벌 수 있는 현금흐름 에비타나 에빗을 몇 년간 계속해야 그 기업의 현재 시장가치를 가늠할 수 있는가 하는 것이다.

예를 들어 삼성전자의 EV/EBITDA가 6.1배인 데 비해 반도체 회사인 미국 인텔은 16배, 핀란드의 통신기기 회사 노키아는 20배였다면 삼성전자가 많이 저평가되었다고 판단할 수 있다. 반도체와 통신기기 사업 양측면에서 삼성전자는 제대로 평가 받지 못하고 있는 것이다. 이런 기업분석과 함께 각국의 증시여건, 산업의 특성, 기술력, 상품 시장흐름 등을 감안해 최종 판단을 해야 할 것이다.

한편, 증권사 애널리스트들은 현금흐름 할인방식(DCF)과 같은 정확한 가치분석 방식을 사용해 적정주가를 산출하기도 한다. 따라서 어떤 기업의 적정주가와 그것을 적정주가로 보는 근거를 알고 싶을 경우 애널리스트 보고서를 참고하는 것도 좋은 방법이다.

글로벌 대표기업의 PER 비교

(단위 : 배)

업종명	기업명	PER		업종명	기업명	PER	
		2004	2005			2004	2005
석유정제	쉐브론텍사코	10.7	11.9	반도체	인텔	20.1	18.8
	엑슨모빌	15.0	15.4		TSMC	13.4	14.8
	BP	13.8	13.7		UMC	10.4	26.7
	SK	**4.5**	**5.5**		**삼성전자**	**8.3**	**8.9**
	S-OIL	**8.0**	**8.0**		**하이닉스**	**3.4**	**3.9**
화학	듀퐁	22.4	19.2	디스플레이	마쯔시다	65.6	26.8
	다우케미칼	20.1	12.4		소니	25.6	29.4
	난야플라스틱	8.4	8.7		AUO	8.4	25.3
	LG화학	6.3	6.5		**삼성SDI**	**7.7**	**10.4**
	호남석유화학	3.2	3.6		**LG전자**	**7.9**	**9.8**

업종명	기업명	PER		업종명	기업명	PER	
		2004	2005			2004	2005
철강	USX-U.X 스틸 그룹	7.1	7.3	통신장비	노키아	19.8	16.2
	신일본제철	8.9	8.0		에릭슨	17.5	15.9
	차이나 스틸	7.0	7.3		삼성전자	8.3	8.9
	POSCO	4.6	3.9		LG전자	7.9	9.8
비철금속	알코아	15.8	16.1	은행	BOA	12.4	11.3
	풍산	4.7	4.1		시티그룹	12.0	11.4
	고려아연	9.1	6.0		국민은행	190.9	7.7
제지	인터내셔널 페이퍼	26.7	18.2	제약	머크	12.1	12.9
	오지제지	14.0	13.0		화이저	12.4	12.4
	니폰 유니팩 홀딩스	20.5	14.3		다케다제약	15.3	14.6
	한솔제지	10.0	6.4		유한양행	15.0	11.0
기계	캐터필라	16.0	12.4	자동차	도요타	11.0	10.5
	제너럴일렉트릭	22.2	19.5		포드	6.0	7.3
	히타치기계	15.8	13.9		GM	5.7	9.7
	대우종합기계	7.0	6.8		현대차	9.1	7.6
조선	미쯔비시 중공업	53.8	52.6	무선통신	넥스텔커뮤니케이션	15.8	16.1
	가와사키 중공업	25.9	22.1		NTT DoCoMo	13.4	11.1
	대우조선해양	16.5	15.0		SK Telecom	8.8	7.1
해운	NYK	11.1	9.1	유선통신	AT&T	10.1	10.3
	MOL	8.6	8.3		SBC 커뮤니케이션	16.2	17.0
	에버그린머린	6.3	6.8		NTT	10.2	15.1
	한진해운	3.0	2.4		KT	6.7	6.7
자동차부품	델파이	23.8	-	전력/가스	도쿄 일렉트릭	15.8	13.2
	덴소	15.9	14.2		도쿄 가스	13.8	13.7
	현대모비스	8.8	8.0		한국전력	6.1	5.7

주 : 해외기업은 IBES 예상치 기준이고, 국내 기업은 대우증권 예상치 기준임
자료 : Thomson datastream, 대우증권 리서치센터

03

M&A
약인가 독인가

기업 인수합병(M&A)은 주식시장에서 해당기업의 주가를 크게 움직이는 대표적인 테마다. 그러나 탐스러운 사과에 때로 독이 들어있을 수도 있다. 시장의 힘은 무서운 것이다. 실제 M&A 가능성이 낮은 종목도 일단 시장에서 군중심리가 형성되면 어느 정도 주가를 끌어올리는 사례도 빈번하다. 이 때문에 M&A 테마주라고 알려지면 일단 사놓고 보자는 심리가 팽배한 것도 사실이다.

30대의 회사원 김모씨. 그는 2005년 초 줄기세포 관련주로 알려진 주식을 사볼까 망설이던 차에 M&A 이후 줄기세포 연구에 투자한다는 소식에 한창 주가가 오르고 있던 S사 주식 100주를 샀다. 회사측은 사실상 인수 후 개발(A&D)를 선언한 것과 마찬가지였다. 김씨는 1만 5,000원대에 사서 주당 2,000원 정도 남기고 되팔아 짭잘한 '용돈'을 손에 쥐었다. 주식을 얼른 내다판 것은 언제 주가가 폭락할지 몰라 더 이상 불안감을 견딜수 없었기 때문이다. 이후 주가가 2만 5,000원까지 오르자 배가 아팠다. 그러나 이 종목은 석달이 채 안돼 4,000원 밑으로 추락했다. 주가가 반토막을 넘어 '6분의

1’ 토막으로 줄어든 셈이다.

더욱이 이 종목과 관련해 12명이 2005년 7월 증권선물위원회에 의해 인수합병(M&A) 및 줄기세포 테마주를 가장한 수법으로 258억 원 상당의 부당이득을 챙긴 혐의로 검찰에 고발돼 회복 기미가 보이지 않는 상태다. 김씨는 "그 때는 간이 작아서 더 먹지 못했다고 자책했는데 결과적으로 다행"이라며 "수익도 좋지만 불안감이 너무 컸다"고 말했다.

성격은 조금 다르지만 소버린이 한때 적대적 M&A를 선언했던 SK㈜도 좋은 사례다. 소버린은 7월 보유지분 전량인 1,902만 8,000주(14.82%)를 처분했다. 매각가격은 주당 4만 9,011원, 매각대금은 총 9,325억 원이다. 소버린은 2003년 4월 1,768억 원을 투자해 SK㈜ 지분을 취득한 지 2년여 만에 배당금 485억 원을 제외하고도 7,557억 원의 시세차익을 남겼다. 투자기간인 2년 3개월간 수익률이 400%를 넘은 것이다.

그러나 SK의 경우 주가상승의 원인은 소버린에게 있던 것은 아니라는 게 전문가들의 해석이다. 소버린의 매수 당시 SK㈜는 SK글로벌 사태 등으로 주가가 낮아진 상태였다. 그러나 양호한 펀더멘털에다 지주사로서의 가치, 여기에 경영권 위협에 따른 지배구조 개선 등이 평가 받으며 주가가 상승했다는 것이다.

소버린처럼 SK의 잠재가치를 눈여겨보고 장기 보유한 눈썰미 좋은 투자자라면 재미를 톡톡히 봤다는 얘기다.

여기서 얻을 수 있는 교훈은 'M&A테마와 상관없이 오를 주식을 고르고 이후 M&A에 따른 추가상승은 덤으로 생각하라' 는 것이다. 단순히 M&A 껍데기만 쓴 종목이라면 언젠가는 오른 만큼 고스란히 하락할 수 있다는 점을 잊어서는 안 된다. 한때 코스닥시장에 불었던 슈퍼개미 열풍이 그렇다. 2004년 개인 투자자가 주식을 대량으로 매수했다는 공시만 나오면 주가가 급등했던 때가 있었다. 그러나 주가가 오르는 시점에 이미 슈퍼개미들은 주식을 털고 빠져나가는 사례가 빈번했다. 뒤늦게 따라붙은 추격 매수자들이 번번히 땅만 쳐야 했던 건 불보듯 뻔한 사실이다.

또 M&A설 만큼 퍼뜨리기는 쉽고 효과도 빠른 것이 없다. 이 때문에 각종 주식 정보사이트에는 M&A에 대한 소문이 꼬리에 꼬리를 문다. 하지만 전문가들은 코스닥시장에서 M&A와 관련된 주식을 고를 때는 반드시 시가총액보다 기업이 가진 자산가치가 큰 기업을 눈 여겨 보라고 권고한다. 적대적 M&A의 경우 지분경쟁 과정에서 주가가 오르기 마련이지만 실패로 끝날 경우 주가가 폭락할 수 있음을 명심해야 한다고 충고한다.

유가증권시장에선 정부 채권단이 최대주주인 종목군이 주목받고 있다. 이들은 탄탄한 펀더멘털을 바탕으로 업종 대표성을 띠고 있는 데다 실적도 향상되고 있어 매력적이다. 2005년에 주가가 크게 오른 현대건설, 하이닉스 등이 대표적이다. 이 밖에 옛 대우그룹주인 대우건설, 대우인터내셔널, 대우조선해양, 대우증권 등과 육상물류업계 1위인 대한통운, 금융업종 대표종목인 우리금융 등도 정부 지분율이 높아 매각 가능성이 거론되고 있다.

정부 채권단 지분이 많은 종목은 언젠가 팔리기 마련이다.

한 증권사 애널리스트는 "M&A 매물은 매각을 앞두고 기업가치를 높이기 위한 다양한 방법이 동원되기 마련"이라며 "매물로 나올 해당 기업의 주가는 물론이고 관련 기업 지분을 보유한 금융주 등에 관심을 가질 필요가 있다"고 조언했다. 그러나 또다른 애널리스트는 "지수 급등으로 마땅한 투자대상을 찾지 못한 투자자들이 가장 쉽게 눈에 띄는 'M&A 테마'로 몰리고 있다"며 "그러나 개별 기업들의 상황과 펀더멘털이 모두 다른 만큼 개인 투자자들이 이들 기업을 하나의 테마로 묶어 접근하는 것은 바람직하지 않다"고 지적했다.

따라서 전문가들은 M&A테마가 독이 아닌 약이 되려면 주가가 폭락할 가능성이 낮은 종목부터 고르라는 충고를 내놓는다. M&A 종목을 미리 선취매하려면 기업 가치에 비해 주가가 현저하게 낮은 기업을 찾으라는 얘기다. 한

마디로 '실력(실적)'이 뒷받침되는 주식을 고르는 눈썰미를 키우라는 것이
다. 전문가들은 자산가치 우수하고 실적 턴어라운드가 확실시 되는 주식을
사되 M&A 가능성은 덤으로 생각하라고 권유한다. 만약 미리 사놓은 종목이
급등할 경우 목표한 수익률에 도달했다면 과감히 매도시점을 포착하는 것도
손실을 막는 방법이 된다.

04

현금 많은 기업 M&A 표적

코스닥상장법인 T사. 2005년 들어 M&A업계로부터 잇따라 러브콜을 받고 있다. T사는 지난 2003사업년도에 50억 원의 적자를 낸데 이어 2004사업연도에도 추가 적자를 낸 기업이다. 코스닥시장에서 퇴출요건이 강화되면서 T사는 2005년 6월 말 현재 자본잠식 사유로 코스닥시장에서 퇴출될 형편에까지 놓였다.

반대로 유가증권시장에서 상장돼 있는 Y사는 인수할 만한 기업이 없는지 눈을 부릅뜨고 찾고 있다. 증권시장에서 섬유업종이라고 해서 너무 홀대 받고 있다는 판단 때문이다. 실제로 이 회사 시가총액은 순자산가치의 10분의 1도 안 된다. 이에 따라 Y사는 기업가치를 높여줄 신성장 엔진을 찾아나선 것이다. 이 회사는 일단 휴대폰, 자동차부품을 만드는 비상장업체 3곳을 골라 저울질하고 있다. 이처럼 국내 M&A 시장이 활기를 찾고 있다.

국내 최대 M&A 중계법인으로 부상하고 있는 삼일회계법인에도 50억 원에서부터 수백억 원으로 살 수 있는 기업매물을 구하는 전주들이 늘고 있다. 어떤 전주는 200억 원 선에 살 수 있는 건설회사를 소개해달라는가 하면 어떤 전주들은 100억 원대 식품회사나 상호신용금고를 찾아달라는 요청도 있는 것으로 전해진다.

M&A전문가들은 국내 M&A시장이 후끈 달아오르고 있는 이유가 시중에 유동자금이 넘쳐나는데다 외환위기(IMF 구제금융) 이후 구조조정을 통해 많은 현금을 확보한 기업들이 대폭 늘었기 때문이라고 진단한다. 특히 외국계 사모투자전문회사(PEF)에 이어 2004년 말부터 국내 은행, 증권사 등이 PEF를 설립하고 직접 M&A시장에 뛰어들고 있는 것도 국내 M&A시장의 활기를 더해주고 있다는 평가다.

사실 국내 M&A시장은 급속도로 성장하고 있다. 외환위기 이후 화의, 법정관리 등 부실기업과 워크아웃기업들이 속출했기 때문이다. 실제로 톰슨파이낸셜이 2004년 전세계 159개국의 M&A현황을 조사 · 분석한 결과에 따르면 한국의 2004년 M&A금액은 102억 달러(건수 143건)에 달한다. 세계 17위에 해당하는 규모이다.

2005년 M&A시장에서는 대표적으로 하이트맥주의 진로 인수를 꼽을 수 있다. 하이트맥주는 진로를 총 3조 4,288억 원에 인수했다. 진로 M&A와 함께 2005년 하반기와 2006년에도 1조 원을 훌쩍 넘어서는 대형 매물이 쏟아질 전망이다.

우선적으로 자산관리공사, 예금보험공사, 은행들이 지분을 보유하고 있는 기업의 매각을 기대할 수 있다. 대표적으로 대우건설, 대우인터내셔널, 대우조선해양, 대우정밀 등 옛 대우그룹 계열사를 비롯해 대한통운, 쌍용건설, 쌍용, 현대건설, 하이닉스, 우리금융지주, 외환은행, LG카드 등이다.

이 가운데 완전민영화를 위한 기간이 2008년까지인 우리금융지주를 제외한 나머지 기업들은 2006년 매각이 마무리될 것으로 예상된다. 그렇다면 이들의 M&A 규모를 계산해보자.

간단하게 이들 기업의 2005년 12월 26일 시가총액은 56조 2,735억 원에 달한다. 시가총액대로 매각 가격이 정해지고 경영권 확보가 가능한 매각(경영권 확보가 가능한 총 발행주식의 '50%+1주' 대상)이 이뤄진다면 11개 기업의 M&A 규모는 28조 1,368억 원이다. 여기에 경영권 프리미엄까지 합쳐지고 중소형 매물까지 쏟아진다면 2006년까지 M&A 규모는 50조 원에 달할 것이라는 게 M&A업계의 예상이다.

그렇다면 어떤 기업이 중소형 매물로 나올 가능성이 높을까.

이남일 삼일회계법인 매니저는 "M&A 가능성이 높은 중소형 기업으로는 순자산가치보다 시가총액이 크게 떨어지는 기업, 수익성 악화가 지속되고 있지만 성장성이 예상되는 기업, 유가증권시장이나 코스닥시장 퇴출 가능성이 높은 기업 등이다"라고 설명한다. 이쯤에서 2006년까지 대형 매물로 나올 기업의 M&A 시나리오를 점쳐본다. 금융권에서는 단연 외환은행과 LG카드의 M&A가 가장 기대된다.

LG카드 매각 작업은 2005년 10월부터 본격화 된다. LG카드의 주채권은행인 산업은행은 10월 정도에 LG카드 매각계획을 수립할 방침이다. 산업은행이 마련한 LG카드 매각방안이 채권단 회의를 거쳐 확정되면 일정에 따라 매각주간사 및 실사기관을 선정하고, 입찰공고 등의 절차를 밟게 된다. 매각방식은 국내외 투자자를 대상으로 한 공개입찰 방식이다. 현재 우리금융지주, 신한금융지주, 하나은행, 농협 등이 모두 LG카드 인수 의사를 밝히고 있다.

2005년 12월 금융지주회사로 거듭나는 하나은행으로선 상대적으로 취약한 카드 부문의 강화가 최우선 과제로 떠오르고 있다. 신한지주의 라응찬 회장도 "LG카드 인수에 관심이 있다"고 말한 바 있고 황영기 우리금융 회장도 "LG카드 인수에 적극 나설 것"이라는 뜻을 밝혔다.

농협은 LG카드를 단독으로 인수하기는 어렵겠지만 투자 펀드나 다른 금융회사가 제의해 오면 공동 인수하는 방안을 검토하고 있다. 외국계 금융사

가운데는 씨티은행이 가장 적극적인 것으로 알려져 있다. 현재 주가대로라면 2조 원을 훌쩍 넘는 인수 가격 부담 때문에 단독 인수보다는 여러 금융사가 공동으로 추진할 가능성도 배제할 수 없는 상태다.

외환은행도 대주주인 론스타의 매각 제한이 2005년 10월 정도에 풀리기 때문에 이후 언제든지 매물로 나올 수 있다. 2005년 12월 26일 현재 주가에 따른 외환은행의 매각 가격(경영권 확보 위한 발행주식의 50%+1주 인수시)은 4조 3,692억 원에 달한다. 외환은행 인수에는 HSBC, 시티 등 외국계와, 하나은행 등 토종간 싸움이 될 것으로 예상된다.

건설 명가인 대우건설과 현대건설도 관심거리다. 대우건설의 매각은 이미 막이 올랐다. 2005년 8월 22일부터 매각 자문사의 데이터룸 실사작업이 약 2달간의 일정으로 본격 실시된다. 실사작업이 마무리 되는대로 2005년 말 예비 입찰과정을 거쳐 2006년 4~6월 정도에 매각작업이 마무리될 것으로 예상된다. 매각 주간사는 삼성증권-시티글로벌마켓증권의 컨소시엄이다. 현재 대우건설 인수에는 군인공제회를 비롯해 대주건설, 태영, 효성, 현대산업개발, GS건설, 우방, 제일제당, 신세계 등이 관심을 보이고 있다.

하이닉스 매각도 눈여겨볼 만하다. 하지만 하이닉스의 주가가 최근 가파른 상

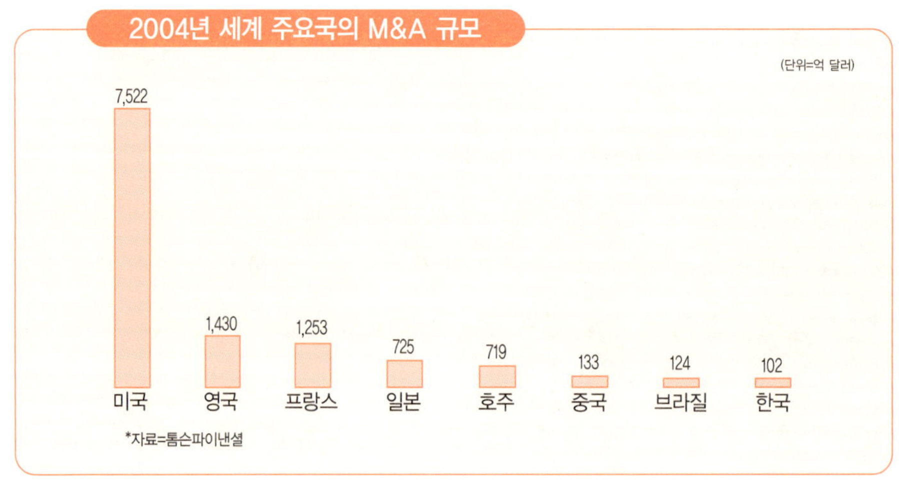

승곡선을 그려 2005년 12월 26일 현재 시가총액이 15조 1,500억여 원에 달하는 점이 M&A에 최대 부담으로 여겨진다. 7조 5,000억 원의 자금을 들여 인수할 수 있는 원매자가 있겠느냐는 불안감 때문이다. 1차로 매각할 예정인 24% 정도의 지분매각을 위해서도 현재의 시가총액이 부담스럽긴 마찬가지다. 3조 6,000억 원에 가까운 자금이 필요한데 연기금 등 기관투자자들이 인수하기에도 역시 만만치 않은 금액이다.

05

제조업 현금흐름, 은행은 PBR로 평가해야

주가 수준을 애기할 때면 언제나 주가수익비율(PER)이 빠지지 않았다. PER은 현재 주가가 주당순이익의 몇 배인가를 나타내는 투자 지표이다. PER이 높으면 영업활동으로 벌어들인 이익에 비해 주가가 높게 평가 받고 있는 것이고 PER이 낮으면 실제로 내는 이익에 비해 주가가 낮게 평가 받고 있다는 것을 의미한다. 그만큼 PER이 낮은 종목의 주가는 상승 가능성이 높은 셈이다.

하지만 최근 들어서 PER의 시대는 가고 'EV/EBITDA'와 '주가순자산비율(PBR)'의 시대가 왔다. 증권전문가들은 제조업체의 경우 'EV/EBITDA'를, 은행 등 금융주의 경우 '주가순자산비율(PBR)'을 적용하면 현재의 주가 수준을 보다 정확하게 대변해준다고 입을 모으고 있기 때문이다.

EV/EBITDA의 분자 EV(Enterprise value)는 기업가치(시가총액+순차입금)이다. 분모 EBITDA(Earnings before interest, tax, depreciation and armortization)는 영업이익과 감가상각비를 합친 기업의 영업현금흐름을 뜻한다. 이를 통해 EV/EBITDA는 기업이 벌어들인 영업이익이 시장에서 몇 배로 평가 받는

지를 의미한다.

A종목의 EV/EBITDA가 10배라고 가정해보자. 투자자 B씨가 A종목을 현재 시장가격으로 매수할 때 EV/EBITDA대로라면 10년 내에 투자 원금을 회수할 수 있게 된다.

결국 EV/EBITDA가 낮으면 투자 원금을 일찍 찾을 수 있는 것이고 EV/EBITDA가 높은 투자 원금을 늦게 찾을 수밖에 없다. 당연히 투자자라면 EV/EBITDA가 낮은 종목의 투자 가치가 높은 것이고 주가도 그만큼 오를 수 있는 것이다.

대신증권에 따르면 시가총액 상위 50개 종목 가운데 금융주를 제외한 38개 종목의 2005년 연간 EBITDA대비 현재 주가 기준으로 평균 EV/EBITDA는 7배 정도로 추산된다. 국내 증시의 대표 주자인 삼성전자의 2005년 EV/EBITDA는 6.2배로 예상된다. 삼성전자의 2004년 말 EV/EBITDA가 3.9배에 불과했기 때문에 2005년 들어 삼성전자의 주가 상승은 '제값 찾기' 과정으로 해석할 수 있다.

호남석유화학은 2005년 말 예상 EV/EBITDA가 1.5배에 그칠 것으로 예상돼 EV/EBITDA가 38개 종목 가운데 가장 낮을 것으로 보인다. 포스코(2.2배), 한진해운(3.2배), 현대자동차(3.5배) 등도 2005년에 거둬들일 것으로 예상되는 영업이익에 비해 현재 주가가 푸대접 받고 있는 셈이다. 반면 현대중공업(EV/EBITDA 23.4배), 삼성중공업(19.3배), 엔씨소프트(16.9배) 등은 2005년에 벌어들일 EBITDA에 비해 현재 주가가 지나치게 높게 평가받고 있다.

증권전문가들은 EV/EBITDA가 제조업체의 주가 수준을 말해주는데 상당한 가치가 있다는 의견을 내놓고 있다. 김우재 대신증권 연구원은 "EV는 기업 전체가치로 기업 전체의 자본(타인자본과 자기자본)을 기업 활동에 대응시키고 있는 점에서 PER처럼 자기 자본만을 고려하고 있는 지표와 달리 기업간 주가 비교에 있어 더욱 합리적이다"라고 강조했다.

대우증권 이원선 차장도 EV/EBITDA가 한 종목의 밸류에이션을 가늠할 수 있는 잣대로의 가치가 높아지고 있는 이유를 이렇게 설명한다.

첫째, EV/EBITDA의 경우 EBITDA라는 지표를 사용해 각 나라마다 다른 이 자율과 세율과 감가상각 방법이 반영되어 있는 순이익의 정보적 약점을 개선했기 때문이다. 또 EBITDA가 현금흐름을 수반하지 않는 평가손이익을 배제하기 때문에 기업의 진정한 펀더메탈(기초여건)에 보다 근접한 개념으로 볼 수 있다는 것이다.

그렇다면 은행주의 밸류에이션을 가늠할 수 있는 잣대는 뭘까. 위에서 얘기했듯이 주가순자산비율(PBR)이 있다. PBR을 계산하는 방식은 간단하다. 주가를 주가순자산가치(BPS)로 나눈 비율이다. 다시 말해 PBR는 주가가 순자산(자본금, 자본잉여금, 이익잉여금의 합계) 대비 1주당 몇 배로 거래되고 있는지를 나타내준다. 순자산은 장부상의 가치로 회사 청산시 주주가 배당받을 수 있는 자산의 가치를 의미한다.

예를 들어 PBR이 1이라면 특정 시점의 주가와 기업의 1주당 순자산이 같다고 볼 수 있으며 이 수치가 낮을수록 해당 기업의 자산가치가 증시에서 제 값을 받지 못하고 있다는 점을 의미한다.

굿모닝신한증권에 따르면 2005년 BPS 대비 12월 26일 현재 주가 기준으로 국민은행의 PBR은 2.2배이다. 하나금융(PBR 1.5배), 우리금융지주(1.9배), 기업은행(1.9배), 대구은행(2.0배), 부산은행(1.7배) 등으로 하나은행이 현재 증시에서 자산가치 대비 제값을 받지 못하고 있는 것으로 나타난다. 주요 보험주 가운데 삼성화재의 PBR은 1.0배로 추산되며 LG화재와 현대해상의 PBR이 각각 0.7배, 0.9배로 1배 미만으로 거래되고 있다.

PBR의 가치에 대해 유재성 삼성증권 금융팀장은 "우리나라에서 PBR을 사용하게 된 것은 외환위기 이후다. 외환위기 이전에는 대부분 PER을 많이 사용했지만 외환위기를 겪으면서 적자로 돌아서는 금융기관이 늘었고 부실자산이 늘어나면서 향후 부실분을 모두 감안한 실질장부가치가 중요시되면서 PBR의 가치가 높아졌다"고 설명한다.

손현호 굿모닝신한증권 연구원은 "금융기관의 밸류에이션 지표로 PBR을 활용하는 이유는 자산으로부터 이익이 창출되고 자산의 대부분이 금융자산으로 이루어져 있기 때문에 장부가치와 순자산가치의 차이가 작기 때문이다"라고 말한다. 특히 은행의 경우 대출자산이 이익의 원천이고 보험사는 보험료로 쌓인 자산을 운용해서 이익을 창출해낸다.

이에 따라 투입한 자산대비 얼마의 이익이 나는지, 그리고 자산대비 얼마나 가치를 평가 받아야 하는지가 중요하다는 것이다. 다만 PBR은 할인율 (cost of equity), 성장률(growth rate), 배당성향 등 여러 주관적 변수에 매우 민감하게 반응한다는 약점을 갖고 있다.

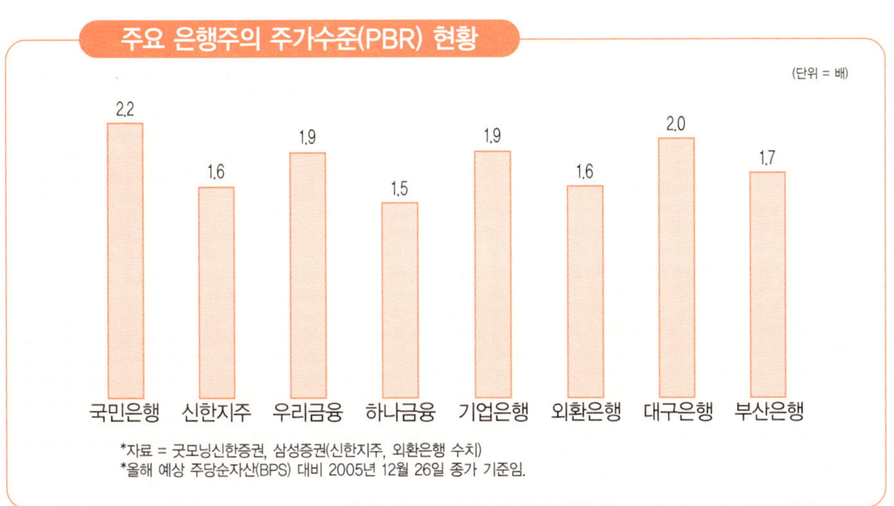

06

신용도부터 살펴
투자해야

돈을 빌려줄 때는 빌려준 돈이 어디에 쓰일지에 앞서 그 사람이 돈을 갚을만한 사람인지를 봐야 한다. 기업에 투자할 때도 마찬가지다. 투자한 돈을 잘 써서 배당으로 얼마나 돌려줄 기업인지(수익성)에 앞서 망할 기업이 아닌지(안정성), 투자한 돈을 돌려줄 만한 기업인지(신용도)를 살펴봐야 한다.

자본시장에는 보통주 우선주 등 주식 말고도 투자대상이 다양하다. 채권 전환사채(CB) 신주인수권부사채(BW) 선물 옵션 등이다. 이 중 특히 채권의 경우 신용도를 중점적으로 살펴봐야 한다. 신용도가 중요한 것은 주식 등 나머지 투자대상도 마찬가지다. 마치 은행이 대출해줄 때 개인 신용도를 보는 것처럼 말이다.

○ 채권투자시 신용등급 확인과 금리 비교는 기본

채권에 투자할 때는 발행 회사 신용평가를 꼼꼼히 확인해야 투자위험도를 줄일 수 있다. 투자자는 발행 회사 신용등급과 시장에서 결정되는 회사채 수익률을 비교해 투자 여부를 결정해야 한다. 예를 들어 특정 신용등급을 가진 회사의 채권금리가 5%인 것을 보자. 이 회사가 6%에 채권을 발행한다면 매입을 적극 검토할 만하다. 금리가 높다는 것은 그만큼 채권값이 싸다는 것을 의미하기 때문이다.

기업의 신용도는 인터넷 등을 통해 신용평가회사에 문의해 알 수 있다. 정부는 1년 이상의 장기자금을 직접금융시장에서 조달하려는 기업이 발행하는 회사채의 경우, 발행기업에 대한 전문적인 지식이 부족한 소액투자자를 보호하고 채권시장에서의 합리적인 가격형성을 유도하기 위하여 무보증회사채에 한해 발행 시 신용평가전문기관의 신용등급을 첨부하도록 의무화하고 있다.

신용평가회사가 신용도를 평가할 때 가장 중요한 부분은 회사의 원리금 지급능력이다. 한마디로 '돈을 잘 갚을 수 있느냐' 하는 점이 신용도의 기본이라는 말이다. 회사채 신용등급은 무보증회사채 발행 및 거래시 투자판단 및 발행조건 결정의 기준으로 활용되고 있다. 이 외에도 △은행, 여신전문금융기관 등 금융기관의 여신심사 참고자료, △투신, 펀드 등 국내외 기관투자가의 투자심사기준 △조달청, 한국전력공사 등의 공사발주시 수주기관의 적격심사 자료 △거래기업의 신용판단을 위한 기준, △이자율(또는 수익률) 산정의 참고자료 등으로 쓰인다.

○ CB, BW 등은 신용도와 주가탄력도 신중히 계산해야

CB, BW에 투자할 때도 신용도가 중요하다. 기본적으로는 채권상품이기 때문이다. CB, BW는 금액, 채권만기, 이자율이 표시된 채권에 주식으로 전환할 수 있는 옵션이 부여된 상품이다.

BW는 주식으로 전환하는 권리를 가진 워런트(warrant)와 액면금액 채권만기 이자율 등이 표시된 채권으로 되어 있으나 각각을 따로 떼내 거래할 수 있다. CB와 BW의 차이점을 보면 CB는 주식으로 전환하기 위해 CB를 발행사에 반납해야 하며 주식 전환을 하면 해당 CB는 만기 전에 시장에서 사라진다.

반면 BW는 주식으로 전환하고자 하면 주식매입 대금을 워런트와 함께 발행사에 주어야 한다. 이 때 워런트에 수반됐던 채권은 만기까지 생존한다. 따라서 BW는 채권을 만기까지 투자자가 계속 소유하고 있거나 중도에 타인에게 양도할 수 있다. CB나 BW 매력은 발행사들이 주식이나 회사채 대신 CB나 BW를 발행하는 이유에서 쉽게 찾을 수 있다.

기업 관점에서 보면 CB나 BW를 발행하면 일반 회사채보다 이자율이 낮아진다. 추후 주식으로 전환할 때 생길 수 있는 수익을 감안해 이자율을 낮게 매길 수 있기 때문이다. 이를 일반투자자가 볼 때 주식의 대안으로서 CB, BW 매력은 주가 변동 위험성을 피할 수 있다는 데 있다. 비록 채권에서 나오는 수익은 낮지만 주식과 달리 주가 급락에 따른 원금 손실이 없기 때문이다.

현재 주가가 1만 6,000원, 변동성계수가 1.6, 만기가 3년, 발행가 2만 원인 A회사 CB 투자자들을 보자. 이 기업 주가가 2만 4,000원으로 오른 상황과 1만 2,000원으로 내린 상황을 상정했을 때 투자자는 주가가 2만 4,000원으로 올랐을 때 일반주식으로 전환해 팔면 주당 4,000원씩 수익을 올릴 수 있다. 반대로 1만 2,000원으로 내렸을 때도 만기까지 가지고 있으면 주당 2만 원에다 A기업에서 약속한 일정한 수익률을 챙길 수 있다.

LG카드 CB는 이런 특징을 극단적으로 보여준 사례다. LG카드 CB의 경우 2004년 43.4대 1 감자 후 전환가격이 60만 8,000원(당초 전환가 1만 4,027원 43.4)에 달하도록 올라가버렸다. 주가가 60만 원 이상으로 급등할 가능성은 매우 낮으므로 결국 주식으로서의 가치는 없어지고 후순위 채권으로서의 가치만 남은 셈이다. 따라서 CB 가격은 액면가보다 낮은 수준에서 결정됐다. 이런 특성 때문에 주가변동성 즉 베타계수가 높은 회사가 발행한 CB나 BW의 전환 프리미엄은 일반적으로 높게 매겨진다.

변동성 큰 주식은 주가 급락으로 인한 손실이 적다는 것이 큰 매력이다. 이는 뒤집어보면 변동성이 작은 주식은 그만큼 프리미엄이 작다는 뜻이다.

회사채 신용등급 정의(한국신용평가 제공)

등급	정의
AAA	원리금 지급능력이 최상급임.
AA	원리금 지급능력이 매우 우수하지만 AAA의 채권보다는 다소 열위임.
A	원리금 지급능력은 우수하지만 상위등급보다 경제여건 및 환경악화에 따른 영향을 받기 쉬운 면이 있음.
BBB	원리금 지급능력은 양호하지만 상위등급에 비해서 경제여건 및 환경악화에 따라 장래 원리금의 지급능력이 저하될 가능성을 내포하고 있음.
BB	원리금 지급능력이 당장은 문제가 되지 않으나 장래 안전에 대해서는 단언할 수 없는 투기적인 요소를 내포하고 있음.
B	원리금 지급능력이 결핍되어 투기적이며 불황시에 이자지급이 확실하지 않음.
CCC	원리금 지급에 관하여 현재에도 불안요소가 있으며 채무불이행의 위험이 커 매우 투기적임.
CC	상위등급에 비하여 불안요소가 더욱 큼.
C	채무불이행의 위험성이 높고 원리금 상환능력이 없음.
D	상환 불능상태임.

※ 상기 등급 중 AA부터 B등급까지는 +, − 부호를 부가하여 동일등급 내에서의 우열을 나타내고 있음.

07

급등락장일수록
기본에 충실

증시가 요동칠 때일수록 주식투자의 기본에
충실해야 한다. 증권투자에서 실패하지 않는 전략 중 하나는 주가가 기업의
내재가치 이상으로 급등했을 때 과감히 팔아야 한다는 것이다. 또 내재가치
이상으로 오르면 추격매수를 하지 말아야 한다. 분위기에 편승하지 말고 기
업 속사정을 살펴봐야 한다. 앞에서 서술한 기업가치 평가법과 관련해 몇
가지 사례를 살펴보도록 한다.

KTF 사례는 투자자들에게 좋은 교훈을 준다. 이 주식은 1999년 12월 7일
코스닥시장에서 첫 거래가 이뤄진 후 상한가를 치고 5만 7,700원(시가총액 7
조 5,900억 원)에 마감했다. 이후 KTF 주가는 14거래일 연속 상한가를 기록
하며 같은 달 28일 주가가 28만 4,500원까지 치솟았다.

장중 한때 30만 9,500원을 기록하기도 했다. 이때 KTF 시가총액은 첫 거래
일보다 5배 가량 늘어난 37조 원으로 SK텔레콤 시가총액을 앞질렀다. 특히
KTF의 현금흐름 대비 기업가치(EV/EBITDA)는 당시 세계에서 가장 유망하
다는 보다폰(Vodafone) 가치보다 훨씬 높았다. 하지만 시장에서 KTF 주가상

승은 당연하다는 분위기가 만연했고 투자자들은 그 주식을 사지 못해 안달이었다.

2000년 들어 KTF 주가는 급락해 2000년 1월 27일에는 9만 7,200원까지 떨어졌다. 2005년 상반기 중 KTF는 2만 3,000원~2만 4,000원선(2004년 4월 29일 코스닥 등록취소 및 증권선물거래소 이전 상장)에서 거래됐다. 이 사례는 일시적인 모멘텀으로 주가상승 가능성이 있더라도 주가는 그 본질가치에서 크게 벗어나지 않음을 말해준다.

이와 관련 인수합병(M&A) 관련 기업의 주가는 내재가치 이상으로 거래될 수 있으나 M&A 성사 결과에 따라 주가가 많이 변할 수 있으므로 투자에 유의해야 한다.

현대엘리베이터 주가는 2003년 8월 정몽헌 현대 회장이 사망한 지 보름 만에 1만 원에서 2만 5,000원대로 급등했다. KCC 등 범현대가 9개 계열사들이 현대엘리베이터 지분 16.2%를 매입하면서 오른 것이다. 그 후 주가는 두 달간 2만 원 선에서 횡보했다. 10월 현정은 현대엘리베이터 회장이 취임한 후 11월 초까지 주가는 7만 원대로 올랐다.

정상영 회장 측이 사모펀드 등을 동원, 현대엘리베이터 주식을 추가로 7.5% 장내 매입하면서 적대적 M&A를 시도했기 때문이다. 하지만 금융감독원에서 정상영 회장 측 지분의 위법 가능성 뉴스가 흘러나오자 주식은 다시 2만 원대로 급락했다. 이어 현정은 회장이 현대그룹의 국민기업화를 선언하면서 국민주 1,000만 주를 공모하겠다고 밝혔다.

이에 반발한 KCC는 법원에 신주발행금지 가처분 신청서를 제출했고 유상증자(국민주 공모)는 무산되면서 그 후 양측의 공방전이 계속되다가 2004년 2월에 증권선물위원회가 KCC로 하여금 지분처분을 명령, 싸움은 끝났다. 이후 주가는 급등락을 반복했다. 이렇듯 적대적 M&A는 성사 여부가 불투명해 주가의 변동성이 심하게 나타날 수 있으므로 특별히 주의해야 한다.

LG카드 주가는 2003년 9월 중순 유동성 위기설이 나오면서 떨어지기 시작했다. 이 회사 주가는 증권분석가들의 잇따른 매도의견이 나오면서 하락 추세가 가속화됐다. 외국계 투자자들은 투매하기 시작했고 구본무 LG 회장을 비롯한 대주주들은 주식을 내다팔기 시작했다. 그러던 중 금감위에서 11월 4일 카드사들의 자본확충 방안을 모색한다는 보도가 나오면서 주가는 14% 급등했다.

하지만 채권단 내 이견 등이 표출되면서 11월 17일부터 열흘 사이 주가는 반 토막이 났다. 11월 말부터는 채권단의 2조 원 지원안이 나오면서 잠시 상승하기도 했지만 2003년 12월에서 2004년 1월 20일 사이에는 하한가를 잇따라 치면서 폭락했다. 그 후 산업은행이 서울보증보험을 회생시킨 박해춘 사장을 선임하고 2조 원 만기 연장을 결의한 2004년 2월 11일부터 '반짝 상한가'를 친바 있다.

일반 투자자로선 복잡하게 기업가치를 계산해볼 필요는 없다. 많은 증권사 애널리스트들이 기업가치를 분석하고 있기 때문이다. 다만 주의할 점은 애널리스트들도 지식이나 분석력에서 천차만별이라는 사실이다. 따라서 어떤 애널리스트가 분석을 잘하는지 파악해둬야 한다. 아울러 기업가치에 기초한 목표가에서 서로 차이가 많이 나는 긍정적인 분석과 부정적인 분석 의견을 모두 들어봐야 한다.

목표수익률 정해 장기투자하라

주식투자자 가운데 95%는 손해를 보고, 4.9%는 약간의 이익을 보며, 0.1%만이 큰 돈을 번다는 말이 있다. 대부분의 투자자들은 주식으로 부자가 되기는 커녕 있던 재산마저 날려버리기도 한다는 현실을 빗댄 말이다.

그럼에도 불구하고 주식투자 방법을 터득한 사람들 중에는 단돈 수천만 원으로 수십억 원을 벌었다는 사람도 있다. 똑같은 주식에 투자하는데 적게는 수억, 많게는 수백억 원을 버는 사람과 쪽박 차는 사람이 나뉘는 것은 바로 투자원칙과 전략의 차이에 따른 것이다. 주식으로 부자가 된 사람들은 그들만의 성공투자 원칙이 있다.

그들의 가장 큰 특징은 무리하지 않는 정석투자를 한다는 점이다. 한마디로 중용과 절제를 덕목으로 투자를 한다. 그리고 이들은 철저하게 시장에서 검증되고 주가 흐름이 꾸준하고 성장이 확실한 가치주에 투자한다는 공통점이 있다.

모 증권사에 다니는 30대 후반의 김모씨. 그가 선택한 투자원칙은 간단하다. 우량 가치주에만 집중 투자하고 30% 이상 수익이 나면 차익실현을, 15% 손실이 나면 반드시 손절매를 한다.

2004년 10월 한창 잘나가던 신세계 주가가 급락하기 시작했다. 내수 회복에 대한 기대가 생각과 달리 더딘 것으로 나타나면서 대표적 내수주인 신세계 주가가 32만 원대에서 28만 원대까지 떨어졌다. 김씨는 내수는 곧 조만간 회복의 징후를 보일 것이고 낙폭이 과도하다는 판단을 하고 4,300만여 원을 들여 신세계 주식 150주를 사들였다.

이후 신세계 주가는 오르락 내리락 했지만 2005년 들어 증시 랠리 속에 다시 주목받아 그해 7월에는 36만 원을 넘었다. 그는 목표한 수익률 30%에 도달하자 미련 없이 팔아 치워 1,400만여 원의 차익을 거뒀다. 이런 식으로 그는 5년째 투자를 해 증권저축 2,000만 원의 종자돈이 3억 원으로 규모가 늘어났다.

성공하는 투자자는 소문이나 근거 없는 테마에 절대 귀 기울이지 않고 남들을 따라 투자하지도 않는다. 이는 확신을 할 수 없을 뿐만 아니라 설사 급등하더라도 곧 급락세로 돌아설 수 있기 때문이다. 주식투자를 하다 보면 여기저기서 괜찮은 종목이라고 추천해주는 경우를 볼 것이다. 주식투자에서 성공하는 사람은 그 정보를 토대로 해당 기업을 충분히 공부한다. 기업의 재무지표에서부터 경영스타일, 산업전망, 다른 회사의 경쟁 정도 등을 종합적으로 검토한다. 하지만 여전히 '~라더라'는 소문과 추측에 근거해 투자를 하는 사람이 많다.

자영업자 윤모씨는 올해 초 한 지인으로부터 코스닥 MP3플레이어 업체들간에 인수합병(M&A)가 벌어질 것이라는 귀띔을 받았다. 지인이 MP3플레이어 업체들과 거래를 하는 관계라서 그 말을 그대로 믿었다. 그는 단기차익을 노리고 여유 돈과 물품대금으로 받은 돈 그해 1월 중순 2,600만여 원을 들여 엠피오 주식 1만 주를 주당 2,630원에 사들였다. 얼마 동안은 주식이 오르며 3,000원을 넘기도 했지만 이후 합병이 무산되고 유상증자 악재, 대기업의 MP3플레이어 시장 진출 등 악재가 겹치면서 반토막이 났다. 그러나 윤씨는 혹시나 하는 마음으로 주식을 들고 있다가 손절매 기회를 잃었고 지금은 투자금의 절반을 날린 상태다.

성공하는 투자자들의 특징은 이 밖에 몇 가지가 더 있다. 우선 성장성에 대한 확신이 있고 안정적인 대형주를 사 짧게는 1년, 길게는 5년간 보유하는 경향이 있다. 즉 단기적인 급락에 부화뇌동하지 않고 오히려 조정기를 매수 기회로 삼아 꾸준하게 주식을 사 모으는 것이다.

현대모비스는 2003년만 해도 2만 5,000원~3만 원에 머물던 주식이었다. 그러나 매년 수익성이 개선되고 현대차의 성장 결과를 함께 공유하면서 지금은 8만 원대에 육박하고 있다. 불과 2년여 만에 3배나 오른 것이다.

주식은 투기 아닌 투자 – 성공투자 10계명

1. 주식은 투기가 아니고 투자다. 우수한 실적과 성장성이 있는 기업만이 주가가 오르고 유지된다

2. 개인은 시장보다 더 똑똑할 수 없다. 주식투자에서 자신의 정보가 항상 옳다고 믿는것은 실패로 가는 지름길이다

3. 투자하기 전 상반된 의견을 들어봐라. 기업은 분명 약점과 강점을 갖고 있다

4. 내재가치, 현금흐름, 변동성을 확인하라

5. 우량 종목에 장기 투자하라

6. 외국시장 정보를 확인하라. 세계 증시는 연결돼 있고 한국증시에 치명적인 영향을 줄 수도 있다

7. 목표 수익률과 목표 손실률을 정해 철저히 지켜라

8. 투자기업 CEO의 능력을 파악하라. CEO에 대한 소문이 좋지 않은 기업은 일단 투자를 하지 않는 게 바람직하다

9. 모르는 종목은 투자하지 마라

10. 급등락에 부화뇌동하지 마라. 분위기에 휩쓸려 '샀다', '팔았다'를 반복하다 보면 돈을 벌기 어렵다

09

코리아펀드
움직임 잘 살펴야

2005년 7월 5일 금융감독원은 코리아펀드가 보유한 주식을 주주들에게 현물 주식으로 환매할 수 있도록 장외거래를 승인했다. 이에 따라 코리아펀드는 보유하고 있는 주식을 현물로 주주에게 돌려줘야 한다. 환매 규모는 코리아펀드가 발행한 주식의 50%로 승인일 주가 기준으로 6,000억여 원에 달한다.

금감원은 이같은 결정을 내리는데 상당히 고심한 표정이 역력하다. 시장의 충격을 최소화하기 위해서였다. 이 때문에 코리아펀드가 보유한 주식을 팔아 실소유자인 펀드 주주들에게 현금으로 돌려주는 방식이 아니라 코리아펀드가 보유한 주식을 현물 주식으로 펀드 주주들에게 돌려주는 방식으로 결론을 낸 것이다.

코리아펀드가 보유하고 있는 국내 주식의 포트폴리오 비중대로 주주들에게 현물 주식으로 나눠진다. 코리아펀드는 그동안 이 펀드가 뉴욕증권거래소에서 순자산가치보다 낮은 가격에 거래되고 있는데 대한 주주의 불만을 해소하기 위해 지난 2004년 1월 발행주식의 10%를 현금 환매한 적도 있다. 당시에도 공개매수방법으로 환매됐으며 환매가격은 순자산가치의 95%로 1,088억 원 어치였다.

코리아펀드는 국내 주식 투자를 위해 미국에 설립된 폐쇄형 투자회사로 알려져 있다. 외국인의 직접적인 국내 주식 투자가 허용(1992년) 되기 전인 지난 1984년에 외국인이 이 펀드를 통해 간접적으로 국내 주식에 투자할 수 있도록 허가를 받았으며 뉴욕증권거래소에 상장돼 있다.

사실 환매가 이뤄질 경우 코리아펀드가 80여 개 상장법인의 주식을 보유하고 있기 때문에 국내 증시 충격은 피할 수 없다는 점에서 코리아펀드의 환매 결정이 의미하는 바가 크다. 다만 최홍 랜드마크자산운용 대표는 "주주들이 현물로 가져가기 때문에 시장 상황에 따라 주식 처분이 가능한 만큼 일시에 주식 처분이 이뤄지지 않아 시장 충격은 없을 것"이라고 말했다. 그렇다면 국내 증시의 최대 큰손으로 꼽혔던 코리아펀드가 보유 주식의 50%를 주주에게 돌려줄 수밖에 없었는지에 대한 스토리를 살펴보자.

일단 코리아펀드 이사회가 열린 2004년 12월 15일로 돌아가보자.

"코리아펀드가 하바드대에 졌다."

이사회 직후 전문가들이 내린 평가이다. 사연인즉슨 이날 이사회는 코리아펀드를 폐쇄형 펀드로 유지시키지만 발행주식 50%를 내년 상반기중 환매하기로 결정을 내렸다. 코리아펀드의 존립 자체가 위협받을 수도 있다는 점에서 전문가들은 "전문 투자자로 구성된 하버드 기금펀드(HMC) 등과의 공개 게임에서 졌다"고 해석한다.

이 같은 결정이 내려진 사연은 또 무엇일까. 미국 대학 펀드 가운데 규모나 수익률에서 최고인 HMC는 2003년말 이사회 멤버인 도이치 측에 코리아펀드 주가와 순자산가치의 괴리가 너무 크다는 지적을 제기했다.

환매가 금지된 폐쇄형 펀드의 투자기간이 길지만 개방형에 비해 주가가 저평가되는 경우가 많다는 것이 요지이다. 실제로 HMC는 당시 5년간 순자산

가치에 비해 펀드 주가가 연평균 19%나 낮게 거래됐다. 이에 주가 회복을 위한 신속한 조치를 도이치에 요구했고 이같은 힘은 2004년 런던시 투자클럽이 지분을 늘려 가세하면서 커지게 됐다. 런던시 투자클럽과 HMC는 코리아펀드 지분의 30%나 보유하고 있었다.

HMC는 지난 2003년 1월에도 유명 투자 기관인 템플턴 자산운용과도 비슷한 경험을 했다. HMC가 '템플턴 차이나 월드'와 '템플턴 드래곤 펀드' 2개에 대해 순자산 가치에 비해 주가가 낮다며 운용사 및 포트플리오 매니저(마크 모비우스) 교체를 주주들에게 제안했던 것. 당시 HMC는 2개의 펀드에 1억 1,500만 달러를 투자해 각각 30%, 14%의 지분을 확보하고 있었다. HMC와 템플턴은 법정 분쟁까지 갔지만 결국 두 펀드의 환매를 허용하는 것으로 결론지었다.

코리아펀드 환매의 핵심에 있는 HMC은 어떤 펀드인가. HMC는 2005년 6월 말 현재 자산이 226억 달러이며 연간 수익률이 21.1%에 달하는 유명 펀드이다.

이 대목에서 '폐쇄형' 펀드와 '개방형' 펀드의 차이점을 알아보자. 우선 만기도래 전 환매(가입해지, 출금) 가능 여부에 따라 개방형과 폐쇄형 펀드로 구분된다.

개방형은 투자기간 중간에 돈을 자유롭게 찾을 수 있는 반면 폐쇄형은 그렇지 못하다. 폐쇄형은 자금의 출금이 없기 때문에 상대적으로 운용하기가 쉽다. 지속적으로 환매가 들어온다면 환매 자금 마련을 위해 펀드의 보유자산을 팔아야 해서 본래 운용전략을 유지하기 힘들기 때문이다.

개방형은 안정적인 운용이 힘들 수 있고 당연히 펀드 수익률에 나쁜 영향이 가해질 수 있다. 그러나 환금성 측면에선 얘기가 달라진다. 폐쇄형은 환매가 불가능한 반면 개방형은 자유로운 환매가 가능하다. 특히 폐쇄형 펀드는 거래소 상장을 통해 환금성을 확보할 수 있지만 일반적으로 실제 순자산가치(NAV)보다 할인돼 거래된다. HMC가 '코리아펀드'에 이의를 제기한 것도 이와 일맥상통한다.

대부분 국내 투자자가 개입돼 있는 펀드는 개방형이다. 따라서 코리아펀드와 비교할 수 없는 상황이다. 하지만 코리아펀드의 현물 환매에서 배울 수 있는 교훈도 있다. 결국 수익을 내지 못하고 주주에게 아무런 이익을 챙겨주지 못하는 펀드는 존재 가치가 없다는 사실을 다시 한 번 입증한 것이다.

신성호 동부증권 상무는 이렇게 말한다.

"기업들도 마찬가지다. 많은 이익을 올려 주주에게 주가 상승에 대한 시세 차익을 누리게 하고 배당금을 늘려 주주의 배를 채워줄 수 있는 기업만이 제대로 된 값을 받게 된다."

결국 주식 투자에 있어 가장 중요한 지표가 실적이라는 얘기이다. 증권가의 격언처럼 돌고 있는 '주가는 실적의 그림자'라는 말도 틀린 것이 아니다. 참고로 증권전문가들은 각 기업의 실적 중에서 주당순이익(EPS)에 특히 주목한다고 한다. 대부분의 주가는 EPS와 유사한 움직임을 보인다는 설명이다.

문득 2004년 3월 홍콩 출장길에서 만난 한 펀드매니저가 한국의 개인 투자자들이 주식시장에서 돈을 벌 수 있는 방법이 뭐냐는 질문에 "기본에 충실하면 된다"고 귀띔했던 말이 떠오른다. 그가 말한 '기본'은 당연히 기업의 실적이었을 것이다.

코리아펀드의 국내 주식 보유 현황

(단위 : 주)

종목	보유 주식수	종목	보유 주식수
한라공조	600,000	인선ENT	377203
한국타이어	4,464,307	에스원	564270
한일이화	706,950	쌍용건설	461200
넥센타이어	400,000	대양이앤씨	1153938
호텔신라	858,391	현대모비스	350480

종목	보유 주식수	종목	보유 주식수
강원랜드	1,471,530	에스에프에이	466,200
LG홈쇼핑	56,200	삼성공조	827,630
제일기획	57,600	화승알앤에이	144,800
신세계	135,787	자화전자	779,900
대구백화점	1,336,800	안철수연구소	89,600
BYC	39,530	대덕전자	360,901
하이트맥주	50,000	한국유리	142,400
남양유업	43,390	인터플렉스	83,200
CJ	99,606	삼성SDI	209,956
농심	38,229	엔씨소프트	70,000
LG생활건강	51,511	네패스	359,890
KT&G(GDR)	413,800	파이컴	1,060,000
KT&G	552,570	삼성전자	340,299
에스오일	827,300	서울반도체	1,003,900
SK	826,200	LG화학	212,486
전북은행	2,787,695	삼성정밀화학	340,299
국민은행(ADR)	100,917	성신양회	276,200
국민은행	909,198	율촌화학	351,300
삼성증권	164,720	동국제강	1,170,900
농심홀딩스	22,521	한국철강	227,200
코리안리	1,643,310	삼우이엠씨	754,800
동양화재	584,860	포스코	443,000
삼성화재	979,625	세아제강	77,110
중외제약	88,600	SK텔레콤	329,990
유한양행	46,500		33,386,699

*자료 : 코리아펀드 홈페이지 (www.thekoreafund.com)
*단 보유주식수는 2004년 12월 말 기준이기 때문에 다소 변화가 있을 수 있음

10

'묻지마 투자'의 결말

"요즘 주가가 왜 이 모양입니까? 바이오 기업에 투자라도 해서 주가를 끌어올려야 하는 것 아닙니까?"

최근 일부 코스닥 기업은 빗발치는 소액 주주들의 전화에 곤욕을 치르고 있다. 상승장에도 불구하고 실적 부진 등의 이유로 주가가 부진한 일부 코스닥 기업에 주주들이 바이오 투자를 해서라도 주가를 부양하라고 난리다. 코스닥시장에 바이오 및 줄기세포주 열풍이 불면서 기업체의 본 사업과는 무관하게 바이오기업에 투자를 했다는 공시만 내면 주가가 급등하는 현상이 나타나기 때문이다.

바이오기업, 줄기세포주가 주목 받기 시작한 것은 황우석 교수의 줄기세포 연구에 대한 기사가 언론에 발표된 2005년 5월부터다. 그 이후 바이오 관련주에 출자했다고 공시한 기업들이 봇물처럼 늘었다. 원익, 에이스일렉트론, 시스네트, HS홀딩스, 티니아텍, 쓰리쎄븐, 서울일렉트론, 인젠, 디엠티, 동진에코텍, 큐앤에스 등 이들 기업들은 대부분 공시 전부터 주가가 급등해 내부자거래 의혹을 받기도 했다.

하지만 대다수 우량 코스닥 기업들은 주가를 억지로 띄우려다 더 큰 부작용을 겪을 수 있어 이같은 투자자들의 요구에 곤혹스러워 하고 있다. 테마주로 분류되면 주가가 일시적으로 올라갈 수는 있겠지만, 나중에 열풍이 가라앉거나 투자한 회사의 실적이 부진할 경우 주가가 더 큰 폭으로 떨어질 수 있기 때문이다. 한 무선통신 장비업체 관계자는 "위성DMB(디지털멀티미디어방송) 테마주로 분류되면서 한때 주가가 천정부지로 뛰었으나, 거품이 꺼지면서 주가가 반토막 나는 바람에 주주들의 항의에 시달리고 있다"고 하소연했다.

바이오, 줄기세포, 대북송전, 위성DMB, 와이브로(휴대인터넷), 수산주… 이같은 테마주란 증권시장 안팎에서 출현한 이슈에 따라 주가가 동반 상승하거나 하락하는 종목들을 의미한다. 이 같은 이슈는 특정기업의 향후 성장성 및 미래가치를 향상시킬 것으로 기대되는 것들을 말한다.

지난 1992년 자본시장 개방 이후 기업의 기본적 분석 및 재료의 민감도가 크게 강화되면서 업종 및 가격대를 불문하고 일정한 조건 또는 재료에 부합하는 종목군이 급부상했다. 이에 대한 일련의 주가흐름을 테마주로 분류하고 있다. 하지만 테마주의 주가는 해당기업의 실적이 뒷받침되지 않고 그때그때 재료 등장에 따라 비정상적으로 급등락하는 현상을 보이는 일이 잦아 선의의 투자자들이 피해를 보는 등 적지 않은 문제점을 던져주고 있다.

코스닥기업의 바이오사업 진출 공시가 봇물을 이루는 가운데 이들이 투자한 바이오업체의 실적이 가시화 되지 않을 경우 해당 기업의 주가가 폭락하고 코스닥시장이 거품 논란에 빠질 수 있다는 경고 메시지도 등장했다.

제약·바이오 업계 관계자들은 현재 줄기세포 치료제나 단백질 진단칩 등을 연구하는 업체의 실적 가시화는 앞으로 1~2년 내에는 어려울 것으로 진단한다. 바이오와 관련이 없던 기업이 이 분야에 뛰어드는 원인에 대해서는 투자 대비 수익 효용성이 크다는 점과 기존 사업 분야를 가지고 있는 기업이 성장 한계를 느끼고 있기 때문으로 해석된다. 투자 대비 수익 효용성이 크다는 것은 예컨대 장외 바이오기업에 5억 원을 투자하면 테마주에 편승해 주가가 급등하면서 시가총액이 5억 원 이상으로 증가하고 이를 바탕으로 유상증자를 통해 자금을 확보할 수 있다는 뜻이다. 즉 이같은 바이오 열풍은 장래 성장성에 대한 투자라기보다 유상증자를 통한 현금 유입이라는 현실적인 이유에 있다는 것이다.

실제로 2005년 바이오업체에 투자한 코스닥기업 중 상당수는 전년도 실적이 부진한 기업으로 나타나 테마에 편승한 공격적인 매수는 가급적 자제해야 한다는 지적이 일고 있다. 바이오와 관련도 없는 회사들이 느닷없이 바이오 기업의 소규모 지분을 갖게 됐다고 해서 바이오기업으로 보는 것은 말이 안 된다. 이같은 시장 분위기에 편승해 투자하는 것은 매우 위험하다. 이러한 바이오주 열풍은 몇 년 전 인터넷주 열풍과 다를바 없으며 수많은 인터넷기업 중에서 지금 살아남은 기업들이 몇 안 되는 것을 감안해 옥석을 가린 투자가 필요하다.

2005년 7월 중순에는 정부의 대북 전력공급 제안에 따라 수혜주로 떠오른 종목이 새로운 테마주로 부상했다. 하지만 대북송전 테마주로 분류되며 주가가 급등한 업체들의 주요 주주들이 잇달아 주식을 팔아 치우는 등 해당 종목은 주가급변에 따른 위험요인이 매우 큰 양상을 보였다. 광명전기, 선도전기, 제룡산업, 이화전기, 비츠로테크 등은 실적과는 무관하게 남북관련 이슈의 등장에 따라 주가가 예민하게 반응하고 있다.

2004년 말부터 대표 테마주로 꼽혀온 수산주도 마찬가지다. 태국과 베트남 등 동남아지역에서 조류독감이 수그러들지 않는다는 소식이 보도되자 한성기업, 오양수산, 사조산업, 동원수산 등이 일제히 상한가를 기록한다. 이들 수산주들은 조류독감이나 광우병 뉴스가 나오면 상한가를 기록하다가 수그러들면 급락하는 주가패턴을 반복하곤 해 투기적 성격이 짙은 테마주로 분류된다. 사회현안이 대두될 때마다 주가가 급등했다가 다음날이면 급락세로 돌아서고는 하는 '하루살이 테마주'에 대한 경계의 목소리도 높다.

그 예로 국회 등 국가기관 컴퓨터에 대한 해킹 소식이 나오면 안철수연구소, 이니텍, 장미디어, 싸이버텍, 하우리 등 보안관련주의 주가가 급등하고 다음날에는 약세로 반전한다. 온라인 음악 홈페이지인 벅스뮤직이 유료화를 단행키로 함에 따라 YBM서울, 에스엠, 예당, 블루코드, 네오위즈 등 인터넷음악 서비스업체들은 주가가 급등세를 보인다. 그러나 다음날에는 급락세로 돌아선다. '묻지마 투자'가 증가하는 등 과열양상이 나타나자 감독당국이 테마주에 대한 불공정거래 조사에 나서고는 있지만 일부 종목군에 기생하는 작전세력을 제대로 뿌리뽑지는 못하고 있다.

테마주 어떤 것이 있나

테마주	주요 종목
네트워크 장비주	동원시스템즈, 삼우통신공업, 케이엠더블유, 에이스테크, 우리별텔레콤에스피컴텍, 영우통신, GT&T
엔터테인먼트주	영실업, 소예, 인터원, CJ인터넷, 포이보스, 코코, 에스엠, 오로라, 예당, YBM서울, 대원씨엔에이, 지나월드, CJ엔터테인먼트, 강원랜드
바이오주	조아제약, 이지바이오, 대성미생물, 라이브코드, 마크로젠, 자원메디칼, 솔고바이오, 중앙바이오텍, 이-글벳, 바이오스페이스, 대한바이오, 바이오랜드, 인바이오넷, EBT네트웍스, 바이오메디아, 코바이오텍, 코미팜, 제일바이오, 씨티씨바이오, 농우바이오
전자지불관련주	한국정보통신, 나이스, 케이비씨, 씨엔씨엔터, 소프트포럼, 이니텍, 하이스마텍, 씨피엔, 이니시스
LCD부품주	금호전기, 한솔LCD, 디에스엘시디, 테크노세미켐, 신성이엔지, 케이씨텍, 동진쎄미켐, 우영, 피에스케이, 파이컴, 비티씨정보, 태산엘시디, 레이젠인지디스플레이, 성도이엔지, LG마이크론, 피케이엘, 에이텍, 파인디앤씨, 오성엘에스티, 에스에프에이, 엘앤에프, 탑엔지니어링, 한양이엔지,

테마주	주요 종목
휴대폰부품주	디스플레이텍, 유일전자, 세코닉스, 피앤텔, 서울반도체, 인탑스, 이랜텍, KH바텍, 한성엘컴텍, 아모텍, 재영솔루텍
남북경협주	현대건설, 동부한농, 동양메이저, 코오롱, 경농, 현대시멘트, 동방아그로, 현대상선, 남해화학, KT&G, 신원, 로만손, 광명전기, 선도전기, 제룡산업, 이화전기, 비츠로테크
반도체관련주	주성엔지니어링, 아큐텍반도체, 메디아아전자, 원익, 네패스, 유원컴텍, 에프에스티, 풍산마이크로, STS반도체, 에스티아이, 국제엘렉트릭
대체에너지주	케너텍, 유니슨, 화인텍, 한국가스공사, 삼천리

자료 = 매경인터넷

11

모양만 줄기세포주를 주의하라

양돈용 배합사료 전문업체인 도드람B&F
는 2005년 6월 난데없는 줄기세포 테마의 수혜로 돈벼락을 맞았다. 회사측
이 유해한 병원균을 차단한 무균(SPF)돼지 생산을 위해 신설 영농조합법인
에 21억 원을 출자, 86%의 지분을 취득하기로 했다고 공시하면서 잠잠하던
주가는 가격제한폭까지 치솟았다.

시장 주변에서는 무균돼지가 황우석 교수의 배아줄기세포 연구와 관련이 있
다는 루머가 정설처럼 유포됐다. 회사측은 다음날 문제의 무균돼지는 연구
용 무균돼지가 아니라 단지 인체에 유해한 병원균을 차단한 식용 청정돼지
라고 발표했지만 '터럭만큼이라도 줄기세포와 관련 있으면 무조건 산다'는
열병 같은 투자 관성은 멈추지 않아 5거래일 연속 상한가를 기록했다.

1,000원이던 주가가 2,000원으로 두 배가 뛰자 최대주주인 이지바이오시스
템은 보유주식 10만 주를 내다팔아 차익을 챙겼고 개인투자자들은 그제서
야 심상찮은 움직임을 감지하고 매수 움직임을 멈췄다.

2005년 8월 홈쇼핑 관련업체인 씨앤텔은 바이오벤처기업 두 곳에 투자를 했

다고 공시하면서 200원대이던 주가가 1,700원으로 8.5배나 뛰었다. 공시와 동시에 최대주주가 주식을 내다팔았고 60억 원이나 되는 시세차익을 챙겼다. 한 증시 전문가는 "줄기세포나 바이오 관련주들은 한 번 불이 붙으면 재료의 진위 여부나 실효성에 상관없이 주가가 급등하는 현상을 보이고 있다"며 "누군가에 의해 주가가 또 오를지도 모른다는 기대 자체가 재료가 되고 있다"고 말했다.

자세히 들여다 보면 이런 지적은 도드람B&F나 씨앤텔의 예에만 해당되는 현상이 아니다.

2005년 상반기 코스닥 시장에서 좁게 말해 '줄기세포', 넓게 말해 '바이오 벤처'는 주가를 부양시키는 마법의 주문이었다. 황우석 교수의 배아줄기세포연구성과가 불러온 줄기세포붐은 비단 줄기세포에 그치지 않고 바이오 제약업종 전반에 걸쳐 주가를 쥐락펴락하는 신통력을 발휘했다. 바이오 업체의 실체나 연구실적, 상업화 진전 정도 등에 대한 정보는 투자자들에게 거의 제공되지 않고 있다.

줄기세포 투자는 말 그대로 '묻지마 투자'일 뿐이다. 줄기세포주 '신봉'자가 쉽게 간과하는 두 가지 사실이 있다. 첫째, 배아줄기세포와 성체줄기세포는 엄연히 다르다는 것이고, 둘째, 국내 업체들은 황우석 신드롬의 요체인 배아줄기세포가 아닌 성체줄기세포를 통한 치료제개발을 진행중일 뿐이라는 것이다.

황우석 효과의 실체가 배아줄기세포라는 점을 감안하면 줄기세포주로 분류된 코스닥 기업들은 사실상 모두 무늬만 줄기세포라 해도 과언이 아니다. 그렇다면 성체줄기세포는 대박의 가능성이 없는 것일까. 황교수의 언명대로 배아줄기세포 연구가 이제 반환점을 돌았을 뿐 법적, 의학적으로 많은 과제를 남기고 있다면 성체줄기세포는 그보다 빨리 난치병 치료에 응용될 소지를 가지고 있다.

태반이나 골수 등에서 추출된 조혈모세포를 통해 치료제를 만드는 것으로
이미 식품의약품안전청의 1상(독성실험), 2상(효능실험)등을 통과한 품목도
있다. 빠르면 내년쯤 상용화될 가능성도 있다. 다만 아직까지 상용화돼 매
출 실적이 나타나고 있는 업체는 없다.

또 성체줄기세포 연구를 직접 진행하는 코스닥 기업들도 극히 소수에 불과
하다. 현재로선 제대혈에서 추출한 조혈모세포를 통해 치료제를 개발하고
있는 메디포스트와 라이프코드, 이노셀 등이 전부다. 2004년 10월 1,445원
이던 주가가 줄기세포 바람을 타고 4개월만에 5만 2,800원으로 36.5배나 뛰
면서 줄기세포 간판주가 된 산성피앤씨는 골판지 제조업체로서 줄기세포 연
구업체인 FCB-파미셀 지분 23%를 가지고 있을 뿐이다. 또 다른 대표주인
마크로젠 역시 유전자진단칩을 개발하는 업체로 줄기세포와 직접 관련은 없
지만 동물복제 연구업체인 엠젠바이오에 출자해 지분 26%를 보유중이다.

증시전문가들은 "줄기세포주를 폭넓게 해석해 바이오 제약주 전반의 기대
감을 나타내는 것으로 해석해야 할 것"이라면서 "고령화사회로 진입하면서
제약 및 바이오기업의 수익성이 좋아질 수 있는 것은 분명하지만 줄기세포
바람에 휩쓸려 실체를 파악하지 못하고 묻지마 투자대열에 맹목적으로 동참
하는 것은 위험하다"고 조언하고 있다.

12

달콤한 사탕이
더 위험하다

달콤한 사탕에는 자꾸 손이 가기 마련이다. '바늘 도둑이 소도둑 된다'는 옛 속담도 있다. 주식투자에서도 잘못된 투자습관으로 인해 낭패를 보는 경우가 종종 있다.

서울에 사는 40대 주부 박모씨의 경우는 기가 막힌 사연이지만 사실 우리 주변에서 흔히 볼 수 있는 사례이기도 하다. 박씨는 지난 2004년 초 남편 몰래 부었던 적금 1,000만 원이 만기가 되자 이를 모두 주식에 투자했다. 남편이 알지 못하는 돈인데다가 주위에서 주식투자로 며칠 만에 수천만 원을 벌었다는 소문까지 들었기 때문이다.

박씨는 난생 처음 증권사 지점을 찾아가 계좌를 개설하고 인터넷 사이트를 뒤져 이른바 '테마주'를 덜컥 샀다. 물론 1,000만 원 모두를 한 종목에 투자했다. 이 주식은 당시 동남아에 불어 닥친 조류독감 수혜주로 불리던 종목이었다.

이러다 돈을 잃을까 걱정도 됐지만 예상보다 주가가 크게 오르는 것 아닌가. 박씨는 예상 밖에 목돈을 쥐게 됐다. 이번엔 종목을 옮겨서 또 한 번 성공을 거뒀다. 불과 두 달 만에 종자돈 1,000만 원이 3,000만 원 넘게 불어났다. 그러자 주식투자가 어렵다는 말은 다 지어낸 말 같았다. 몇 달간 주식투자를 쉬었으나 그 해 말 줄기세포주와 이른바 DMB관련주 등 테마주 광풍이 불기 시작했다. 이 때를 놓치면 분명 후회할 것 같은 생각이 든 그는 3,000만 원에다 곗돈을 탄 1,000만 원을 보태 4,000만 원을 줄기세포주로 불리던 A사 주식에 쏟아 부었다.

주가는 이틀간 상한가를 쳤다. 기분은 날아갈 것 같았지만 불안하기도 했다. 하루 종일 주가 생각에 다른 일은 손에 잡히지 않았다. 언제쯤 매도해야 할지도 가늠이 되질 않았다. 뚜렷하게 정해놓은 목표수익률이 없었기 때문이다. 주가는 이제 사흘째 하한가로 접어들었다. 그러나 쉽게 손절매할 순 없었다. 벌써 원금을 까먹었기 때문이다. 며칠만 더 참고 기다려보자는 생각에 매도 타이밍을 놓친 그녀는 결국 투자원금이 반토막이 나고서야 눈물을 머금고 주식을 모두 팔았다.

여기서 그치질 않았다. 이제는 손해를 만회하겠다는 생각에 그럴듯한 '정보'를 찾아 인터넷 투자정보 사이트를 헤집고 다니기 시작했다. 코스닥의 J사가 곧 인수합병(M&A)된다는 소문을 접했다. 어느 회사에 얼마에 팔리는지, 소문은 믿을만한지는 중요치 않아 보였다.

일단 손해를 만회해야 한다는 생각에 남은 돈에다 대출까지 받아 '몰빵' 투자를 했다. 박씨는 외출도 삼간 채 하루에도 수십 번씩 주가를 확인하고 또 확인했다. 그러나 J사 주가는 날마다 하락세를 이어가 불과 2주일만에 또 반의 반토막이 나버렸다. 이번에도 본전 생각에 손절매 시점을 놓친 것이다. 회사측은 주가 급락에 대해 조회공시 답변을 통해 "특별한 이유가 없다"고만 밝힐 따름이었다.

그는 답답한 마음에 회사로 전화를 걸었다. 회사측과는 제대로 전화 연결조차 되지 않았다.이번엔 신문사로 전화를 돌렸다. "도대체 주가가 왜 이렇게 빠지는지 알아봐달라”는 요청을 하기 위해서였다. 그러나 전화를 받은 기자는 먼저 “그 회사가 뭐 하는 회사인지, 실적은 어떤지 아느냐”고 물었다. 박씨는 꿀 먹은 벙어리가 돼버렸다. 뒤늦게 자신이 가장 기본적인 투자원칙조차 지키지 않았다는 것을 깨달았으나 이미 뒤늦은 후회였다.

증권투자 중에서도 테마주 투자는 선수 중의 선수, 꾼 중의 꾼들이 ‘돈놓고 돈먹기’ 게임을 하는 곳이란 것을 깨달았지만 수업료는 너무 비쌌다. 이제 남편에게 대출받은 돈에 대해 털어놓을 걱정에 한숨만 나올 뿐이었다.

이보다 더한 경우도 있다. 남편이 퇴직금으로 주식투자를 했다가 낭패를 보자 부인이 이를 비관해 스스로 목숨을 끊은 안타까운 사연도 있다. 부녀가 동반자살을 기도했다가 딸만 목숨을 잃은 사연도 전해졌다. 이처럼 우리는 매년 수 차례 매스컴에서 주식투자 실패가 결국 애꿎은 목숨만 앗아갔다는 소식을 접하게 된다.

당장 생계가 막막한데 퇴직금으로 투자를 하거나 현금서비스에 대출까지 받아가며 주식투자에 나서는 것은 기름을 붓고 불로 뛰어드는 것에 다름 아니다. 더 많은 수익을 내야 한다는 강박관념 때문에 잘 모르는 주식, 많이 오를 것 같은 종목에 투자하게 되고 본전 생각에 손절매할 시점도 놓치기 일쑤다.

또 멋모르고 단기 주가급등만을 기대한 채 주식 미수거래를 했다가 반대매매로 낭패를 본 사람도 적지 않다. 왕초보 투자자라면 이것부터 명심하자.

첫째, 평범한 사람들이 하는 주식투자는 어디까지나 여윳돈으로 하는 것이다. 또 보유한 자산은 골고루 분산 투자하는 것이 원칙이지 주식시장에 전 재산을 몽땅 털어 넣는 것은 투자의 제1원칙조차 모르는 행동이다.

둘째, 자신의 목표 수익률과 감당할 수 있는 손실규모를 반드시 정하자. 주식시장에선 하루만에 주가가 15%까지 오른다. 적게 보일지 모르지만 은행이자에 비하면 대단한 수준이다. 또 연간 수익률로 환산하면 엄청난 수준임은 말할 것도 없다. 반대로 하루만에 그만큼을 까먹는 것도 예삿일이다. 자신의 목표를 뚜렷하게 설정하면 손해를 보더라도 원칙을 지킨 것, 그 한 가지 수확만은 거둔 셈이다.

셋째, 정확히 무엇으로 이익을 내는 회사인지도 모르는 종목을 사는 것은 백전백패다. 아는 만큼 번다는 평범한 진리 속에 해답이 있다.

13

완제품업체보다 잘나가는 부품업체 주목하라

개인 투자자들이 직접 종목 투자를 통해 돈을 버는 방법으로 우량주에 대한 장기투자만 있는 것은 아니다. 테마주에 대한 단기투자를 통해 투자 원금을 1~2달새 몇 배씩 불리겠다는 욕심을 버리고 '정석투자' 라는 정도를 걷는다면 중소형주, 특히 부품주에 대한 투자를 통해서 높은 수익률을 올릴 수 있다.

지난 1990년 5월 '가정에 충실하고 싶다' 는 한마디를 남기고 월가를 떠난 전설적인 펀드매니저 피터 린치는 바로 중소형주 발굴의 귀재였다. 그는 1977년 2,200만 달러에 불과하던 피델리티 마젤란 펀드를 13년만에 132억 달러로 불린 월가의 전설이다. 피터 린치는 자신이 활동하던 10년간 자신의 고객 100만 명 모두에게 25배의 투자수익을 남겨주는 대기록을 남겼다. 수익률로만 보면 2,700%에 달한다.

그는 장이 끝나면 무조건 회사 밖으로 나가 직접 발로 뛰면서 정보를 찾아낸 것으로 유명하다. 이를 위해 그는 해마다 500개 기업을 방문했다고 한다. 이런 이유로 피터 린치는 저평가돼 있는 중소형주 발굴에 집중했고 실제로 이런 종목에 대한 투자를 선호했다.

물론 따로 생업이 있는 개인 투자자들이 피터 린치 같은 방법으로 저평가된 중소형주를 발굴하고, 또 투자하기란 불가능하다. 하지만 증권사나 언론을 통해 제공되는 정보를 적절하게 활용하면서 정도를 지키는 투자를 한다면 높은 투자수익률을 기대할 수 있다. 이런 투자 대상으로 적합한 종목이 바로 부품주다.

부품주라고 하면 흔히 투자자들은 정보기술(IT) 관련 종목만 생각한다. 그러나 의외로 유가증권시장과 코스닥시장에 다양한 부품업체들이 투자자들을 기다리고 있다. 휴대전화 부품업체와 LCD 부품업체뿐 아니라 자동차 부품업체, 조선업체들에게 각종 기자재와 부품을 공급하는 조선기자재 업체 등 다양한 부품업체들이 있다.

실제로 부품업체가 훌륭한 투자대상이라는 사실을 2005년에 들어 자동차 부품업체들과 조선기자재 업체들은 증명해냈다. 2004년 10월 매일경제신문 증권 면을 보면 자동차부품주가 단기적으로는 달러약세 등의 영향으로 고전하겠지만 장기적으로 실적 개선이 기대된다는 기사가 나온다. 특히 완성 자동차업체의 주가가 상승한 것에 비해 주가가 저평가 상태여서 연말이나 연초부터 주가가 강세를 탈 것이라는 전망을 하고 있다. 또 실적 개선이 기대되는 주요 자동차 부품업체들의 PER이 4~5배 수준에 불과하다는 사실도 당시 기사에 표로 정리돼 있다.

이와 관련해 자동차 부품업체들의 2004년 주가와 2005년 주가를 비교해보자. 2004년 가을 평화산업의 주가는 3,000원대에 불과했다. 평화정공의 당시 주가는 2,000원대, 인지컨트롤스의 주가 역시 3,000원선에 불과했다. 그러나 이들의 주가는 2004년 4분기부터 본격적으로 상승하기 시작해 2005년까지 무서운 상승세를 이어갔다.

2005년 8월 평화산업의 주가는 1년 전보다 2.5배 가량 올랐고 평화정공의 주가도 당시 보다 2배 이상 뛰어 상승했다. 인지컨트롤스와 대원강업의 주가도 2배 가량 상승했다. 당시 자동차 부품주에 6개월 이상 중기 투자를 결정한 투자자들은 실제로 큰 수익을 올렸다.

조선기자재 업종에서도 이런 현상이 두드러졌다. 장기 소외되어 있던 조선 주가 2004년 가을부터 각광을 받으면서 2005년까지 주가 급등세를 이어가고 있지만 조선 기자재 업체들의 상승력은 이를 앞서고 있는 것이다. 2004년 8월초 2,750원이었던 태웅의 주가는 2005년 8월 1만 1,150원까지 상승해 4배 가까운 무서운 상승세를 기록했다. 현진소재의 주가 변화는 더욱 극적이다. 2004년 8월 초 1,175원에 불과했던 주가는 1년 뒤에는 6배 넘게 뛰어오르면서 기염을 토했다.

LCD 패널을 생산하는 LG필립스LCD와 삼성전자의 주가가 LCD TV 수요 확대에 대한 기대감으로 2005년 들어 회복세를 보였지만, 관련 부품업체들의 주가 회복세는 전방 업체들을 넘어서고 있다. 금호전기의 주가는 2004년 8월에서 2005년 8월까지 2배 가까이 뛰어 올랐고, 같은 기간 디에스엘시디와 한솔LCD의 주가는 3배 가량 상승했다. 같은 기간 LG필립스와 삼성전자의 주가 상승률은 30~40% 수준이었다.

그러나 부품주 투자가 쉬운 것 만은 아니다. 일단 부품주 투자를 위해서는 해당 업종과 산업에 대한 이해도가 높아야 한다. 특히 완성업체와 부품업체 간의 관계와 공통된 리스크나 상이한 리스크 등도 정확하게 알고 있어야만 투자를 성공적으로 이끌 수 있다. 부품주는 전방산업에 위치해 있는 완성업체의 실적과 밀접한 관계를 맺고 있기 때문이다. 삼성전자와 LG전자의 휴대전화 수출이 호조를 보일 경우 부품업체들의 실적도 좋아지는 것이 대표적인 예다.

그러나 완성업체의 실적이 좋다고 부품업체의 실적이 반드시 좋은 것은 아니다. 특히 미래 가치를 주로 반영하는 주가는 완성업체와 부품업체 간 동일한 방향으로 움직일 가능성이 더 적다. 완성업체가 수익성 악화로 고전하는 가운데서도 일부 부품업체는 호황을 누리면서 높은 주가 상승률을 기록하는 경우도 적지 않다. 반대로 완성업체가 호황을 누리는 가운데서도 부품업체의 수익성은 더 떨어지면서 주가도 고전을 면치 못하는 경우가 흔하다. 이 밖에 부품주 투자에는 위험 역시 따른다는 사실도 명심해야 한다. 중소형 부품주는 대부분 주가의 변동성이 크기 때문에 업종의 사이클이나 투자 타이밍을 맞추지 못할 경우 반대로 큰 손해를 볼 수도 있다.

결국 성공적인 부품주 투자를 위해서는 △확실한 실적개선이 예상되는지 △현재 주가 수준이 다른 업종평균에 비해 얼마나 저평가 돼 있는지 △해당 업종의 완성업체와 주가 수준은 어떻게 차이가 나는지 등을 면밀히 따져봐야 한다.

투자기간 역시 적절하게 설정하는 것이 좋다. 부품주의 경우 수개월~6개월에 걸쳐 주가가 상승하는 경우가 많다. 해당 업종의 업황 영향을 직접적으로 받는 경우가 많기 때문에 주가가 수년간 꾸준한 상승세를 실현하기가 쉽지 않다는 얘기다. 따라서 저평가된 부품주가 실적 개선 추세에 접어들었다는 확신이 있고, 해당 종목에 심각한 리스크가 발생하지 않는다면 3~6개월 이상 부품주에 중기 투자하는 것이 적절하다고 볼 수 있다.

자신의 투자 포트폴리오에서 부품주의 비중을 어떻게 가져 가느냐도 중요한 문제다. 투자원금이 3,000만 원 정도 있는 투자자가 부품주에만 집중 투자한다면 리스크 관리가 쉽지 않을 것이다. 중소형 부품주에 대한 투자는 상대적으로 높은 이익률을 내기 위해 적절한 투자위험을 감수하면서 이루어져야 한다. 해당 업종에 대해 공부가 충실하게 돼 있는 투자자라 하더라도 투자원금의 3분의 1 이상을 중소형주에 투자하는 것은 다소 부담스럽다고 할 수 있다.

LCD부품업체와 LCD주 주가변화 비교

종 목	04년 8월 초	05년 1월 초	05년 4월 초	05년 8월 중순
금호전기	37,000	32,000	44,600	59,500
디에스엘시디	3,460	5,330	6,800	9,510
한솔LCD	6,360	7,420	8,460	19,100
테크노세미켐	4,020	5,330	6,740	11,900
LGPL	32,450	38,150	46,850	49,700
삼성전자	408,000	451,000	512,000	572,000

조선기자재주와 조선주 주가변화 비교

종 목	04년 8월 초	05년 1월 초	05년 4월 초	05년 8월 중순
태웅	2,750	5,490	8,350	11,150
현진소재	1,175	3,100	7,050	10,900
화인텍	3,730	5,840	9,760	13,700
현대중공업	23,400	33,700	55,000	64,900
대우조선해양	13,500	15,600	20,700	21,700
삼성중공업	5,180	6,460	9,500	13,750

자동차부품주와 자동차주 주가변화 비교

종 목	04년 8월 초	05년 1월 초	05년 4월 초	05년 8월 중순
평화산업	2,710	3,700	4,460	6,850
평화정공	2,525	2,955	3,930	4,825
인지콘트롤스	2,530	4,520	5,090	5,050
대원강업	10,050	12,900	17,200	19,900

종 목	04년 8월 초	05년 1월 초	05년 4월 초	05년 8월 중순
현대차	42,400	55,500	56,100	72,500
기아차	8,990	10,600	14,200	15,750
쌍용차	6,500	6,020	7,440	8,200

코스닥종목 PBR 체크해보세요

코스닥 기업에 관한 관심은 높지만 투자정보는 유가증권시장에 비해 매우 미흡하다. 증권선물거래소는 2005년 10월 4일부터 코스닥시장 상장기업의 PBR을 홈페이지(www.krx.co.kr)와 코스닥시장지, 체크정보단말기 등을 통해 발표하고 있다.

PBR이란 주가를 주당순자산가치(BPS)로 나눠 산정하며 기업의 자산 가치에 대한 주가의 상대적 수준을 판단할 수 있는 투자 참고지표다. 장부가격 대비 시장가격을 뜻하는 PBR이 낮으면 낮을수록 해당 기업의 자산가치가 증권시장에서 저평가 돼 있다는 의미다. PBR이 1배 미만이면 주가가 청산가치에도 미치지 못할 만큼 푸대접 받고 있다는 뜻이어서 상승 여지를 기대해 볼 수 있다. 증권거래소 분석결과 2005년 9월 30일 현재 코오롱정보통신, 삼보판지, 필코전자, 대동기어, 그랜드백화점, 푸드웰, 우리기술 등이 0.2배 내외의 저PBR주로 분류됐다.

14 외국계 큰손을 보면 주가가 보인다

국내 증시에서 외국인 투자자의 힘은 막강하다. 그도 그럴것이 외국인은 유가증권시장에 상장돼 있는 주식의 40% 이상을 갖고 있으면서 막강한 영향을 미치고 있는 것이다. 이 가운데에는 투자기간을 3~5년간 가지고 가는 장기 투자자도 있는 반면 단기적인 시세차익을 챙기고 빠져나가는 헤지펀드들도 상당수 포함돼 있다. 헤지펀드는 사실 드러내놓고 투자하지 않고 그때그때의 재료에 따라 종목을 갈아타는 성향이 짙다.

반면 장기투자자는 기업가치를 최우선으로, 저평가돼 있는 종목만을 발굴해 나간다. 개인 투자자들이 배워야 할 점도 이같은 종목 발굴 능력과 장기 투자라고 증권전문가들은 입을 모은다. 대부분 외국인 장기투자자는 한 기업 지분의 5% 이상을 갖고 있다고 금감원에 신고한 뒤 공식적인 투자에 나서는 자금들이다. 이 때문에 5% 이상 한 기업의 지분을 보유하고 있는 외국계 큰손을 보면 주가가 보인다는 말도 과언이 아닐 정도다.

증권선물거래소에 따르면 2005년 6월 말 현재 유가증권시장에서 외국인 투자자는 201개, 코스닥시장에서 184개 상장법인의 지분을 5% 이상 보유하고 있다. 이 가운데 템플턴에셋매니지먼트는 강원랜드, 대우조선해양, 삼성정밀화학, 영원무역, 자화전자, 풍산, 하이트맥주, 현대산업개발, CJ, LG생활건강, LG석유화학, LG화학 등 12개 상장법인의 지분을 5% 이상 보유하고 있다. 템플턴은 이들 종목에 대한 투자 목적을 모두 경영참가로 공식 선언한 상태다.

미국계 더바우포스트그룹도 삼일제약, 삼천리, 일성신약, 한국포리올, 현대약품공업, 환인제약 등 6개 상장법인의 지분을 5% 이상 갖고 있다. 코스닥시장에서는 ABN암로은행(런던지점)이 디와이, 로만손, 미주레일, 보성파워텍, 세넥스테크놀로지, 세인전자, 스펙트럼디브이디, 에스텍파마, 오디티, 유비스타, 제이엠피, 케이디이컴 등 13개 상장법인의 지분을 경영참가 목적으로 5% 이상 보유하고 있다.

보유하고 있는 평가액으로 따지면 캐피탈그룹이 단연 최고이다. 유가증권시장에서 캐피탈그룹의 한국 증시 투자 선봉 역할을 하는 캐피탈리서치앤매니지먼트(CRMC)와 캐피탈그룹인터내셔날(CGII)은 각각 대구은행 등 26개, 농심 등 5개 상장법인의 지분을 5%이상 갖고 있다. 투자목적은 단순투자이고 이들이 보유하고 있는 주식의 평가액은 2005년 6월 말 현재 4조 6,800억 원에 달한다.

이같은 외국계 큰손의 투자에서 배울 점은 무엇일까. 우선 잘 알려져 있지 않은 숨은 알짜 기업을 발굴한다는 점이다. 지난 2003년 이후 한국 시장에 새로이 얼굴을 내민 미국계 안홀드앤드에스 블레이크뢰더어드바이저가 대표적이다. 이 펀드는 남양유업과 퍼시스의 지분을 각각 16.94%, 10.74%씩 갖고 있다. 이 기업의 특징은 모두 몇 년 동안 돈을 한 번도 빌리지 않고 경영을 했다는 것. 퍼시스는 지난 1998년 유가증권시장(당시 거래소) 상장 이후 한해도 거르지 않고 현금배당을 실시하는 기업이기도 하다.

외국계 큰손은 동일 업종 내에서 저평가돼 있는 종목들을 알짜기업으로 판단한다. 대표적인 외국계 큰손이 템플턴, 모건스탠리IMC, 도이체방크 등이다. 종목에 대한 사전 조사와 철저한 관리도 외국계 큰손에게서 배울만한 점이다. 여기에 기업의 투자 성공을 확신하면 '올인(all-in)' 한다는 점도 눈여겨볼 만하다.

사실 피델리티가 일본 투신시장에 진출하기 위해 10년 이상, 한국 시장에는 5년 이상의 사전 조사 기간을 가졌던 것은 유명한 사례이다. 그리고 확신이 섰을 때는 막대한 자금을 각 시장에 투입한다. 피델리티가 2004년 이후 새로이 5% 이상의 지분을 보유하고 있는 종목에서도 이같은 과감성이 뚜렷하게 드러난다.

한 외국계 증권사 딜러는 "2004년 피델리티가 해운(대한해운), 유화(호남석유화학), 전기업종(금호전기)의 대표주들을 사들였는데 이는 피델리티가 글로벌경기회복을 확신했기 때문에 아낌없이 투자할 수 있었던 것"이라고 설명했다.

피델리티를 비롯해 캐피탈그룹, 모건스탠리IMC 등 외국계 큰손은 투자한 종목에 대해선 한 달에 5차례 넘게 기업탐방에 나서고 컨퍼런스콜을 통해 수시로 기업의 상황을 점검한다.

이 때문에 이들 외국계 큰손의 펀드매니저가 사무실 책상에 있는 기간은 1년 중 3개월도 채 안된다는 말도 있다.

위험보다는 안정성을 우선한다는 점도 개인투자자가 알아둬야 할 사항이다. 최홍 랜드마트자산운용 사장은 "글로벌펀드는 고객들의 신뢰를 먹고 산다. 이 때문에 외국계 큰손은 자신을 믿고 돈을 맡긴 고객들에게 안정적인 수익을 보장해주는 것이 최고 덕목으로 생각한다"고 말했다.

'저위험주'를 선호하는 이유도 이 때문이다. 외국계펀드가 5% 이상의 지분을 보유하고 있는 종목들은 대부분 거래가 꾸준히 이뤄지면서도 주가 변동성은 극히 적다. 한 펀드매니저가 들려준 안정 주식은 하루 평균 3% 안팎의 등락을 거듭하고 50만 주 안팎의 주식이 거래되는 종목이라고 추천했다.

'한 번 실수는 병가지 상사'라는 말도 있다. 외국계 큰손에게 잘 어울리는 문구라고 생각한다. 외국계 큰손은 한 번 실수에 연연하지 않고 오히려 더욱 공격적으로 한국 증시 투자에 나선다.

지난 2003년 하반기 세계적인 자산운용사 템플턴에셋매니지먼트는 LG카드 주식 매집에 나섰지만 투자성적표는 541억여 원의 손실로 끝났다. 템플턴은 비아냥 섞인 평가에도 불구하고 며칠 뒤 반 토막난 주식들을 과감하게 시장에 던졌다. 지금이야 LG카드가 유동성 위기에서 벗어나 옛 주가를 찾고 있지만 당시 템플턴이 손절매에 나서지 않았다면 더 큰 손실을 입었을 것이고 고객들의 비난을 참기 힘들었을 것이다.

그래도 이같은 실패에 연연하지 않고 템플턴은 지금도 강원랜드, 대우조선해양, 삼성정밀화학, 영원무역, 자화전자, 풍산, 하이트맥주, 현대산업개발, CJ, LG생활건강, LG석유화학, LG화학 등 유가증권시장 상장법인의 지분을 5% 이상 보유하고 있다.

외국계 큰손은 또 단기 손실에 얽매이지 않고 장기 투자로 승부한다. 외국계 증권사의 한 딜러는 "고객(외국계 큰손의 펀드매니저)은 단기 손실 등에 얽매이지 않고 수익률 달성 기간을 5년 이상으로 잡고 느긋하게 자신들이 투자한 종목이 시장에서 제값을 받을 때까지 기다린다"고 말한다.

사실 외국계 큰손의 경우 자사 펀드매니저를 짧게는 5년, 길게는 10년 이상의 수익률로 평가한다. 그만큼 펀드매니저에게 주식 운용 자율권을 부여하고 능력을 믿어준다는 의미이다. 마지막으로 금리를 조금 웃도는 수익률이라도 만족할 수 있어야 한다는 것이다.

'과유불급(過猶不及)'이라고 했던가. 지나치게 높은 수익률만 쫓다 보면 그만큼 손실 위험도 커질 수밖에 없다는 격언이다. 최근 미국 펀드 자료에 따르면 주식자산을 통해 투자자들이 만족할 수 있는 연간 수익률은 금리보다

4~5%포인트 가량 높은 수준인 것으로 나타났다. 글로벌펀드는 이같은 원칙을 충실히 따른다. 연간 꾸준한 수익률을 추구하면서도 금리 수준을 웃도는 것을 1차적인 목표로 두고 있다. 글로벌펀드들이 2004년 이후 국내 주식 투자에서 거뒀던 투자 수익률이 6~7% 수준이라도 만족하면서 꾸준한 수익률을 추구하고 있다는 것을 입증한다.

◎ 외국계 펀드의 국내 주식 보유 현황

유가증권시장

(단위 : %)

외국계펀드	상장법인명	보유지분율	외국계펀드	상장법인명	보유지분율
간다라마스터	고려시멘트	8.35	도멘	한국화인케미칼	20.00
간다라마스터	나산	6.07	도멘	한국포리올	18.10
거버먼트 오브 싱가포르	지투알	5.35	도이치뱅크	대웅제약	11.70
골라엘엔지	대한해운	21.09	도이치뱅크	메리츠화재해상보험	5.37
노이버거	신영증권	16.50	도이치뱅크	대우자동차판매	5.34
노이버거	농심홀딩스	9.19	도이치뱅크	LG전자	5.21
노이버거	삼일제약	8.07	도이치뱅크 런던	동양종합금융증권	8.32
노이버거	일성신약	5.26	도이치뱅크 아메리카	대구백화점	9.13
노이버거	태평양제약	5.05	도이치인베스트먼트	삼성공조	6.89
니찌콘㈜	삼화전기	22.80	도이치인베스트먼트	전북은행	6.03
다이니폰잉크케미칼	애경유화	11.90	도이치인베스트먼트	크라운제과	5.14
더 쓰리 킹덤코리아펀드	S&TC	5.00	도이치인베스트먼트	BYC	5.09

외국계펀드	상장법인명	보유지분율	외국계펀드	상장법인명	보유지분율
레인보우펀드	한국쉘석유	10.40	바우포스트그룹	한국포리올	8.01
로버트	엔씨소프트	5.44	바우포스트그룹	삼천리	5.79
로이드조지	금호산업	6.20	반다 PTE	한국신용정보	14.93
로이드조지	한국철강	5.12	본토벨 에셋	에스원	7.94
리버티스퀘어	한익스프레스	9.58	브랜즈 인베스트먼트	케이티	7.85
매튜스 인터내셔널	풀무원	5.59	블루힐	벽산	9.19
매튜스 인터내셔널	풀무원	5.53	산사 캐피탈	중앙건설	12.03
맥킨지 컨딜	S&TC	8.67	슈로더인베스트먼트매니지먼트	부산은행	7.08
메릴린치 아이비케이 포지션즈	우방	14.99	슈로더인베스트먼트매니지먼트싱가포르	제일기획	7.09
메릴린치 아이비케이 포지션즈	우방타워랜드	14.98	스미토모상사	동방아그로	15.22
메릴린치인베스트먼트	메리츠화재해상보험	11.64	스미토모상사주식회사	경인양행	25.00
메릴린치인베스트먼트	삼성정밀화학	5.08	스타방거	현대상선	7.11
모건스탠리인베스트먼트	오리온	7.97	스팍스에셋	대신증권	7.44
모도프라스틱공업	대동전자	9.57	슬로안 로빈슨	효성	7.05
몬드리안 인베스트먼트	한국가스공사	5.00	슬로안 로빈슨	한국투자금융지주	6.12
미스비시가스케미칼	애경유화	11.90	시티글로벌마켓	금비	6.91
미쓰비시상사	동양물산기업	10.00	시티글로벌마켓	미창석유공업	6.69
미쓰비시상사	동원F&B	6.38	시티글로벌마켓	아세아시멘트	5.13
미쓰비시석유(신일본석유)	미창석유공업	6.62	신성흥업	경인전자	9.11
바우포스트그룹	삼일제약	12.88	아리삭	오뚜기	11.29
바우포스트그룹	현대약품공업	12.59	아리삭	동원F&B	6.42
바우포스트그룹	환인제약	11.11	아리삭	한섬	6.12

외국계펀드	상장법인명	보유지분율	외국계펀드	상장법인명	보유지분율
아리삭	크라운제과	5.30	오펜하이머	쌍용자동차	9.16
아베르딘 에셋	대구은행	8.70	오펜하이머	크라운제과	7.54
아베르딘 에셋	부산은행	8.35	오펜하이머	전북은행	7.28
아이에스씨케이먼엘티디.	INI스틸	7.95	월드케어아시아	근화제약	6.33
안홀드앤드에스	남양유업	16.94	웩스포드캐피탈	STX엔진	5.47
안홀드앤드에스	대덕GDS	11.94	웩스포드캐피탈	STX조선	5.20
안홀드앤드에스	퍼시스	10.74	이또츠상사	애경유화	11.20
안홀드앤드에스	대덕전자	7.86	이머징마켓 매니지먼트	코리안리재보험	7.67
안홀드앤드에스	롯데제과	7.66	이머징마켓매니지먼트	대구은행	6.86
안홀드앤드에스	현대약품공업	7.36	이머징마켓매니지먼트	삼성화재해상보험	5.16
안홀드앤드에스	동아타이어공업	6.91	이머징마켓펀드	한국타이어	8.03
알리안스캐피탈	호남석유화학	8.55	일본콜마	한국콜마	20.81
알리안스캐피탈	한화석유화학	7.50	장춘자	경인전자	16.88
알리안스캐피탈	신한금융지주회사	7.39	제네시스	삼성증권	9.12
야누스 인베스트먼트	LG생활건강	6.18	제네시스	태영	9.03
야만 쉽핑	흥아해운	7.17	제네시스	한국타이어	6.78
얼라이드빅토리	현대금속	6.52	제이에프이 스틸	현대하이스코	12.98
얼라이언스 캐피탈	포스코	5.72	젠텍 테크놀로지	셀런	7.43
엔젤리카 인베스트먼트	하나금융지주	9.06	주식회사동경상공리서치	한국신용정보	6.88
오비스글로벌	삼성증권	5.54	지에스유아사인터내셔널	세방전지	26.00
오크마크인터내셔널	롯데칠성음료	6.45	칼스버그아시아홀딩스	하이트맥주	7.93
오펜하이머	계룡건설산업	9.29	캄바라 키센	흥아해운	7.17

외국계펀드	상장법인명	보유지분율	외국계펀드	상장법인명	보유지분율
케이프 포츈	현대상선	12.00	푸르덴셜 에셋	대덕전자	6.65
코리아펀드	대구백화점	8.36	플래티늄 에셋매니지먼트	삼성물산	7.37
코리아펀드	전북은행	5.53	플랭클린 리소스	하나금융지주	8.35
코메르쯔뱅크	한국외환은행	14.61	플랭클린 리소스	국민은행	5.76
쿠로토펀드	한미캐피탈	5.07	플랭클린 뮤추얼	CJ CGV	7.46
타이거아시아펀드	지투알	5.58	플랭클린 뮤추얼	케이티앤지	7.27
템플턴글로벌	케이티	7.78	플랭클린 뮤추얼	롯데제과	6.02
템플턴글로벌	SK텔레콤	5.42	플랭클린템플턴	대덕전자	11.29
템플턴에셋매니지먼트	현대산업개발	16.40	피델리티 디버시파이드	LG생활건강	9.60
템플턴에셋매니지먼트	삼성정밀화학	12.64	피델리티펀드	지투알	7.64
템플턴에셋매니지먼트	영원무역	9.50	피델리티펀드	현대미포조선	6.14
템플턴에셋매니지먼트	자화전자	9.16	피델리티펀드	계룡건설산업	6.09
템플턴에셋매니지먼트	CJ	7.83	피델리티펀드	한섬	5.20
템플턴에셋매니지먼트	LG석유화학	6.32	피델리티펀드	코리안리재보험	5.10
템플턴에셋매니지먼트	강원랜드	5.87	피드디버시파이드	오리온	6.12
템플턴에셋매니지먼트	SK	5.03	피드디버시파이드	현대백화점	5.05
템플턴인베스트먼트	한라공조	5.06	피드로우프라이스트	미창석유공업	9.68
토스카 펀드	현대산업개발	5.57	피드로우프라이스트	경동도시가스	9.11
"트위디, 브라운"	영원무역	9.28	피드로우프라이스트	선진	9.09
"트위디, 브라운"	태영	7.01	피드로우프라이스트	신세계건설	8.39
파랄론 캐피탈	휘닉스커뮤니케이션즈	9.45	피드로우프라이스트	인지컨트롤스	7.36
퍼스트이글	남양유업	9.03	피드로우프라이스트	세원정공	7.19

외국계펀드	상장법인명	보유지분율	외국계펀드	상장법인명	보유지분율
피드로우프라이스트	한국쉘석유	5.46	CGII	삼성엔지니어링	5.06
피드로우프라이스트	한국단자공업	5.01	CGII	제일기획	5.05
피터 컨딜	영원무역	9.21	CRMC	부산은행	11.41
피터 컨딜	S&TC	8.72	CRMC	대구은행	10.08
핀리 폰즈	STX엔진	13.24	CRMC	자화전자	8.48
하그스토머	경동도시가스	8.12	CRMC	GS건설	8.25
하몬글로벌	동부아남반도체	5.46	CRMC	삼성엔지니어링	8.13
해리스 소사이어티	롯데칠성음료	13.94	CRMC	한일시멘트	7.82
해리스 소사이어티	대교	6.02	CRMC	금호석유화학	7.55
헌터홀	웅진씽크빅	15.84	CRMC	한화석유화학	7.23
헌터홀	삼천리	7.14	CRMC	국민은행	7.19
헌터홀	아세아시멘트	7.02	CRMC	전북은행	7.10
헌터홀	한국제지	6.24	CRMC	신한금융지주회사	6.28
헌터홀	코오롱유화	5.37	CRMC	STX조선	6.25
헤르메스	현대산업개발	7.03	CRMC	LS산전	6.20
헤르메스	현대해상화재보험	5.50	CRMC	대림산업	6.14
화이어버드 글로벌	한성기업	6.76	CRMC	케이티	6.10
화이어버드 글로벌	삼호F&G	6.26	CRMC	현대산업개발	6.03
ABN 암로 뱅크	신화실업	8.72	CRMC	현대자동차	6.00
AIF 스틸	세아베스틸	8.37	CRMC	한라건설	5.56
CGII	LS전선	9.46	CRMC	제일모직	5.39
CGII	현대자동차	5.61	CRMC	INI스틸	5.24

외국계펀드	상장법인명	보유지분율	외국계펀드	상장법인명	보유지분율
CRMC	LG전자	5.16	GMO	현대미포조선	5.87
CRMC	주식회사케이씨씨	5.16	GMO	디피아이	5.27
CRMC	동국제강	5.08	GMO	한국투자금융지주	5.12
CRMC	성신양회	5.05	GMO	대상	5.10
CRMC	한국전기초자	5.04	GMO	인지컨트롤스	5.07
CRMC	계룡건설산업	5.04	HSBC 인베스트먼트	호텔신라	5.19
CRMC	빙그레	5.03	IFC	대창공업	15.22
CRMC	강원랜드	5.00	IFC	신무림제지	7.98
CRMC	고려개발	5.00	JF에셋	에스엘	11.92
"CSFB, 인터내셔널"	기아자동차	6.83	JF에셋	대구백화점	9.49
CTRC	금호타이어	10.71	JF에셋	우신시스템	8.65
Geveran Trading	현대상선	15.00	JF에셋	백광소재	8.13
Geveran Trading	흥아해운	6.67	JF에셋	고려아연	7.57
Geveran Trading	한진해운	6.44	JF에셋	한라공조	7.16
GMO	코오롱건설	10.87	JF에셋	서흥캅셀	6.64
GMO	세방	8.24	JF에셋	LG화학	6.30
GMO	범양건영	7.89	JF에셋	성신양회	6.16
GMO	삼익악기	7.86	JF에셋	신도리코	6.10
GMO	고려시멘트	7.58	JF에셋	태경산업	6.03
GMO	대우자동차판매	6.57	JF에셋	페이퍼코리아	5.92
GMO	한솔CSN	6.54	JF에셋	두산	5.87
GMO	한화	6.00	JF에셋	한국고덴시	5.65

외국계펀드	상장법인명	보유지분율	외국계펀드	상장법인명	보유지분율
JF에셋	현대중공업	5.00	QVT 파이낸셜	넥센	5.05
JF에셋	광주신세계백화점	5.00	QVT파이낸셜	삼일제약	7.01
"LCF Investment, Ltd"	한창	24.26	UBS 커스토디싱가포르	케드콤	10.53
L-R 글로벌파트너즈	경남기업	7.73	UBS AG	빙그레	8.66
M.킹덤 오프쇼어	신세계건설	6.67	UBS AG	코리안리재보험	8.32
NOK 코퍼레이션	평화산업	7.69	UBS AG	현대백화점	5.11

* 자료 : 금융감독원, 증권선물거래소
* 2005년 12월 28일 현재

코스닥시장

(단위 : %)

외국계펀드	상장법인명	보유지분율	외국계펀드	상장법인명	보유지분율
야마토과학(주)	디아이디	62.87	AFHL	동양매직	13.1
야마토과학(주)	오브제	9.6	도시바테크코퍼레이션	카이시스	5.47
야마토과학(주)	콤텔시스템	13.79	어드밴텍	어드밴텍	54.56
야마토과학(주)	테이크시스템	49.41	히라오까증권	엔이씨	6.29
룩소캐피탈그룹	동국산업	5.35	신우철	세니콘	11.28
룩소캐피탈그룹	듀오백코리아	5.1	더쓰리킹덤즈코리아펀드	에스엠	5
슈로더국제투자신탁운용(주)	KH바텍	5.91	더쓰리킹덤즈코리아펀드	오성엘에스티	5.99
코리아펀드	서울반도체	5.69	더쓰리킹덤즈코리아펀드	튜브미디어	5.03
코리아펀드	인터플렉스	5.21	더쓰리킹덤즈코리아펀드	프롬써어티	14.58
코리아펀드	파이컴	5.77	더쓰리킹덤즈코리아펀드	피에스케이	6.34
피터벡	엔터원	0.93	화이어버드 글로벌	화인텍	5.35
피터벡	오픈베이스	7.09	UBS캐피탈	엠케이전자	61.51
피터벡	정호코리아	1.63	젠텍테크날리지재펜	프리샛	20.37
피터벡	프리샛	0.71	디케이알오아시스	에이트픽스	9.26
크레디트스위스퍼스트보스톤유럽	미래컴퍼니	5.75	디케이알오아시스	한국볼트	2.27

외국계펀드	상장법인명	보유지분율	외국계펀드	상장법인명	보유지분율
퍼시픽게이트	자이링크	40.61	스몰캡월드펀드	기륭전자	5.13
고목델타화공(주)	신성델타테크	20.57	스몰캡월드펀드	에스에프에이	5.35
에이아이에프투엔티엘티디.	하나로텔레콤	39.56	코로마스펀드	삼원정밀금속	2.11
양춘국	리젠	5.29	코로마스펀드	인지디스플레	5.38
해리스어소시에이트엘.피.	국순당	5.37	어라이징코리아펀드	대원산업	6.67
델타파트너스	액토즈소프트	7.09	어라이징코리아펀드	아가방	7.96
델타파트너스	웹젠	6	어라이징코리아펀드	오브제	5.43
갬홍콩리미티드	호스텍글로벌	8.06	어라이징코리아펀드	우주일렉트로	8.1
에프티아이에프템플턴아시아그로스펀드	국순당	5.08	어라이징코리아펀드	코스맥스	7.09
에프티아이에프템플턴아시아그로스펀드	아이디스	9.51	노지스뱅크코리아	NHN	6.24
옹이와	KJ온라인	5.18	스미토모상사	옴니텔	0.64
인터내셔널에코-벤처파트너스	디앤에코	35	더거버먼트오브싱가포르	백산OPC	5.04
JF 일렉트라	로커스	18.45	컨설러데이티드에퀴티스코프	넷시큐어테크	9.69
JF 일렉트라	인티큐브	16.21	TDK	EG	11.11
캠-GTF	토필드	10.38	알파인(주)	대성엘텍	14.76
캠-GTF	평화정공	11.06	퀄컴인코아퍼레이티드	웨스텍코리아	5.05
에스.피.에이	소마시스KOR	7.66	온라인테크놀러지	레인콤	6.03
CAL-COMP 일렉트로닉스	자강	13.26	슈벤처스	인지디스플레	5.59
제네시스스몰러	아이디스	5.36	아이와산업	에프에스텍	5.85
유니버살링크코퍼레이션	아이디스	6.25	오스틴세이버	인지디스플레	6.59
J&W.세리그만	인터플렉스	5.25	사토미하지메	리젠	6.74
이머징마케츠매니지먼트	아모텍	5.17	(주)디지탈스퀘어	디지털큐브	39.37
메릴린치 인베스트먼트	파인디앤씨	10.4	TV지니텍	이니텍	21.47
매슈스인터내셔날	GS홈쇼핑	5.05	맥킨지컨딜	코리아나	8.75
할사이언	에스피컴텍	5.14	APS그로스펀드	휘닉스피디아	6.16
웰링턴매니지먼트	CJ인터넷	6.54	오펜하이머	다날	15.04

외국계펀드	상장법인명	보유지분율	외국계펀드	상장법인명	보유지분율
오펜하이머	더존디지털	13.91	아메리카오리엔탈그룹	C&S디펜스	6.93
오펜하이머	만인에미디어	16.04	CHK캐피탈그룹	C&S디펜스	13.59
오펜하이머	모빌리언스	23.15	HAJJWIESS	코코	6.15
오펜하이머	블루코드	9.83	피드이머징마켓츠펀드	우리조명	5.6
오펜하이머	안철수연구소	9.1	피델리티퍼시픽바신펀드	에스엠	9.74
오펜하이머	에이블씨엔씨	20.37	피치레이팅즈	한국기업평가	7.42
오펜하이머	엠텍비젼	15.83	토레이파인즈	이니텍	9.12
오펜하이머	예당	18.9	디케이알사운드쉐어오아시스	나코	3.88
오펜하이머	이모션	8.93	디케이알사운드쉐어오아시스	세스넷	11.37
오펜하이머	텔레칩스	9.39	디케이알사운드쉐어오아시스	에이트픽스	0.76
오펜하이머	팬텀	5.56	영군기업복빈유한공사	비티씨정보	19.35
오펜하이머	화인텍	13.08	머캔타일매니지먼트리미티드	VK	4.87
오펜하이머	휴맥스	10.09	퍼시피캡퍼시픽림에프아이펀드엘엘씨	HK저축은행	32.46
오펜하이머	GS홈쇼핑	14.21	UBS시큐리티즈	액토즈소프트	5.97
골든나이트	아큐텍반도체	25.6	피비아이	씨피엔	5.9
도이치인베스트먼트아메리카	서울반도체	5.96	비티(인터네셔널)홀딩스리미티드	LG텔레콤	5.17
도이치인베스트먼트아메리카	소디프신소재	5.06	LYRA그룹	엑사이엔씨	7.31
도이치인베스트먼트아메리카	에스에프에이	5.53	시노트레이드	AMIC	20.93
도이치인베스트먼트아메리카	인탑스	5.27	프리즘오프쉐어	웹젠	7.23
도이치인베스트먼트아메리카	파이컴	5.34	세진유한책임회사	자이링크	6.73
도이치인베스트먼트아메리카	한국정보통신	5.12	애머랜스엘엘씨	다날	1.92
Opp.인터내셔널	네오위즈	6.36	애머랜스엘엘씨	선양디엔티	2.4
컨설러데이티드	싸이더스	7.62	애머랜스엘엘씨	솔고바이오	2.25
컨설러데이티드	키이	6.73	피델리티펀드	빛과전자	7.56
드로브리지글로벌매크로마스터	케이엘테크	5.08	피델리티펀드	에스에프에이	8.37
에이벡스주식회사	에스엠	5.81	피델리티펀드	예당	5.02

외국계펀드	상장법인명	보유지분율	외국계펀드	상장법인명	보유지분율
피델리티펀드	인선이엔티	5.11	아시아퍼시픽 얼라이언스	하림	7.66
피델리티펀드	코아로직	10.89	아시아퍼시픽 얼라이언스	한국기술투자	10.08
피델리티펀드	티에스엠텍	5.53	로만직앤드어소시에이션	EBT네트웍스	11.99
피델리티펀드	CJ홈쇼핑	7.77	소피아인터내셔널주식회사	케이디이컴	16.44
피델리티펀드	KH바텍	5.13	리플텔레커뮤니케이션즈	자강	24.66
피델리티펀드	YBM시사닷컴	7.23	GMO이머징마켓	소디프신소재	5.05
아머캐피탈파트너즈	이루넷	5.59	플랭클린 뮤추얼어드바이저	인선이엔티	8.78
지멘스악티엔게젤샤프트	다산네트웍스	66.58	탑코사이언티픽	제일	6.48
테톤캐피탈	네티션닷컴	5.52	심플렉스캐피탈	가온미디어	9.3
테톤캐피탈	능률교육	8.53	티엔엔아이	한국베랄	22.94
테톤캐피탈	오브제	8.14	라이온하트인베스트먼트	디와이	0.53
샨다인터액티브엔터테인먼트	액토즈소프트	38.1	라이온하트인베스트먼트	스펙트럼	13.63
큐이인터내셔날	탑엔지니어링	8.83	모건스탠리	파인디앤씨	5.17
로이드조지인베스트먼트	우리조명	5.45	(주)히타치국제전기	국제엘렉트릭	26.67
로이드조지인베스트먼트	인선이엔티	5.07	픽텍에셋	우리조명	7.14
헤르메스	솔본	8.62	푸르덴셜어슈런스컴퍼니	세코닉스	6.82
윈테스트	프롬써어티	6.8	스타라이트	LG텔레콤	16.59
아폴로인베스트먼트	호스텍글로벌	11.15	FTIF템플턴코리아펀드	하츠	7.78
카인드익스프레스리미티드	튜브미디어	7.54	애틀란티스코리안스몰러컴퍼니	삼우이엠씨	6.62
I.C.W.CO.LTD	3SOFT	33.07	애틀란티스코리안스몰러컴퍼니	코엔텍	5.61
AIG아시안오퍼츄니티	에이블씨엔씨	7.7	중도곽화	나리지*온	33.28
슈로더인베스트먼트매니지먼트싱가포르	유아이엘	15.24	더노스웨스턴뮤추얼	엔터기술	5
템플턴에셋매니지먼트	코다코	16.67	더노스웨스턴뮤추얼	텔레칩스	7.31
템플턴에셋매니지먼트	국순당	6.66	JF에셋	더존디지털	7.63
템플턴에셋매니지먼트	아이디스	9.51	JF에셋	신세계푸드	11.52
템플턴에셋매니지먼트	에이블씨엔씨	9.02	JF에셋	아이디스	6.8

외국계펀드	상장법인명	보유지분율	외국계펀드	상장법인명	보유지분율
JF에셋	오알켐	8.54	조호펀드	백산OPC	5.14
JF에셋	코스맥스	5.69	리먼브러더스인터내셔널(유럽)	태산엘시디	7.13
JF에셋	파라다이스	9.07	ABN암로뱅크(런던지점)	빅텍	7.39
JF에셋	파라텍	5.1	ABN암로뱅크(런던지점)	스펙트럼	14.61
JF에셋	풍국주정	7.19	ABN암로뱅크(런던지점)	써니YNK	5.08
JF에셋	한국기업평가	7.92	ABN암로뱅크(런던지점)	에스텍파마	2.76
JF에셋	한우티엔씨	6.11	ABN암로뱅크(런던지점)	제넥셀	5.99
JF에셋	CNH캐피탈	7.54	(주)비에이치	포레스코	12.25
앰코테크놀로지코리아(주)	아큐텍반도체	10.65	미쯔비시상사(주)	에프에스텍	6.51
더바우포스트그룹	경동제약	10.94	GMO	소디프신소재	6.78
더바우포스트그룹	삼아약품	9.32	GMO	씨디네트웍스	8.15
트리니티캐피탈	키이	14.61	GMO	에이스디지텍	5.64
뮤추어퀄러파이드	인선이엔티	6.05	GMO	크로바하이텍	7.69
올림푸스그린홀딩스	인선이엔티	12.09	GMO	태웅	5.58
메릴린치글로벌	인터플렉스	6.08	GMO	한국토지신탁	5.3
EKASIA펀드	신세계&C	10	GMO	GS홈쇼핑	7
바클레이즈캐피털세큐리티스	DM테크놀로지	8.93	GMO	KCC건설	8.48
아리삭	좋은사람들	5.44	아티쟌파트너스	화인텍	7.86
소프트뱅크인베스트먼트	에스비텍	46.27	웩스포드캐피탈	케이에스피	11.58
씨티그룹글로벌	대원산업	8.5	웩스포드캐피탈	현진소재	8.91
메릴린치인터내셔널	다음	5.62	제네시스펀드매니저스	아이디스	6.36
킹덤오프쇼어	우주일렉트로	5.08	제네시스펀드매니저스	인선이엔티	6.73
S.G.워버그 오버시즈	세진티에스	6.52	레이숀컴퍼니	메디아나전자	9.38
크레디트스위스퍼스트보스톤홍콩	리노공업	7.47	OCM이머징마켓	다산네트웍스	7.2
크레디트스위스퍼스트보스톤홍콩	서호전기	7.77	인터내셔널파이낸스	하림	9.07
크레디트스위스퍼스트보스톤홍콩	엔터기술	7.46	도카이카본주식회사	티씨케이	67.56

외국계펀드	상장법인명	보유지분율	외국계펀드	상장법인명	보유지분율
피드인스티튜셔날사우스이스트아시아펀드	씨디네트웍스	9.53	CRMC	플랜티넷	5.11
와꼬증권	대신개발금융	10	CRMC	휘닉스피디이	7.31
씨디아이비케피탈인베스트먼트	피에스케이	6.28	CRMC	NHN	6.13
UBS커스토디싱가포르	세스넷	10.62	로체인터내셔널유한회사	로체시스템즈	61.89
UBS커스토디싱가포르	이즈온	9.71	CGII	국순당	6.36
울트라–콘아이앤씨	울트라건설	45.09	CGII	백산OPC	7.64
RYLZ Inc.	코리아텐더	19.71	CGII	아시아나항공	9.63
CRMC	기륭전자	7.69	CGII	주성엔지니어	5.85
CRMC	모아텍	5.06	디지털비디오시스템즈	디브이에스	50.52
CRMC	유아이엘	5.06	케이지알에프코리아	니트젠테크	57.76
CRMC	인터플렉스	7.16	케이지알에프코리아	리드코프	41.8

* 자료 : 금융감독원, 증권선물거래소
* 2005년 12월 23일 현재 지분율 기준임

15

히트상품 가지고 있는 종목이 빛을 발한다

일본 제품 일색이던 국내 디지털카메라 시장에 '국산의 반란'이 벌어졌다. 2005년 상반기 디카 판매 실적을 집계한 결과 유일한 국산 업체인 삼성테크윈이 1위를 차지한 것으로 나타난 것이다. 삼성테크윈의 시장점유율은 상반기 내내 19~25%대를 유지하다 5월에 26%로 치솟으면서 2위 캐논(15%)과의 격차를 11%포인트까지 벌이기도 했다. 2002년 이후 3년 연속 1~2위를 독식해온 올림푸스와 소니는 각각 3~4위권으로 밀려났다.

삼성테크윈측은 "슬림형 디카 '샵원'(#1)을 비롯한 신제품들이 잇따라 히트를 친 것이 주효했다"고 밝혔다. 특히 #1의 경우 출시 이후 2개월만에 18만대가 판매되며 슬림 디카 열풍을 주도했다. 이에 따라 유가증권시장에서 삼성테크윈 주식이 큰 폭의 상승세를 보인 것은 물론이다. 삼성테크윈이 일본 업체의 치열한 공세를 따돌리고 국내 1위의 자리를 계속 지킬지의 여부는 후속 신제품 개발에 달려있다. 디카의 라이프사이클이 짧은 만큼 소비자의 선호변화에 따라 기민한 대응을 하는 것이 경쟁에서 지속적인 우위를 유지하는 필수요건이다.

이처럼 슈퍼스타라 불릴 수 있는 히트상품을 만드는 것은 기업의 운명을 바꿔놓기도 한다. 미국 증시에서도 가장 큰 폭으로 오른 주식들의 공통점들 중의 하나가 '히트상품'이라는 분석이다. 회사의 성패를 좌우하는 신제품의 개발은 강력한 주가상승을 뒷받침하는 원동력인 것이다.

멕킨지의 톰 피터스와 로버트 워터맨은 '초우량기업의 조건(In Search of Excellence)'에서 기업들에게 주력 분야에 핵심역량을 집중할 것을 주문했다. 세계적인 스포츠 용품 전문 업체인 나이키를 보자. 나이키는 스타 시스템과 핵심역량을 이용해 스포츠 제품군을 확장하면서 글로벌 확산을 도모하는 전략을 펼쳤다.

나이키는 지난 1988년 골프화를 내놓으면서 골프 사업에 첫발을 내디뎠다. 지난 1996년에는 '골프 황제' 타이거 우즈와 1억 달러에 달하는 계약을 맺고 스타 마케팅 시스템을 구축했다. 이후, 타이거 우즈의 브랜드를 붙인 골프 의류와 소프트 액세서리 제품을 출시했다. 그로부터 3년 후 나이키는 골프공을 만들었고 아이언, 우드 등 골프채로 사업을 성공적으로 확장했다. 동시에 각 제품을 판매하는 지역을 넓혀 미국뿐만 아니라 전 세계에 판매했다. 이같은 나이키의 확장 전술은 최초 조깅화 사업에서 시작되어 농구, 축구, 배구 등의 사업 확장에 그대로 반복적으로 적용됐다.

히트상품은 주기적으로 신문을 통해 발표된다. 경제신문과 경제연구소에서 발표하는 히트상품을 정성스레 체크해보도록 하라. 그러면 유망종목의 등장을 먼저 알 수 있다. 신문에 발표되는 히트상품은 매스컴을 타는 즉시 매출이 더 늘어나는 경향이 있다. 히트상품 선정 자체가 새로운 구매를 창출하는 계기가 된다. 이 때문에 기업들은 히트상품 선정에 따른 마케팅 효과를 최대화하기 위해 적극적인 홍보활동을 벌인다.

히트상품을 가지고 있다는 것은 단순히 많이 팔린다는 것이 아니다. 다른 제품과 확연히 차별화 되는 맛, 디자인, 품질, 서비스가 있어야 한다. 처음에는 히트상품이란 평가를 들었지만 경쟁사의 모방전략으로 평범한 제품으로 전락하는 경우도 적지 않다. 다른 기업이 쉽사리 베끼지 못하는 특성을 가지는 제품이어야만 진정한 히트상품이라 할 수 있고 회사의 운명도 이를 통해 바뀔 수 있는 것이다.

이같은 히트상품은 판매량이 빠른 속도로 증가하면서 확고한 시장점유율을 다지는 특성이 있다. 히트상품의 성패는 빠른 시간 내에 시장점유율 선두를 달성하고 이를 지속적으로 유지, 강화하느냐에 달려있다. 한 제품이나 서비스가 인기를 끌고 히트를 치면 유사 제품이나 서비스가 등장해 시장지위를 위협한다. 위기를 맞더라도 굳건히 시장점유율을 지킬 수 있는 경쟁우위를 가진 기업이라야 진정한 히트상품을 보유한 회사라 할 수 있다.

실제 주식투자에 있어서는 하나의 제품 또는 사업이 전체 시장에서 큰 비중을 차지하는 기업에 주목할 필요가 있다.

예를 들어 시장점유율 면에서 40~50%가 넘는 제품을 보유하는 기업의 주식이 강한 탄력을 보일 수 있다는 것이다. 이같은 제품은 품질 경쟁력을 바탕으로 탄탄한 매출구조와 수익성을 동시에 가지고 있는 경우가 적지 않다. 국순당의 백세주 등이 그 대표적인 케이스. 농심은 라면시장 점유율이 2003년 75%로 상승해 확고한 시장지배력을 보유하고 있고 청량음료시장에서 롯데칠성음료는 40% 내외의 점유율을 확보하며 시장을 주도하고 있다. 성장하는 시장에서 독과점적인 지위를 유지하는 기업은 그만큼 수익성이 크다는 것을 의미하며 다른 업체에 비해 유망한 종목으로 평가된다.

해외에서 더 유명한 기업도 적지 않다. 코스닥업체인 비에스이홀딩스는 일반인들에게는 생소하지만 휴대전화용 마이크로폰 분야에서 세계시장 점유율 1위를 자랑한다. 비에스이는 국내 휴대전화 시장에서 80%, 세계시장에서는 34%를 점유하고 있다. 세계 노트북PC과 TV의 LCD패널은 한국이 주

생산국가다. LG필립스LCD는 일본 업체를 제치고 중대형 LCD부문에서 세계 선두권의 지위를 확보했다.

조선업종은 한국 업체들이 세계시장을 평정한 대표적인 분야다. 현대중공업, 삼성중공업, 대우조선해양이 조선 수주량 기준 세계 1위부터 3위까지 차지하며 조선강국의 위용을 과시하고 있다. 코리안리(옛 대한재보험)는 국내 재보험시장의 70%를 차지하는 독과점적 시장지위를 누리고 있는 국내 유일이자 아시아지역 1위의 재보험사다. 에너지절약 전문기업인 케너텍은 환경에너지 분야에서 국내 최고의 기술력을 자랑한다. '세콤'으로 알려진 삼성계열 보안업체인 에스원도 시스템보안산업의 빠른 성장세를 바탕으로 주목 받고 있는 유망주로 꼽힌다.

16

정책수혜주 혜택의
깊이는?

정부정책이 주가에 미치는 효과는 기업 인수합병(M&A) 만큼이나 직접적이면서 즉각적이다. 단적인 사례가 항공업의 경우다. 정부의 물류산업 육성방침에 따라 건설교통부가 국내항공업체 숙원사업이었던 여객유류할증료 부과제도를 2005년부터 시행하기로 하자 항공주들은 유가 상승 부담에 아랑곳하지 않고 비상하기 시작했다. 아시아나 항공의 주가가 2005년 7월 조종사들의 장기파업 손실에 국제유가 급등이 겹친 최악의 국면에도 불구하고 굽히지 않는 상승세를 보일 수 있었던 것은 유가부담을 여객 할증료로 덜어내 영업수지에 지장을 받지 않을 수 있었기 때문이다. 전문가들은 정부 정책의 수혜에 따라 중장기적으로도 항공주의 상승흐름이 이어질 것으로 보고 있다. 유류 할증료에 대한 정부정책의 영향이 단발성 호재에 그치지 않고 업종 자체의 사활 기반을 좌우하게 됐음을 보여주는 사례다.

해운업체들도 해운사 톤세제도가 시행됨에 따라 법인세 경감의 수혜를 입게 됐다. 톤세제란 순이익 규모를 근거로 법인세를 물리는 현행 세제와는 달리, 선박톤수와 운항일수 등을 기준으로 추정이익을 산정해 세금을 부과하는 제도로 해운사들의 법인세를 줄여주는 효과가 있다. 한진해운의 경우 이전 세제를 적용하면 올해 2,400억 원 가량의 법인세를 내야 하지만 톤세제의 시행으로 법인세가 100억 원 미만에 그치게 된다. 현대상선과 대한해운 역시 각각 95%, 90% 정도 세금이 축소되는 효과를 얻게 된다.

육송업체들도 종합물류법 시행이 본격화 될 경우 세제 혜택과 함께 종합물류기업의 선정에 따른 수혜가 예상됨에 따라 중장기적 측면에서 성장 동력과 수익성 확보가 가능해지게 된다.

이밖에도 정부 정책 변경이 주가에 명암을 드리우는 경우는 비일비재하다. 정부가 의욕적으로 추진하고 있는 '한국형 뉴딜정책'에 따라 현대건설과 대우건설, 대림산업 등 '빅3' 대형 건설주들이 일제히 오름세를 타기도 했고 에너지전문기업 육성정책에 따라 소형열병합발전설비업체인 케너텍과 풍력발전설비업체 유니슨이 코스닥시장의 유망실적주로 급부상했다.

그러나 정책 변화의 영향을 받는 업종 전체가 혜택을 입는 것이 아니라 도리어 부정적 파장을 입게 되는 경우도 있음을 유념할 필요가 있다. 한국형 뉴딜정책에 대한 막연한 기대감으로 대형건설주들과 동반 급등세를 보였던 중소형 건설업체의 주가는 오히려 정책발표 후 줄줄이 곤두박질쳤다.

뉴딜정책의 주요 내용이 건설 등 경기 부양을 위해 2005년 하반기부터 10조 원 규모의 8~9개 민자사업을 추진하고 2006년 이후로 계획돼 있는 도로공사를 앞당겨 시행한다는 것이어서 중소업체들은 수혜를 입지 못하게 됐기 때문이다. 막연한 건설주 투자 열기에 휩쓸려 가던 개인투자자들은 고배를 마시지 않을 수 없었다. 펀더멘털(기초체력)이 검증되지 않은 중소형주에 무리하게 투자하는 행위는 자제해야 한다는 교훈이다.

증시전문가들은 "제도와 법률의 시행과 매출 발생 사이에 상당한 시차가 존재할 수 있고, 매출 증가가 반드시 이익증가로 연결되지 않을 수 있다는 점도 염두에 둬야 한다"고 조언한다.

한양증권은 2005년부터 변경되는 주요 제도들로 △아파트의 화재예방 강화 △신재생에너지 보급확대 △공공기관의 저공해 자동차 의무 도입 △순환골재사용 의무화 △환경보호와 관련된 교토의정서 발효 △음식물쓰레기 직매립 금시 등을 꼽았다.

또 △과외방 폐지 △직장보육시설 의무화 △우유급식 지원대상 확대 △주5일 근무 확대 △인터넷전화 서비스 개시 △DMB방송 개시 △애니메이션 방송 총량제 실시 △해운사에 대한 톤세제 등도 관련 종목에 영향을 미칠 것으로 내다봤다.

정책 수혜주 어떤게 있나

자료 = 한양증권, 대우증권

정책 · 제도변화	종 목
뉴딜정책	현대건설, 대우건설, 동양메이저, 코오롱건설 등 건설주
증권산업 육성책	SK증권, 대우증권, LG투자증권, 메리츠증권 등 증권주
아파트 화재예방 강화	파라텍(스프링쿨러 및 자동식 소화기 생산)
에너지전문기업 육성	유니슨, 케너텍, 이앤이시스템
공공기관의 저공해 자동차 의무 도입	LG화학, 삼성SDI, 넥스콘테크, 파워로직스, 엘리코파워, 세종공업, 현대모비스, SK
공공공사의 건설폐기물 재활용 골재 사용 의무화	인선이엔티 (순환골재 생산 건설폐기물 처리)
지구온난화 방지 목적의 교토의정서 발효(2월 16일)	케너텍, STX엔진, 한국코트렐(배연탈황설비 시공), 이건산업, 세종공업(디젤엔진 배기가스 저감장치)
음식물 쓰레기 직매립 금지	에코 솔루션(자회사 제오텍 보유)
과외방 폐지	대교 · 메가스터디
직장보육시설 의무	큐앤에스(자회사 모아맘이 직장보육시설 위탁운영업 영위)
우유급식 지원 대상 확대	남양유업, 매일유업, 빙그레 등 우유제조업체

정책 · 제도변화	종 목
주5일 근무 확대	하나투어, 대한항공, 아시아나항공, CJCGV, 강원랜드, 엔씨소프트
인터넷전화 서비스 개시	하나로통신, 데이콤, 다산네트웍스(VoIP 게이트웨이 출시)
해운사 톤세제 도입	한진해운, 현대상선, 대한해운, 세양선박, 흥아해운, STX조선
애니메이션 방송 총량제	대원씨앤에이, 코코, 대원씨아이
DMB 방송 개시 (1월 10일쯤 시험방송)	기륭전자, 아비코전자, 액티패스, CJ엔터테인, 예당

PART 3

증권투자에 필요한 개념부터 정복하라

투자의 개념이 '정석투자'로 바뀌고 있다.

사실 1980년대 주식투자는 주로 증권시장의 출렁임에 편승해 대박을 꿈꾸던 투기지향적인 것이었다. 이른바 '점쟁이 투자'였다. 그러나 최근들어 불기 시작한 '정석투자'는 철저한 기업분석을 바탕으로 종목선택을 중요시하고 안정적인 수익을 목표로 하는 개념이다. 뜨거운 간접투자 열풍도 따지고 보면 정석투자 트렌드의 하나다.

투자자들은 정석투자를 위해 무엇을 해야 할까?

정석투자는 통계수치나 재무제표를 활용한 분석을 요구한다. 당연히 분석의 도구와 지표에 대한 이해가 필수적이다. 한마디로 공부를 필요로 한다는 것이다.

성장성 높은 코스닥기업은 왜 높은 PER을 받는지를 이해하지 못한다면 애널리스트의 보고서를 봐도 별 소용이 없다. 금융업종에선 왜 PBR을 쓰는지, 금리와 배당률과의 관계를 비교하는 이유를 모른다면 정석투자의 첫걸음부터 떼기 힘들다. 결국 기초적인 용어와 개념이해가 필수적이라는 말이다.

사실 PER, ROE, EV/EBITDA 등의 용어들을 새롭게 접하면 부담스럽다. 그러나 알고보면 별 것 아니다. 직접 산출하려면 복잡하겠지만 나와있는 자료를 이해하는 것은 그리 어렵지 않다.

'실사구시'형 증권투자의 흐름은 선진국형 투자로 가는 길이다. 점쟁이 말을 믿듯 투자해서 열 번 중 한 번 10배의 이익을 바라기 보다는 제대로 분석된 안정적인 투자로 10%대의 안정적 투자수익률을 기대하는 것이 옳다는 말이다. 저금리 시대, 주식투자로 살 길은 바로 이 길 뿐이다.

01

매출 영업이익·순이익
어떻게 해석할 것인가

밥상에 오른 갈치 중 맛있는 것은 적당히 크고 싱싱한 것이다.

증권투자에서도 이 논리가 적용된다. 적당한 크기는 매출과 그 흐름을 의미하고 싱싱함은 이익을 낼 수 있는 능력과 그 흐름으로 비유된다. 투자자가 일단 실패하지 않으려면 이같은 매출과 영업이익을 확실히 챙겨봐야 한다. 매출과 그 흐름을 살펴봄으로써 투자기업의 시장점유율뿐만 아니라 앞으로 성장성까지 체크할 수 있다. 매출이 줄어드는 추세에 있거나 그 업종에서 시장점유율이 계속 떨어지는 기업의 주식을 사는 것은 위험하다. 또 영업이익이 한해 반짝 좋았다가 그 다음에는 고꾸라지는 주식도 신중하게 접근해야 한다.

이런 투자원리는 삼성전자와 하이닉스 사례에서 잘 나타난다.

삼성전자는 2001년 매출 32조 4,000억 원, 영업이익 2조 3,000억 원을 올렸다. 이 때 주가는 27만 9,000원. 당시 많은 개인투자가들은 삼성전자 주가가 30만 원을 넘을 수 있을지에 대해 의심했다. 하지만 국내 일부 펀드들과 외국인 투자가들은 삼성전자 주식을 계속 사들였다.

매출이 급증하고 있고 영업이익률 증가세 또한 가파르게 이어지고 있기 때문이다. 실제로 삼성전자의 매출과 영업이익은 계속 늘어나면서 사상 최고치를 경신하고 있다. 2005년의 경우 매출 58조 원, 영업이익 10조 5,000억 원으로 사상 최고치(미래에셋증권 전망)를 기록할 것으로 전망되고 있다.

하지만 매출과 영업이익 증가율을 분기별로 보면 예사롭지 않은 흐름이 포착된다. 2005년 2분기에 피크를 치고 3분기 들어서면서부터 꺾이고 있는 것이다. 주가는 이미 이런 흐름을 정확히 반영했다. 삼성전자 주가는 2005년 2분기 중 한때 60만 원을 돌파했다가 40만 원대에서 횡보했다. 그러다 16기가 낸드플래시메모리 발표와 실적개선 조짐이 나타나면서 2005년 9월 13일 60만 원을 다시 돌파했고 12월 말 현재는 70만 원대를 노리고 있다.

임홍빈 미래에셋 증권 애널리스트는 "삼성전자의 주가는 실적에 비해 3개월 정도 선행한다"고 말했다.

삼성전자 주가에 대해서는 반도체 LCD 업황을 충분히 살펴봐야 한다는 것이다. 3분기 반도체 부문의 영업이익률이 42%로 높긴 하지만 반도체 업황이 나빠질 경우 타격을 받을 것이라는 지적이다.

하이닉스는 1999년 세계적인 사기로 판명났던 Y2K 특수로 한창 실적이 좋았다가 2000년부터 대규모 적자를 내기 시작했다. 매출은 3조 원대에서 정체된 가운데 영업이익률은 마이너스 50%로 떨어졌다. 주가는 이를 반영, 담배 한 갑의 값도 못되는 수준까지 떨어졌다. 하지만 2005년 들어 D램경기가 확연히 살아나면서 매출 5조 9,000억 원에 영업이익 1조 9,000억 원을 예상하고 있다. 주가는 2005년 9월 현재 2만 2,000원대에서 변동하다 12월 말 현재 3만 3,000원에서 거래되고 있다. 삼성전자와 하이닉스 사례는 매출과 영업이익이 주가수준과 흐름을 좌우하는 변수임을 보여주는 한 예다.

여기서 회사상황을 더 정확히 보려면 순이익도 살펴봐야 한다. 순이익은 영

삼성전자 연도별 실적

12월31일 기준	매출액 (십억 원)	영업이익 (십억 원)	경상이익 (십억 원)	순이익 (십억 원)	EPS* (원)	증감률 (%)	P/E (배)	순부채 (십억 원)	EV/EBITDA (배)	EV/매출액 (배)	ROE (%)
2001	32,380	2.295	3,083	2,947	16,704	(51.0)	32.4	(138)	15.1	2.5	16.5
2002	39,813	7,478	8,870	7,052	39,658	137.4	13.7	(5,789)	7.8	2.0	31.6
2003	43,582	7,193	6,904	5,959	33,673	(15.1)	16.1	(6,827)	7.6	1.9	21.8
2004	57,632	12,017	13,125	10,787	63,032	87.2	8.6	(7,335)	5.0	1.4	33.8
2005E	57,445	8,399	8,841	7,156	42,063	(33.3)	12.9	(5,266)	5.9	1.4	19.1
2006E	64,637	10,150	11,024	8,647	50,828	20.8	10.7	(7,019)	5.0	1.3	20.6

자료 : 삼성전자, 삼성증권 추정

하이닉스 연도별 실적

결산기	매출액 (십억 원)	증감 (%)	영업이익 (억 원)	순이익 (억 원)	EPS (원)	FCF (억 원)	ROE (%)	PER (배)	PBVR (배)	EV/EBITDA (배)
2002년	30,001	-24.7	-7,794	-17,772	-7,122	-4,763	-36.3	-	0.5	6.6
2003년	36,204	20.7	-2,241	-17,450	-4,492	-1,039	-47.8	-	1.3	5.2
2004년	58,644	62.0	18,459	16,925	3,805	8,053	47.0	3.1	1.4	2.1
2005년	55,580	-5.2	14,195	14,624	3,261	943	26.8	7.0	1.7	4.3
2006년	72,059	29.6	20,494	19,599	4,371	11,307	25.2	5.3	1.2	3.0

자료 : 대우증권 리서치센터 예상

업이익에서 채무에 대한 원리금상환, 자회사 투자, 환위험 등 비경상적인 요인들이 들어있다. 한눈을 많이 판 회사는 영업이익과 순이익 사이에 괴리가 크다. 이런 회사주식은 대체로 위험이 높은 종목으로 분류된다.

02

PER은 어떻게 비교하나

'줄기세포주 PER이 1,500배라고?'

줄기세포 관련 종목들의 주가는 수십 배 급등하는데 반해, 실적은 쥐꼬리만 한 상태를 평가한 대목이다.

주가수익비율(PER)은 증권기사에 나오는 단골손님이다. 특히 실적이 뒷받침 되지 않으면서 주가만 높은 종목의 기업가치를 정의할 때 유용하게 쓰인다. 그리고 업종이 비슷한 종목을 비교하는 데도 활용된다.

PER은 주가가 기업의 주당순이익(EPS)에 비해 몇 배인지 알려주는 지표이 다. EPS가 당기순이익을 총 발행주식수로 나눈 것임을 감안하면 결국 PER 은 주가수준과 당기순이익 규모에 따라 평가받는다.

예를 들어 현대상선 PER이 3.1배라면 비슷한 사업구조를 갖춘 한진해운의 PER과 비교해 현재 주가가 벌어들이는 당기순이익에 비해 얼마나 할인됐는 지 판단할 수 있다. 그리고 현대상선이 해운업종에 속한 기업이므로 해운업 종 PER과 비교해볼 수도 있다. 더 나아가 세계 해운업종 PER과도 우열을 가릴 수 있다.

마지막으로 해당종목이 속한 시장의 PER과 비교하게 된다. 현재 유가증권 시장의 PER은 8배 수준이다. 따라서 현대상선 기업가치는 시장평균보다 낮게 평가됐으므로 주가가 할인됐다고 설명된다. 그러나 PER은 과거 데이터가 아닌 미래 실적으로 비교해야 정확한 결과를 얻을 수 있다.

따라서 증권사 애널리스트들은 자신들이 수집한 정보를 분석해 해당기업의 올해와 내년 실적을 따져보고 현재 주가 수준이 어떻게 평가받고 있는지 PER을 통해 설명한다. 즉 PER이 올해 실적기준 5배인데 내년 실적으로 따져보니 2.5배라고 가정하면, 내년 당기순이익이 올해보다 2배 가량 좋아지게 되므로 현재 주가가 낮게 평가됐다고 설명할 수 있다.

그러나 PER은 주가와 기업의 최종 이익인 당기순이익과 비교하기 때문에 순수한 영업활동에 따른 이익을 제대로 측정하지 못한다는 약점이 있다. 당기순이익을 계산하는 과정에서 주관적으로 변경가능한 이익과 비용으로 인해 결과가 고무줄처럼 달라질 수 있기 때문이다.

기업은 물건을 팔아서 받은 금액인 매출액에서 매출원가 및 판매관리비를 빼서 영업이익을 얻는다. 이후 영업외비용을 제해서 경상이익을 구하고 다음으로 법인세비용 등을 빼서 당기순이익을 집계한다. 이 과정에는 수많은 일시적인 이익과 비용이 복합적으로 작용해 실제 기업경영환경과 다른 결과가 나올 수 있다. 예컨대 감가상각비는 건물이나 기계 등의 내용연수와 청산가치를 어떻게 판단하느냐에 따라 달라지므로 이에 따라 당기순이익도 크게 변하게 된다.

또 PER은 손익계산서 항목에 있는 당기순이익만을 평가하므로 해당기업의 대차대조표에 나오는 자산가치를 간과하게 된다.

일부 기업은 벌어들이는 이익이 작지만 투자한 기업의 주식가치가 높거나, 보유하고 있는 건물과 토지가 매각할 경우 큰 수익이 기대될 때 PER을 통해 평가할 경우 저평가됐다고 설명될 수 있기 때문이다. 이밖에 인수합병

(M&A) 기대가 높은 종목이나 턴어라운드 기대 종목 등도 PER로 비교하면 정확한 기업가치를 확인하기 어렵다.

이에 따라 증권전문가들은 "PER 이외에 주가순자산비율(PBR), 이비에비타(EV/EBITDA) 등의 지표를 함께 살펴봐야만 기업의 영업활동, 자산가치 등도 명확히 이해할 수 있다"며 "이밖에 기업의 경제환경, 성장잠재력 등도 살펴봐야 한다"고 조언했다.

주가수익비율(price earnings ratio)

주식의 1주당 시장가격인 주가와 1주당 수익액의 비율로 주가를 주당순이익(EPS)로 나눠서 계산된다. 이 비율이 높으면 회사의 이익에 비해 주가가 상대적으로 높은 것을 뜻하며, 반대일 때는 주가가 이익에 비하여 낮다는 말이 된다. 그러나 각 국가별 기업별 경제사정 또는 성장도가 다르기 때문에 일률적인 적용해선 안되며 특히 주당순이익은 일시적인 수익으로 과대포장될 수 있어 세밀한 관찰이 필요하다.

EPS, 좋은 투자 지침인가

1억 원을 투자해 10억 원을 번 A라는 기업과 100억 원을 투자해 30억 원을 번 B라는 기업이 있다고 하자.

당기순이익만을 놓고 볼 때 30억 원을 벌어들인 B라는 기업이 장사를 잘 한 것으로 보이지만, 자본금 1억 원이 달성한 순이익을 비교하면 A의 경영실적이 B보다 좋다. 이 때 '자본금 1억 원당 발생한 순이익'과 같이, 일정한 투자액수에 상응하는 이익의 양을 나타낸 것이 EPS다.

주당순이익(EPS)은 이와 같이 일정한 자본금으로 얼마나 돈을 벌었는가를 나타내는 지표라고 할 수 있다. EPS는 자본금의 규모가 다른 기업간의 경영성과나 투자가치를 평가할 때, 당기순이익의 크기를 단순 비교하는 데서 발생하는 한계를 극복하기 위해 개발됐다. 현재 기업의 수익가치를 분석하기 위해 사용되는 가장 기본적인 투자지표이다.

그리고 주당순이익(EPS: Earnings Per Share)이란, 기업의 주식 1주가 1년 동안 얼마를 벌어들였는가를 나타내는 지표다. 즉 회사가 1년간 올린 수익에 대한 투자자들의 몫을 나타낸다.

EPS는 기업의 당기순이익을 총 발행주식수로 나눠서 산출한다. 이때 총 발행주식수는 단순히 기말 현재의 주식수를 합산한 것이 아니라, 연중가중평균치로 유통주식수를 계산한다. 그 주식이 얼마 동안 이익에 공헌했는가를 측정해야 하기 때문이다. 가령 7월 초 발행한 주식이 100개 있었다면, 이것은 100개로 계상되는 것이 아니라 1년 중 6개월만 유통됐기 때문에 50개로 계상한다. 분자인 당기순이익은 해당 사업연도의 순이익에서 우선주 배당금을 뺀 액수로 계산한다. 일반적으로 EPS값이 클수록 같은 자본을 이용해 더 많은 이익을 내는 회사로 평가한다. EPS가 높은 회사는 투자할만한 가치가 있는 기업인 셈이다.

그렇다면 EPS를 높이기 위해서는 어떻게 해야 할까? 분자인 당기순이익을 크게 하거나 분모인 발행주식수를 감소시켜야 할 것이다. 즉 1년간 기업이 장사를 잘해 당기순이익을 늘리거나, 자사주 매입 소각 등으로 발행주식수를 감소시켜야 한다. 실제로 기업의 자사주 매입소각 공시가 주식시장에서 호재로 받아들여지는 것도 이 때문이다.

KT&G 등과 같이 주주우선정책을 실시하는 기업들은 배당과 함께 매년 일정량의 자사주 매입소각을 실시하고 있다. 반대로 전환사채가 주식으로 전환되거나 유무상 증자로 발행주식수가 늘어나게 되면 EPS는 감소하게 된다.

기업마다 주가가 다르기 때문에 단순하게 EPS만으로 주식의 가치를 평가할 수 없다. 현 주가와 EPS를 상대적으로 비교할 수 있도록 만든 주가수익비율(PER)이 고안된 것도 이 때문이다. 또 영업외 이익 및 비용이 포함돼 있는 당기순이익을 이용하기 때문에 기업의 본질이라고 할 수 있는 영업상의 펀더멘탈을 정확히 반영할 수 없다는 한계도 있다.

이원선 대우증권 연구위원은 "EPS는 당기순이익을 기준으로 계산하는 투자지표로 영업외적인 비용 및 이익이 고려된다는 점에서 기업가치를 따지는 데 한계가 있다"며 "기업의 펀더멘탈을 평가하기 위해서는 영업외적인 요소들을 제외하는 것이 정확하다"고 밝혔다. 즉 기업활동의 본질이 되는 영업이익은 적자가 났는데 공장이나 유휴토지를 매각해 일시적으로 매각대금이 들어와 당기순이익이 좋은 경우, EPS는 높지만 결코 그 회사가 발전하고 있다고 볼 수는 없는 셈이다. 따라서 영업이익과 EPS를 동시에 고려해야 할 필요가 있다.

한편, 비경상적 또는 일회적 항목이 많아 순이익이 왜곡될 수 있는 증권업종이나 항공업종 등은 EPS가 정확한 투자지표가 될 수 없다.

EPS (주당순이익)

당기순이익을 그 회사가 발행한 보통주식수로 나누어 보통주 1주당 귀속가능한 순이익이 얼마인지를 나타낸 지표.
규모가 서로 다른 기업간에 상대적인 수익력을 비교 평가할 수 있게 해준다. 개인주주들 입장에서는 기업의 총체적인 이익보다 자신이 보유한 주식수에 비례해 자신에게 귀속가능한 이익이 유용한 정보이므로 EPS가 중요한 의미를 갖는다.

04

자산가치 주가순자산비율(PBR)로 평가하라

가치투자라는 말이 유행이다. 기업의 자산이나 잠재적인 수익 능력으로 볼 때 주가가 낮게 평가된 기업들을 찾아 투자해야 한다는 말이다. 이때 어느 기업이 저평가돼 있는지 찾는 수단 중 하나가 주가순자산비율(PBR: Price Book value Ratio)이다.

PBR은 기업이 가진 자산의 가치에 주목해 기업가치를 평가하는 방법으로 주가를 주당 순자산, 즉 장부가(BPS)로 나눈 것이다. 순자산이란 기업의 자산에서 부채를 뺀 후의 남은 자산으로 회사가 망해 문을 닫을 때 주주에게 돌아가는 몫을 의미한다. 따라서 PBR이란 회사가 망할 때 주식당 받을 수 있는 몫에 비해 현재 주가가 몇 배나 되는지를 보여주는 지표다.

만약에 PBR이 1이라면 이 기업은 보유한 자산가치 만큼만 시장에서 평가받고 있다는 뜻이다. 만약 1보다 높다면 자산가치 이상으로 평가된다는 것을 말하며 1보다 작다면 자산가치 만큼도 대접받지 못한다는 의미다.

PBR은 특히 제조업체 보다는 금융회사의 기업가치나 주가를 분석할 때 자주 사용되는 경향이 있다. 제조업의 경우 대차대조표상 자산의 가치(장부가)

와 시가를 반영한 실제가치가 대부분 큰 차이를 보인다. 자산의 대부분이 부동산이나 비상기업의 주식 등 장부가와 시가 간에 차이가 나는 자산들이어서 대차대조표상의 장부가만으로는 정확한 자산평가가 어렵다. 이와 달리 금융업은 자산이 대개 현금이나 현금성 자산으로 이뤄져 있어 장부가치와 실제가치 간의 괴리가 거의 없다. 따라서 장부상의 순자산이 기업가치를 비교적 정확하게 반영하고 있는 것이다.

PBR은 주가를 2005년 추정 주당순자산(BPS)으로 나눠서 구한다. BPS는 다시 순자산을 발행주식으로 나눈다.

PBR을 구하는 실례를 들어보면, 올 2분기 기준으로 국민은행의 순자산과 발생주식수를 이용해 구한 주당순자산은 3만 5,208원이다. 여기에 2005년 8월 11일 종가 5만 5,000원을 주당순자산으로 나누면 PBR이 1.56배가 된다.

PBR을 활용해 가치투자를 하는 방법은 다음과 같다. 영업 등에 별다른 문제가 없는데도 PBR이 경쟁사나 시장 평균에 비해 지나치게 낮은 기업들을 집중적으로 찾아 투자하는 것이 이른바 가치투자 방법이다. 특히 은행, 증권, 보험주의 경우 경쟁업체와 비교해 PBR이 낮다고 영업이나 기업 자체에 큰 문제가 없다면 저평가돼 있는 것으로 볼 수 있다. 일반적으로 우리나라 증시의 금융주의 경우 1.5배 전후의 평가를 받고 있으며 2배에 육박하면 고평가, 1배에 근접하면 저평가 상태에 있다고 본다.

그러나 PBR 평가시 주의해야 할 점이 있다. 장부상의 자산 가치만을 평가 대상으로 삼는 탓이 한 기업의 성장성이나 수익가치를 제대로 반영하지 못하는 단점이 있다는 것이다. 삼성전자의 경우 2004년 예상 PBR은 2.0배 수준으로 PBR 상으로는 고평가를 받고 있는 종목으로 주가가 너무 높다고 할 수 있다. 하지만 삼성전자의 수익가치나 성장성 등을 고려하면 현재 50만원대 중반의 주가가 너무 높은 것라고 생각하는 증시전문가들은 별로 없다. 또 한 가지 주의할 것은 업종마다 PBR이 다르다는 점이다. 제지업종은 장치

산업으로 많은 자산이 투자되는 탓에 순자산이 커 PBR이 0.5배 수준인 반면 비교적 많은 장치가 필요없는 제약업종은 1.5배로 높은 편이다. 이처럼 업종의 성격에 따라 PBR이 다르기 때문에 절대적인 PBR 기준치라는 것은 없다. 대신 업종 내에서 기업의 상대적인 PBR 수준, 업종평균 PBR, 해외경쟁기업의 PBR을 파악해 이를 비교대상으로 삼는 것이 좋다.

PBR 계산법

PBR = 주가/주당순자산, 주당순자산 = 순자산/발행주식

PBR 계산 실제

종 목	주가 (2005년 8월 11일 종가)	주당순자산 (BPS)		PBR
국민은행	5만 5,000원	2005년	3만 5,208원	1.56배
		2006년	3만 8,458원	1.43배
삼성화재	8만 7,900원	2005년	7만 1,164원	1.23배
		2006년	8만 402원	1.09배

자료=한국투자증권 등

05

이비에비타(EV/EBITDA)로 저평가 판정하라

A라는 가게의 주인이 자기돈 2억 원과 은행융자 1억 원을 들여서 총 3억 원에 가게를 차렸다. 이 가게는 매년 세전 1억 원의 영업이익을 낸다. 한편, B라는 가게는 자기돈 3억 원과 은행융자 3억 원을 끌어들여 총 6억 원에 가게를 냈는데, 이 가게는 매년 3억 원의 세전이익을 안겨준다. C라는 사람이 가게를 인수한다면 A와 B중 어떤 것을 선택하는 것이 유리할까?

C의 자금동원력이 얼마냐에 따라서 대답은 달라질 수 있지만 이론적으로는 B가 유리하다. A가게를 인수했을 경우 본전을 뽑는데 3년이 걸리지만, B가게의 경우 2년이면 본전을 뽑을 수 있기 때문이다.

아주 단순하게 말해서 투자 후 본전을 뽑는데 걸리는 시간을 나타내는 지표가 EV/EBITDA(기업가치/현금창출능력)이다. '이비에비타(EV/EBITDA)'는 실제 영업에 사용될 수 있는 영업자산이 영업활동에서 얻은 이익의 몇 배인가를 나타내는 지표로 기업간 상대가치를 비교·분석하는 데 사용된다. '월가(街)의 영웅'이라고 알려진 투자의 귀재 피터 린치가 마젤란 펀드를 운용하면서 처음 사용하기 시작했다.

분자에 해당하는 'EV(Enterprise Value)'는 'FV(Firm Value)'라고도 하며 말그대로 '기업가치'를 의미한다. 기업의 자기자본과 외부에서 빌려온 외부자본을 합친 것, 즉 자기자본을 평가하는 가치인 시가총액(현재주가×발행주식수)과 외부자본에 해당하는 순차입금(외부차입금-현금성자산)을 더한 가치다.

위의 예에서 A라는 가게의 EV는 3억 원, B라는 가게의 EV는 6억 원이 된다.

분모인 'EBITDA(Earnings Before Interest, Tax, Depreciation and Amortization)'는 기업이 영업활동을 통해 벌어들인 현금 창출 능력을 측정하는 수익성 지표다. 영업이익에서 이자비용, 법인세, 감가상각비를 더한 것으로 편의상 영업이익에 감가상각비를 더해서 구할 때가 많다.

A가게의 EBITDA는 1억 원, B가게의 EBITDA는 3억 원이 된다. 이비에비타 비율이라는 것은 EV를 EBITDA로 나눈 수치다. 즉 자기자본과 타인자본을 이용해 영업활동에서 어느 정도의 현금흐름을 창출했는지를 나타낸다.

A가게의 경우 3억 원/1억 원 해서 3배, B가게는 6억 원/3억 원 해서 2배가 산출된다.

비율이 높을수록 주가가 고평가, 즉 기업이 벌어들이는 이익에 비해 기업의 총가치가 높게 평가된 것이다. 그래서 기업이 벌어들이는 돈으로 본전을 뽑을 때까지 더 오랜 시간이 걸리게 된다. 동종업종이라면 EV/EBITDA가 낮을수록 본전을 뽑는 기간이 적게 걸리므로 투자자 입장에서는 효율적인 투자처가 될 수 있는 것이다.

정연구 굿모닝신한증권 연구위원은 "이비에비타는 감가상각비 같이 실제 유출되지 않는 현금을 포함해 계산되기 때문에 현금흐름측면에서의 기업가치를 더 정확하게 나타낸다"며 "특히 감가상각방법 및 자본구조의 기업간 차이를 배제하고 기업의 시장가치를 평가하기 때문에 수익성을 객관적으로 비교할 수 있다"고 설명했다. 특히 적자기업의 경우 PER을 계산할 수 없지만, 이비에비타는 산출된다.

그러나 EBITDA가 이자비용과 감가상각비를 제하지 않고 산출되기 때문에 실제보다 과다하게 인식될 수 있다는 한계가 있다. 영업용 자산의 수명이 영원하지 않기 때문에 기업은 끊임없이 존속에 필요한 재투자를 하게 마련인데, EBITDA는 이 재투자분이 배제돼 있다.

일일이 계산하는 것이 번거롭다면 《상장기업분석》이라는 책자에서 참고할 수 있다. 특히 숨어있는 우량주나 성장주를 발굴하기 위해 참고할만한 지표라는 것이 애널리스트들의 평가다.

이비에비타(EV/EBITDA 기업가치영업자산가치배율)

기업가치가 영업활동을 통해 얻은 이익의 몇 배인가를 나타내는 지표다. 자기자본과 타인자본을 이용해 어느 정도의 현금흐름을 창출 할 수 있는지를 나타내며, 높을수록 주가가 고평가돼 있는 것으로 해석할 수 있다.

산출공식

EV/EBITDA = 시가총액 + 순부채 / 법인세차감전순이익 + 이자비용 + 감가상각비 + 영업권상각

06

M&A 관련주식
어떻게 고를까
– 경영권분쟁보다 펀더멘탈 가려야

기업 인수합병(Merger & Acquisition)은 국내외를 막론하고 주식시장의 역동성을 지속시키는 '영원한 테마' 다.

최근 국내증시에서 초미의 관심을 끌었던 SK의 경영권분쟁(소버린), 삼성물산 주가조작 논란(헤르메스) 등도 모두 M&A 둘러싸고 일어났다. 사실 우리 주식시장에선 지금 이 시간에도 크고 작은 M&A가 진행중이라고 보면 된다. 공시에 따르면 지난 2004년의 경우 한해 동안 유가증권시장(옛 거래소시장)에선 최대주주가 총 134번, 코스닥시장에선 255번이 각각 바뀌었다. 말하자면 2004년에 하루 한 건 이상의 M&A가 일어났다는 말이다.

○ 국내 증시 하루에 한 건 꼴로 'M&A 진행중'

M&A는 말 그대로 기업을 인수하거나 합병하는 것을 말한다. 일반적으로 M&A관련주는 시가총액보다 기업이 가진 내재가치가 큰 기업으로 현금성자산, 토지, 유가증권 등이 많은 기업이 대부분이다. 한마디로 주식시장에서

주식매입으로 경영권을 사는 비용보다 기업을 청산해서 얻는 수익이 커야 M&A가 일어난다는 말이다.

M&A가 관련되면 주식은 대부분 오르기 때문에 많은 투자자들이 관심을 갖는다. 그 이유를 분석하자면 대략 세 가지 정도다. 첫째, 펀더멘탈상 내재가치가 큰 주식이 경영권분쟁 등으로 제값을 찾아가는 과정일 수 있고, 둘째, 분쟁과정에서 지분늘리기 경쟁을 통해 물리적으로 주가가 오를 수도 있다. 세번째는 새 경영진에 대한 기대나 기존 경영진의 변신에 대한 기대도 포함될 것이다.

그렇다면 어떤 주식을 사야 할까? 코스닥 등에서는 M&A관련설이 돌기만 하면 적자기업이고 관리종목이고를 떠나서 무차별적으로 주가가 오르곤 한다. 주로 지분경쟁만을 기대한 것이다. 그러나 이런 '폭탄돌리기'는 가장 피해야 할 행태로 꼽힌다.

M&A종목을 고를 때는 역시 이익, 현금흐름, 자산가치 등을 평가한 펀더멘털을 봐야 한다는 것이 정론이다. 특히 PEF(사모투자전문회사)가 본격화되면서 우량기업 M&A는 더 관심을 끌고 있다. 예를 들어 소버린이 SK주식을 살 때는 경영권을 염두에 뒀겠지만 사상 최대의 이익을 연이어 경신하고 있는 알짜배기 기업인 점을 간과하진 않았다. SK는 2004년 1조 6,448억 원의 순익을 내 국내 정유화학업종에서 첫 1조 원 돌파를 기록했다. 경영권분쟁 테마가 한풀 가신 뒤에도 견조한 실적이 주가의 하방경직성을 만들어 지난해 2월에 비해 4배 가까이 뛴 5만 8,000원대를 유지했다.

증시 전문가들은 지난 2년 4개월 동안 SK주식을 샀다 팔아 8,000억 원 규모의 수익을 얻은 소버린의 치밀함에 대해 얘기할 때 SK란 기업의 매출과 이익에 대해 지적하곤 한다. 만약 M&A분쟁이 지속된 2년 반 동안 SK의 실적이 크게 악화되거나 기업차원의 악재가 연속됐다면 아무리 커다란 M&A소재가 있더라도 주가가 그렇게 많이 오르지는 못했을 것이라는 예측이다.

굿모닝신한증권 박동명 과장은 "최근 SK, 삼성물산 사태 등으로 인해 국내 증시에서 M&A테마가 상시적으로 자리를 잡는 분위기"라면서 "외국인지분률 대비 최대주주의 지분률이 낮은 기업, PBR대비 저평가 기업, 그룹관련 지주회사, 정부 등 채권단 보유지분 매각이 예상되는 기업 등을 눈여겨 봐야 한다"고 설명했다.

● 적대적 M&A 투자 땐 '위험 최소화' 전략으로

2004년에 증시에선 '슈퍼개미'라는 단어가 돌출돼 유행했다. 한국슈넬제약 등 몇 개 기업이 적대적 M&A설로 주가가 급등했다가 갑자기 추풍낙엽처럼 급락하는 상황이 연속적으로 재연된 것이다. 투자가들은 이런 슈퍼개미(기업 사냥꾼으로 볼 수 있음)들의 적대적 M&A 움직임을 헤아리기가 힘들어 곤혹스러워했다.

일단 이런 종목에 대한 투자는 매우 위험한 투자라고 볼 수 있다. 슈퍼개미로 불리는 투자자들의 의도를 알기 힘든데다가 M&A실현성 등도 파악이 어렵기 때문이다. 따라서 투자자는 이런 적대적 M&A시도가 있을 때는 위험을 최소화하는 전략이 필요하다.

첫째는 적대적 M&A 목표가 실현 가능한지 체크해봐야 한다. 매수 시도자는 기업을 인수해 가치를 현재보다 훨씬 높게 만들 자신이 있기 때문에 적대적 M&A를 시도했을 것이다. 하지만 매수 시도자 의도와 시장은 다르게 변할 수 있다. 따라서 투자 희망자는 그 사람의 실현 가능성을 제대로 점검해 보는 것이 급선무다. 인수할 돈이 있는지 또 기업을 인수해 경영할 능력이 있는지가 체크포인트다.

둘째, 적대적 매수자가 M&A 대상 회사를 어떻게 선정했는지 알아봐야 한다. 인수 대상 회사가 잘 알려지지 않은 기업일 때는 어떤 자료(내부정보)를 갖고 기업을 분석했는지 알 수 없다. 또 그 대상 기업에 대한 자세한 실사가 없었을 것이므로 그의 분석이 제대로 된 것인지 확인할 수도 없다.

셋째, 그 개미의 자금 동원 능력이 과연 그 회사 51%를 인수할 수 있는 정도인지 알아봐야 한다. 적대적 M&A를 하겠다고 발표한 투자자 대부분은 자기가 얼마만큼 자금을 갖고 M&A를 진행하고 있는지 밝히지 않는다. 경우에 따라서는 M&A 하는 척하다가 기회를 봐서 전부 팔고 나가는 일이 충분히 있을 수 있다는 얘기다.

넷째, 그 개미가 혼자 적대적 M&A를 시도하는지 아니면 다른 전문펀드나 작전 세력이 있는지 알 수 없다. 물론 처음 5% 구매는 자기 이름으로 했을 것이다. 하지만 그 주위에 그와 동조하여 대량으로 지분을 사서 가격을 올리는 동조자 혹은 작전팀이 있을 수 있다.

그러한 동조 세력은 신고 대상인 5%를 매입하지 않아 신고의무가 없다. 즉 보이지 않는다는 얘기다. 그들은 M&A 대상 기업 주가가 시장에서 적정선에 도달했다고 판단하면 슬그머니 팔고 나갈 수 있다.

다섯째, 적대적 M&A를 시도한 사람은 시장에서 5%를 매입한 후 그에 따른 신고를 매입 후 7일(거래대금 결제 2일+결제일 후 5일)까지 늦게 신고할 수 있다. 따라서 일반 투자가가 그 소식을 듣고 매입하려고 할 때는 이미 그 개미는 실제 발표된 지분보다 많이 사들였을 수 있다.

경우에 따라서는 휴일(토,일요일)을 이용해 9일까지 신고를 늦출 수 있어 잘못하면 막차를 탈 수 있는 상황이다. 공시제도의 빈틈 때문에 적대적 M&A 세력에 완전히 뒤통수를 맞을 수 있는 것이다.

여섯째, 그 개미가 대상으로 하는 회사가 대부분 시가총액이 비교적 적어 적대적 M&A를 시도할 때는 주가 변동성이 매우 클 수밖에 없는 점에 주의해야 한다. 대부분 적대적 M&A는 상한가와 하한가를 넘나들며 거래되기 때문에 추격매수 위험성은 매우 높을 수밖에 없다.

가장 주의해야 할 점은 슈퍼개미가 '먹고 튀더라도' 하소연할 곳이 없다는 점이다. 투자는 자기 판단에 의해서 하고 자기가 책임지는 것이기 때문이다. 투기적인 장이나 소재를 만날 때일수록 실적 좋고 배당을 많이 해줄 만한 우량한 기업에 중장기 투자하는 정석투자 원칙을 되새길 필요가 있다.

07

주식수익률 변동성(베타)을 따져봐라

자주 쓰이는 증권 용어 중 베타계수라는 말이 있다. 베타계수는 종합주가지수(종합주가지수를 벤치마크로 사용할 경우) 수익률 변동에 대한 개별 주식 수익률의 민감도를 계량화한 것이다. 베타계수는 1을 중심으로 해서 평가를 내릴 수 있다. 특정종목의 베타계수가 1을 넘을 경우, 이는 그 종목의 가격 변동이 종합주가지수의 가격 변동폭보다 크다는 사실을 말해준다. 반대로 베타계수가 1을 하회할 때는 그 종목의 가격 변동이 종합주가지수가 움직이는 진폭보다 적다는 점을 뜻한다.

그러나 베타 계수는 그 자체가 긍정적 혹은 부정적 의미를 포함하지 않는다. 주가가 추세적으로 상승하는 대세 상승국면에서는 베타가 높은 고베타 주식들에 투자함으로써 종합주가지수보다 높은 수익을 기대할 수 있지만 반대로 대세 하락국면에서의 고베타주들은 종합주가지수의 하락폭보다 더욱 큰 폭으로 떨어질 위험이 크기 때문이다. 다시 말해 종합주가지수의 베타를 1이라고 하면 베타가 1보다 커지면 시장평균보다 그 주식의 위험 및 기대수익률이 크고, 반대로 베타가 1보다 작으면 위험과 기대수익률도 작아진다고 보면 무리가 없다.

특정 자산에 대한 투자에 있어서 그 성과를 평가하는 방법은 절대수익률과 상대수익률의 두 가지 관점에서 이뤄질 수 있다.

절대수익률은 말 그대로 투자 원금 대비 얼마나 벌고 잃었는가를 가늠하는 개념이고 상대수익률은 다른 자산과의 비교를 통해 평가를 내리는 방법을 뜻한다. 예를 들어 자신이 보유한 종목의 주가가 5% 상승했지만, 같은 기간 동안 다른 종목들은 10%의 상승률을 기록했다면 이런 투자성과에 대해 전적으로 긍정적인 평가를 내리기는 어렵다.

절대수익률은 플러스이지만 상대수익률 관점에서는 다른 종목을 선택한 것에 미치지 못했기 때문이다. 상대수익률을 평가하기 위해서는 개별 종목(혹은 개별 포트폴리오)의 수익률과 비교할 수 있는 일반적인 평가잣대가 필요하다. 이런 일반적 평가기준을 벤치마크라고 부르기도 하는데 우리나라에서는 종합주가지수(KOSPI)가 대표적인 벤치마크로 자주 사용된다. 따라서 베타계수란 이러한 점을 고려해 어떤 종목이 종합주가지수와 비교해 더 탄력적으로 주가가 움직이는가를 나타내는 수치라고 할 수 있다.

다만 증권사나 각종 조사기관들이 개별 종목들에 대해서 내놓는 베타계수는 서로 다른 경우가 많다. 이런 현상은 증권사별로 비교대상이 되는 대표지수가 다르거나(벤치마크로 KOSPI를 사용할 수도, KOSPI200을 사용할 수도 있다), 조사기간이 다르거나, 수익률의 산정방식(주간 수익률 혹은 월간수익률) 등이 다르기 때문에 발생하게 된다.

시장에서는 SK텔레콤, KT 등 통신주들이 대표적인 저베타주로 꼽힌다. 통신서비스 업종은 2005년 기준으로 외국인 지분 한도가 49%로 제한돼 있는 대표적인 규제 산업이다. 이들 주식은 강세장일땐 빛을 보지 못하지만 약세장에선 돋보인다.

강제장에선 통신주는 큰 폭의 상승세를 타지 못하는 경향을 보인다. 2005년 초의 경우, 성장정체, 경쟁심화, 새로운 대규모 투자에 따른 불확실성 등으로 인해 SK텔레콤, KT 등은 전체적인 주식시장 강세에도 불구하고 이러한 대세에 편승하지 못했다.

반면 약세장에선 통신주는 위력을 발휘한다. 경기회복에 대한 불안감으로 주식시장에서 약세에 빠질 경우, 통신주의 '경기 방어주' 매력이 부각된다. 특히 KT, SK텔레콤은 고배당주로 분류된다. 한편 굿모닝신한증권 분석에 따르면 유가증권시장의 시가총액 상위 10대 종목들을 갖고 베타를 계산해 본 결과, 신한지주가 가장 높게 나왔고 KT가 가장 낮게 나왔다.

굿모닝신한증권 분석에 따르면 신한지주를 비롯해 LG전자, 삼성전자 등을 베타가 높은 고베타 종목이었고 한국전력, SK텔레콤 등은 KT와 더불어 베타가 낮게 나왔다. 이러 결과로 보면 한국 증시에서 고베타 업종은 은행과 전기전자 업종이고, 통신과 가스업종은 베타가 낮은 대표적인 업종으로 봐도 큰 무리가 없다.

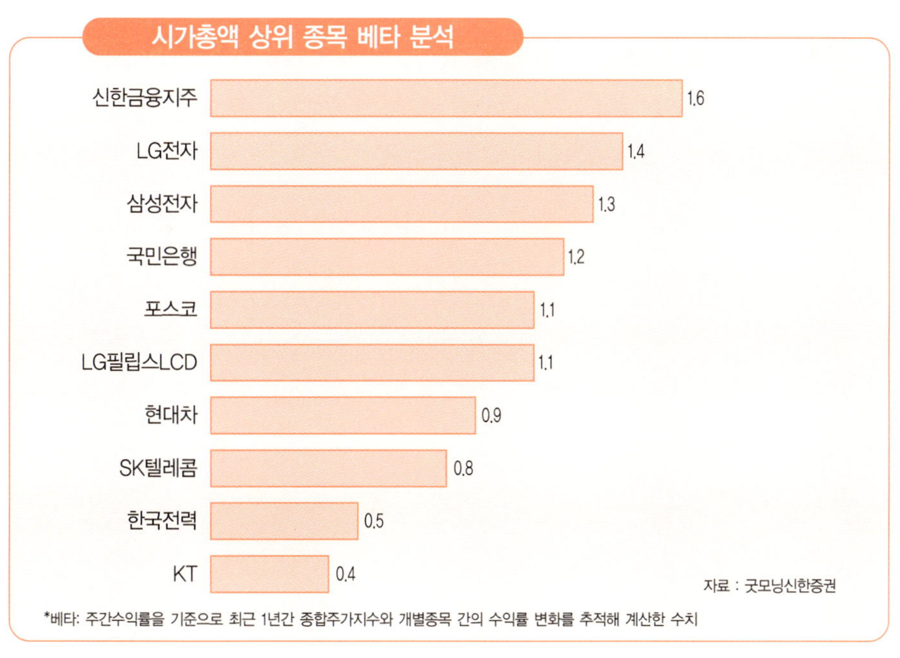

08

유망 IPO 주식
어떻게 고를까

코스닥 공모시장이 활황을 맞고 있다. 2005년 7월의 경우 공모주 청약에 9조 원이 넘는 청약자금이 몰렸다.

최근 코스닥시장에 상장한 제대혈 관련업체인 메디포스트는 거래 직후 공모가 대비 130% 상승하는 기염을 토했다. 메디포스트 최종 청약경쟁률은 814.59대 1로 청약증거금 2조 174억 원을 기록했다. 공모가 대비 상승률 130%는 공모 첫 날 상승할 수 있는 최대치다.

7월 29일 코스닥시장에서 메디포스트는 동시호가 방식으로 정해지는 시초가가 공모가 1만 8,000원(액면가 500원)의 두 배인 3만 6,000원으로 결정됐다. 경쟁률이 워낙 높아 개인이 배정받을 수 있는 물량은 많지 않았지만 일단 공모주 배정을 받은 투자자가 거래 첫 날 팔았다면 수익률 130%를 기록했다는 얘기다.

그러나 공모주 투자가 모두 대박은 아니다. 왠만한 공모주의 경쟁률이 수백 대 일을 기록하면서 실제 손에 쥐는 주식수가 얼마 안되는 경우가 허다하다. 메디포스트의 경우도 최대 청약한도 2만 주를 청약해 1억 8,000만 원의 청약증거금을 넣었어도 불과 24주만을 배정받았다.

또 상장 후 며칠간 상승하다 곤두박질치는 경우도 많아 매도 타이밍을 잡기가 쉽지 않다. 이는 대부분의 개인 투자자들이 공모주를 거래 개시 후 얼마 안돼 팔아 치우기 때문이기도 하다. 전문가들은 이 때문에 단기 상승이 확실한 일부 종목 외에는 중장기적 안목으로 선별하는 성숙한 투자문화가 필요하다고 지적한다.

공모주 투자 계획을 세웠다면 기업들 공모 일정부터 미리미리 살펴야 한다. 공모에 관한 정보는 증권사나 증권선물거래소 홈페이지 또는 아이피오스탁(www.ipostock.co.kr)과 같은 사설기관, 또는 신문기사 등에서 얻을 수 있다. 이를 위해 해당 기업의 공모를 주간하거나 공모주 청약을 많이 하는 증권사에 미리 계좌를 터 두는 것이 유리하다. 아직까지 상당수 증권사가 기존 우수 거래고객에게 공모주 물량 배정에서 혜택을 주는데다 일부 증권사는 아예 월평균 예탁자산 기준으로 청약 조건을 제한하기 때문이다.

그렇다면 알짜 공모주는 어떻게 골라야 할까. 전문가들은 여전히 '기업가치'를 최우선 조건으로 꼽는다. 매출과 영업이익이 수년간 꾸준히 증가하고, 해당 업종에서 독점적 기술력이나 성장성을 평가받는 회사라면 더없이 좋은 투자처가 될 수 있다.

하지만 충분 조건은 아니다. 주식시장 분위기가 맞물려 줘야 대박이 터진다는 얘기다.

메디포스트의 경우도 이른바 줄기세포주가 부각된 상황에서 기업공개에 나섰기 때문에 '대박'을 터뜨렸다고 볼 수 있다. 해당기업의 공모 일정이 확정되면 금융감독원 인터넷사이트(dart.fss.or.kr) 등에 나와 있는 유가증권발행신고서에서 회사 개황, 재무정보, 채무상황, 주식 분포 등을 꼼꼼히 살펴봐야 한다. 이 신고서에는 미흡한대로 해당기업의 장단점도 스스로 소개하고 있으니 참고할 만하다.

관련 정보를 충분히 모았다면 본격적인 공모주 선택에 나서면 된다. 이때 유념할 것은 '수익성'과 '성장성'이다. 이때 이미 상장돼 있는 동종 업체와 투자지표를 비교하는 것이 중요하다. 동종 업체와 비교해 주가수익비율(PER) 등 밸류에이션이 저평가돼 있다면 주가 상승 여력도 그만큼 높다.

일반적으론 액면가에 비해 공모가가 높을수록 기관투자가가 인정한 '우량주'라고 보면 된다. 그러나 실적이나 동종업체 주가에 비해 수요 예측에서 지나치게 공모가가 낮게 책정된 곳이라면 단기 상승할 가능성이 크다. 공모가는 증권사 등 기관들이 어느 정도 가격에 얼마나 주식물량을 받기를 원하는지 미리 수요예측을 거쳐 결정되는데, 일부 참여자들은 싼값에 주식을 받기 위해 예상가격을 낮게 써내기도 하기 때문에 공모가가 유난히 낮은 곳도 있다. 또 전체 주식발행 규모, 등록 전 발행한 전환사채(CB) 규모, 기관 배정 물량, 보호예수에 묶인 최대주주 지분율 등을 모두 살펴야 한다.

업황도 중요한 변수다. 제약 업종이 주목받을 때 상장한 한서제약이 무려 13일 동안 상한가를 쳤던 것이 대표적인 사례다.

공모주 청약에 참여할 때는 청약대금 절반에 해당하는 청약증거금이 환불일까지 묶이기 때문에 자신의 자금 사정을 고려하는 것도 중요하다. 최근에는 증권사들이 청약대출도 해주기 때문에 형편에 따라 이용할 만도 하다.

공모주를 직접 고르기 부담스러운 투자자는 채권에 자금 70~80%를 넣고 나머지는 유망 공모주에 투자하는 '공모주펀드'에 가입하는 것도 간접적으로 공모주 투자수익을 거두는 방법이다.

공모주 청약을 하려면 일단 공모 업무를 대행하는 증권사에 계좌를 개설해야 한다. 그 다음 개인별로 청약한도를 확인해야 한다. 대부분 증권사들은 거래실적에 따라 청약비율을 달리 정한다. 그리고 청약일에는 일종의 보증금인 청약증거금(보통 증거금률 50%)을 입금해야 한다. 청약경쟁률에 따라 청약 물량을 배정받고 미배정 물량에 대한 환불은 정해진 환불일에 받게 된다. 또 주가가 일정기간(보통 한 달)이 지난 뒤 공모가의 90%를 밑돌 경우엔 10%의 손실만 보고 되팔수 있는 '풋백옵션' 제도도 있다는 점을 잊지 말자.

기업공개(IPO)

IPO란 'Initial Public Offering'의 줄임말로 주식공개상장, 또는 기업공개를 의미한다. 이는 기업이 최초로 외부 투자자에게 주식을 공개 매도하는 것으로 공인된 주식시장에 처음 등록하는 것을 뜻한다. 기업 입장에선 단기간에 기업의 운영이나 재투자를 위한 자금을 모을 수 있고 투자자들은 신규 상장기업 주식에 투자해 수익을 거둘 수 있다. IPO 기업들에 투자하는 것을 공모주 투자라고 일컫는다.

09

액면 분할,
주가에 어떤 영향?

서울 삼성동에 사는 투자자 이모씨는 자신
이 투자한 종목중 액면분할 소식만 나오면 해당 종목을 더 사모은다. 지난
2005년 2월에도 휘닉스피디이가 액면분할을 하겠다고 발표하자 곧바로 이
주식을 1,000만 원어치 샀다.

당시 사들인 가격은 4,750원. 이후 주가는 2005년 3월 말 실제로 액면분할
되기까지 계속 상승했다. 이씨는 2달새에 50% 가까운 수익률을 얻었다.

액면분할이 성공 투자전략으로 떠오르고 있다. 액면을 분할할 경우 시장에
서 이전보다 싼 가격의 물량이 많아지고 이 때문에 기관투자자들의 매수가
늘어나면서 주가도 뛰기 때문이다.

일반적으로 주식 액면가는 5,000원이다. 액면분할은 이 액면가를 쪼개는 것
이다.

상장기업이나 등록기업은 주주총회에서 의결만 거치면 주식 액면가를 100
원, 200원, 500원, 1,000원, 2,500원, 5,000원 중에서 자유롭게 정할 수 있다.

기업들이 액면분할을 하는 이유는 무엇보다 유동성을 확보하기 위해서다.

주식 수가 늘어나기 때문에 사고팔기가 쉬워진다는 말이다.

액면가가 5,000원인 10만 원짜리 주식 액면가를 500원으로 낮추면 주식 수가 10배로 늘어나게 된다. 동시에 주가는 1만 원으로 변해 주식을 사고팔기가 수월해진다. 일반 소액 투자자들도 거래하기 쉬운 가격이기 때문이다.

대개 기관투자가들은 기업가치가 좋은 중소형주가 유동성이 부족할 때 이 주식에 대한 매수를 꺼리는 경향이 있다. 그러나 액면분할을 통해 유동성이 확보되면 매수대상에 포함시키기도 한다. 이 때문에 액면분할을 한 기업은 대부분 주가가 오르는 경향이 있다.

코스닥시장이 지난 2004년 액면분할을 결의한 기업 18개 종목을 대상으로 분석한 결과, 액면분할한 주식을 변경등록하고 1개월이 지난 뒤 이들 주가는 대체로 변경등록한 직전 종가보다 올랐다.

그러나 하락기에는 액면분할 기업에 대한 투자에 신중해야 한다. 실제로 시장이 좋지 않아 코스닥종합 지수가 하락할 때에는 비교적 낮은 하락률을 기록한 것으로 나타났다.

코스닥증권시장 관계자는 "액면분할 실시기업 주가가 상대적으로 상승한 것은 액면분할이 주식 유동성 증가 등에 대한 기대심리를 유발해 주가 전망에 긍정 적인 영향을 미치기 때문"이라고 분석했다.

자본금을 줄였을 때에는 액면분할 효과가 더 컸다. 액면분할과 감자를 동시에 실시한 종목은 주가가 평균 22.78%나 상승했다. 이는 비교·분석 기간에 지수가 평균 13.69% 하락한 것에 비하면 상당히 높은 수준이다.

코스닥시장 관계자는 "일반적으로 감자와 동시에 액면분할을 하면 유통주식수가 늘지 않는다"며 "유동성 개선 효과와 함께 재무구조 개선 기대감까지 겹쳐 감자와 동시에 액면분할하는 종목의 주가 상승률이 높아진 것"이라고 설명했다.

그러나 비교시점을 액면분할 후 1개월 후가 아닌 장기로 늘리면 주가가 오

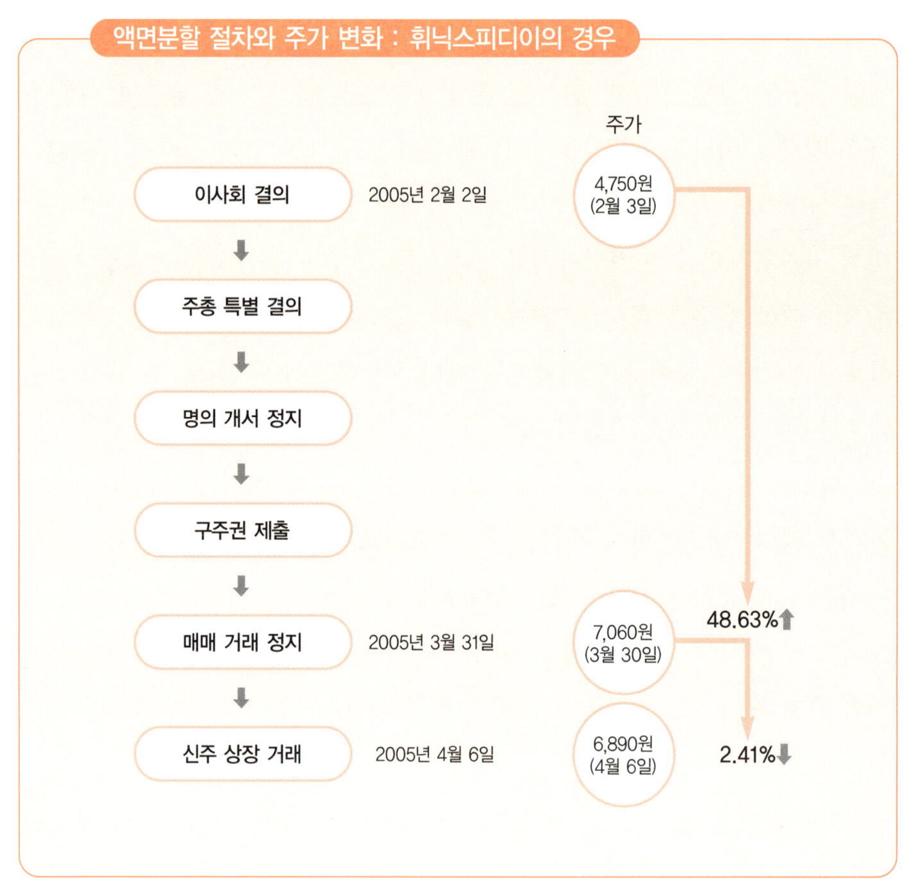

른다는 보장은 없다. 매일경제신문이 지난 2004년 연초부터 8월까지 액면
분할을 실시한 기업 18개를 상대로 조사한 결과가 이를 뒷받침해준다.

액면분할 공시일 주가 대비 9월 17일 기준 종가를 비교해볼 때 18개사 중 6
개사만 주가가 상승한 것으로 나타났다. 지수상승률과 비교할 때에는 9개사
가 지수 대비 초과수익을 낸 것으로 나타났다.

한편 액면가를 쪼개는 액면분할과 달리 액면가를 합치는 액면병합도 액면 변
경 수단이다. 액면병합으로 인한 주가 상승효과는 거의 없는 것으로 보인다.

지난 2004년 액면병합을 추진한 코스닥기업 5개를 조사한 결과, 변경 후 5

개사 모두 지수 대비 초과수익이 '마이너스'였다. 그러나 액면가 변경이 기업가치 변화와 무관하다는 점에서 투자는 신중해야 한다. 박동명 굿모닝신한증권 연구원은 "액면변경은 기업가치에 변화를 가져오지 않으므로 투자에 앞서 실적과 투자지표를 먼저 살펴야 한다"고 조언했다.

액면분할

액면분할은 자본은 변동하지 않고 이미 발행된 주식을 일정한 비율에 따라 세분화해 주식수를 증가시키는 것을 말한다. 예를 들어 액면가액 5,000원짜리 1주를 둘로 나누어 2,500원짜리 2주로 만드는 것을 일컫는다.

고가주가 액면분할을 하면 주식수가 늘어나 사고 팔기가 수월해진다. 액면분할은 이사회에서 결의하고 주주총회에서 확정한 뒤 구주권 제출과 신주 변경 상장이란 절차를 거친다. 통상 2개월 정도의 기간이 소요된다. 주식의 분할은 최소 단위가 100원 미만으로 하지 못할 뿐만 아니라 상장을 위해서는 1주의 액면가액이 100원, 200원, 500원, 1,000원, 2,500원, 5,000원으로 해야 한다.

10

장외시장에는
위험 크지만 고수익 종목

장외시장이란 거래소시장이나 코스닥시
장에 상장되지 않은 모든 종목을 자유롭게 거래할 수 있는 시장이다. 상하
한가 제한이 없거나 상대적으로 범위가 넓어 대박의 가능성도 높지만 공시
나 기업감독 규칙이 없어 거래에 위험이 따른다. 코스닥시장도 원래는 장외
시장이었으나 1997년부터 장중으로 편입됐다.

일반투자자들의 현물교환에 의한 결제와 시세 및 기업정보 부족으로 인한
거래의 불편함을 해소하기 위해 코스닥에 포함되지 않는 장외시장 종목 중
일정 요건을 갖춘 기업들을 모아 일종의 '프리 코스닥' 격인 제3시장이 2000
년 3월에 개장됐고, 다시 제3시장은 2005년 7월 프리보드로 개칭되면서 양
도소득세 감면, 상하한가 범위 축소 등 거래시스템도 전면 개편됐다.

개인투자자들은 제3시장 즉, 현재의 프리보드와 장외시장을 동의어로 취급
하는 경우가 많다. 프리보드 역시 장외시장의 일종이지만 장외시장과 프리
보드는 거래 기업들의 내실이나 성장성, 거래 시스템, 세제 등의 측면에서
차이가 있으므로 개념상 분명히 구분하는 것이 옳다. 장외시장에서 거래되

는 종목 중 일정한 요건을 갖춘 기업이 프리보드에서 거래되기 때문에 장외시장을 재래시장이라고 하면 프리보드는 현대식 백화점에 비유할 수 있을 것이다.

거래소시장이나 코스닥시장이 일정한 규칙에 의해 경쟁매매가 이뤄지는 것과 달리 장외시장은 누군가 필요에 의해서 사거나 팔려는 의사를 보이고 이들 사이에 조건이 맞으면 거래가 성사되는 방식으로 운영된다. 특히 코스닥에 유망종목들이 입성해 장외에서 주식을 싼 값에 산 주주들이 막대한 시세차익을 챙기면서 개인투자자들의 장외시장에 대한 관심도 커졌다.

2005년 6월 코스닥에 입성한 유해사이트 차단서비스 업체 플랜티넷 주가는 액면가 500원이지만 상장 당시 시초가 5만 6,000원에 거래가 시작됐고 상장 전에 주식을 매입한 구주주들이 챙긴 시세차액 평가익이 총 1조 2,000억 원에 이르렀다.

그러나 개인투자자들에게 장외시장 기업들에 대한 정보는 접근하기가 용이하지 않다. 거래도 증권사 홈트레이딩 시스템 등을 이용해 즉시매매가 이뤄지는 거래소나 코스닥 시장과 달리 거래당사자가 직접 만나 체결해야 한다. 장외기업에 대한 정보는 주로 '38커뮤니케이션'이나 '피스탁' 등 장외주가정보 제공업체들에 의존하고 있다.

장외시장의 핵심으로 떠오르고 있는 프리보드에 대해 구체적으로 알아보자. 프리보드는 현재 60개 지정기업으로 운영되고 있으며 제3시장 시절 10~30%를 부과하던 양도소득세를 벤처기업 소액주주들에 한해 면제해줌으로써 투자자들에게 손짓을 보내고 있다.

특히 증협은 프리보드 활성화를 역점사업으로 추진하면서 2004회계연도 외부감사를 받은 벤처기업 1,411개사(코스닥 상장과 상장 추진기업 제외) 중 영업이익이 발생한 1,066개사를 프리보드 중점 유치 대상으로 선정해 적극적인 유치활동을 벌이고 있다. 프리보드 지정기업이 일정 규모에 도달하면 주가

지수도 개발할 계획이어서 프리보드 활성화가 실현될 수 있을지 주목된다.

프리보드 개장 시간은 정규시장과 마찬가지로 오전 9시부터 오후 3시까지이나 개장 후 시간외 매매나 개장 전 동시호가 제도가 없고, 가격 제한폭도 50%에서 30%로 축소됐으며 결제전(거래일+2일) 매매도 허용됐다.

그러나 프리보드든 장외시장이든 소위 '고위험 고수익'이라는 속성은 차이가 없어 개인 투자자들에겐 위험지대인 것이 사실이다. 심지어 기업들도 주가 등락에 일희일비하는 개미들보다는 투자기법과 여력을 갖춘 '큰손'들과의 거래를 선호하고 있다.

증협 측도 "프리보드를 철저한 상업적 마인드에 따라 움직이는 차별화된 시장을 만들겠다"며 "위험이 따르는 것은 사실이지만 이제 투자문화가 변화하고 있는 만큼 '하이리스크, 하이리턴(high risk, high return)'의 기조 위에서 운영하되 투자자 보호 문제는 협회 차원에서 계도대책을 세울 것"이라고 밝혀 기존의 거래소나 코스닥시장과 다른 형태의 운영방향을 시사하고 있다.

11

증권투자 제도를 잘 활용해 투자하라

증권가 투자전문가들은 종종 '아는 것이 힘이다' 라고 얘기하곤 한다. 여기서 '아는 것' 이란 따끈따끈한 최신 정보나 거시경제전망에 대한 정확한 해석 등은 물론 '수시로 변하는 증권관련 제도' 를 포함하고 있다.

주식이나 채권투자는 사실 계속 공부하지 않으면 알기 힘든 독특한 제도들이 많다. 극단적인 경우 하루아침에 자신이 가지고 있는 주식이 휴지조각이 될 수도 있다. 코스닥시장이 대표적이다. 등락이 심한 시장이라 투자자 보호를 위해 새로운 제도가 계속 생겨나고 변해가기 때문이다.

◉ 제도 강화로 깜짝 퇴출, 토요일 공시 등 사각지대 체크해야

개인투자자 A씨가 처한 경우가 대표적이다. 몇 년간 코스닥종목을 열심히 알아보고 정보도 수집해 투자해왔던 A씨는 근 1년간 사업이 바빠져 잠시 주식에 신경을 못썼는데 2005년 8월 반기보고서 제출 마감일에 예상치 못한 소식을 들었다. 자기가 투자해놨던 한 종목이 퇴출판정을 받을 것이란 소식이었다. A씨는 기자에게 전화를 걸어 "회계감사로 인한 코스닥시장 퇴출판정은 매년 3월에 한 번씩 있는 것 아닌가. 황당하다"라고 물어왔다.

A씨가 착각을 하는 것도 무리가 아니다. 사실 2004년까지만 해도 코스닥기업들은 회계법인의 외부감사를 1년에 한 번씩만 받으면 됐다. 3월께 발표되는 연간 감사보고서에서 자기자본의 50% 이상 잠식돼 관리종목으로 지정되면 1년 뒤까지 그 상태가 지속될 경우 이듬해에 퇴출판정을 받았다. 그러나 코스닥시장본부는 2005년 3월 퇴출강화의 일환으로 자본 잠식 50% 이상 요건으로 관리종목에 지정된 기업이 반기말 기준으로 이를 해소하지 않으면 퇴출하는 제도를 도입해 8월부터 이에 적용되는 기업이 나타나기 시작한 것이다.

이처럼 제도가 변하는 것을 모르고 있으면 하루아침에 큰 손실을 입을 수 있다. 지난 2003년 전까지는 퇴출이 결정된 기업들의 정리매매기간이 한 달로 길고 상하한폭도 존재하고 있어 주가가 급락할 위험이 적었다. 보통 정리매매 때 투기적인 거래로 주가가 이상급등하는 경우가 많아 꽤 많은 투자자들은 손실을 보전하기도 했다.

그러나 2003년 초부터 코스닥위원회가 퇴출종목의 정리매매에서 상하한가폭을 없앴는데 이를 모른 투자자들은 주가가 하한폭 없이 급락하는 것을 모르고 매도 타이밍을 놓쳐 손실을 봤다며 호소해 오기도 했다.

투자자들이 잘 모르는 제도의 사각지대도 있다. '토요일 공시' 등은 그야말로 사각지대다. 많은 투자자들이 주5일제 시행 이후 토요일엔 공시가 없는 것으로 알고 있지만 토요일에도 증권전산 단말기에는 공시가 아직도 시행되고 있다. '올빼미 공시'로 투자자들에게 민감한 공시를 토요일에 띄울 경우, 이를 못본 투자자들은 다음주 월요일장 시작부터 주가가 급등하거나 급락하는 이유를 모르고 우왕좌왕할 수 있다는 말이다. 잘 투자하려면 토요일 공시도 챙겨봐야 한다. 코스닥시장 공시팀 관계자는 "기업들 중에 300인 미만 사업장도 있고 급박하게 공시를 통해 알려야 하는 사정이 있을 수 있다고 해서 토요일 공시는 당분간 계속 할 예정"이라고 설명했다.

◉ 절세상품 유리, 간접투자도 제도 잘 알아서 투자해야

이외에도 제도를 잘 이용하면 절세 등을 통해 수익률을 높일 수 있는 경우가 많이 있다. 투자자들은 그만큼 뉴스에 민감해야 한다는 뜻이다. 대표적인 경우가 그간 역대 정부가 주식시장 침체기에 내놨던 근로자 주식저축(2000년), 장기증권저축(2001~2002년) 상품 등이다. 한시적인 상품이니만큼 해당시기에 투자할 경우 수익률을 제고하는 효과가 있다.

예를 들어 2001년 해당시기에 장기증권저축에 투자했을 경우 5.5%의 세액공제 효과를 봤다. 3,000만 원짜리 상품을 가입했다면 주민세를 포함해 165만 원을 이미 벌고 시작했다는 말이나 마찬가지다. 주식투자 수익률이 5% 정도 낮아져도 본전은 찾았다는 계산이 가능하다.

2004년부터 큰 인기를 끌었던 선박펀드의 경우 3개월마다 배당이 가능한데다 가장 큰 장점이 비과세란 것이었다. 세금을 덜 내는만큼 수익이 투자자의 몫으로 돌아가기 때문에 주식투자상품 등에 비해 수익률이 높았다.

12

파생상품으로 돈 벌려면

개인투자자가 선물, 옵션 등 파생상품으로
돈을 버는 것은 쉽지 않다. 파생상품은 적은 돈으로 레버리지 효과를 일으
킬 수 있어 큰 수익을 벌 수 있을 것처럼 투자자들을 달콤하게 유혹하고 있
지만 실제로는 '대박' 보다는 '쪽박' 에 가깝다.

파생상품을 투자할 때 지수가 오르고 내리는 방향만 잘 맞추면 수익을 올릴
수 있을 것 같아도 실제로는 고려해야 할 변수가 많기 때문이다.

우선 개인투자자는 투자규모가 적어 항상 선물 유지증거금을 맞추느라 노심
초사해야 하고 특히 옵션을 매도해 막대한 증거금 부담(위험)을 떠안기 힘들
다. 따라서 개인투자자들은 보통 옵션 매수전략을 펼친다. 옵션을 매수하고
나면 항상 시간이 흐를수록 시간가치만큼 옵션가격(프리미엄)이 줄어들어 빈
껍데기로 남게 될 가능성이 높은데도 말이다.

그러나 개인투자가들이 기대하는 게 한 가지 있다. 옵션 만기일에 자신이
바라는 방향으로 지수가 크게 움직여주는 것을 원하는 것이다.

2001년 9월 11일, 미국인들에게는 잊을 수 있는 참사로 기록됐지만 당시 풋

옵션을 매수한 사람들은 영원히 기억하고 싶은 '환상(?)'으로 남았다. 결코 수익이 날 것 같지 않은 1,000원짜리 풋옵션이 지수가 급락해 수백 배로 급등한 것이다. 지금도 그 때의 기억으로 선물옵션 만기일만 되면 꼬박꼬박 1,000원짜리 파생상품을 매수하는 투자가가 있지만 수익률은 높지 않다.

여기서 또 변동성 개념이 나온다. 옵션의 적정주가를 구했어도 지수에 변동성이 커지면 옵션가격은 상승하게 된다. 9월 11일 이후에도 혹시나 지수상승 기대감이 있어 실제 지수가 급락했어도 콜옵션 가격은 크게 떨어지지 않았다고 한다. 이처럼 옵션가격은 단순하지 않다.

더구나 국내 주가지수선물시장에서는 매일 지수등락에 따른 선물옵션 가격 정산을 한다. 예컨대 3일 뒤 주가수준을 정확히 예측했어도 오늘 불가피하게 주가가 크게 움직여 추가증거금이 발생했건만 돈이 없다면 당장 파생상품 포지션을 청산해야 한다. 즉 투자자들은 매일매일 지수수준을 예측해야만 꾸준한 수익을 올릴 수 있다는 얘기다.

또 시장에서는 많은 기관투자자들이 선물과 옵션, 현물을 활용한 차익거래를 하고 있다. 최소한의 기회가 있다면 파생상품을 조합해 차익거래를 실시, 이익을 창출하고 있다. 파생상품 시장에서 수익이 나올 기회는 점점 줄어든 셈이다.

그러나 리스크 관리(헤징) 개념으로 파생상품에 접근한다면 의외로 돈을 벌수 있다. 만일 삼성전자, 현대차, LG전자, 국민은행 등 주식을 보유한 투자자가 해당기업의 성장성을 높이 평가하고 있다고 가정하자. 뿐만 아니라 해당기업의 배당도 높아 장기투자하기로 판단했다면 선물을 매도해 지수하락기를 대비할 수 있다. 지수가 크게 떨어지고 있는데 주식을 팔기 보다는 선물을 매도해 해당종목 주가하락분을 상쇄할 수 있기 때문이다.

현재 국내 선물시장에서는 주식(현물)을 선물, 옵션 매매에 따른 증거금으로 활용할 수 있도록 규정하고 있으므로 이를 활용하면 된다. 다만 이 때도 이익과 손실 구간을 사전에 설정해야만 부담없이 냉철하게 매매할 수 있다. 이처럼 직접투자가 힘들다면 간접투자에 눈을 돌리는 것도 좋다.

증권사가 판매하는 많은 주가연계증권(ELS)은 선물옵션 등 파생상품을 활용해 다양한 수익구간을 설정해놓고 있다. 이에 따라 자신이 투자성향에 맞게 수익성과 안정성을 따져 ELS를 선정하면 된다. 최근에는 코스피200지수 외에 삼성전자, 현대차, 삼성SDI 등 시가총액 우량주를 대상으로 하는 ELS상품도 많아 투자를 고려해볼 만하다.

증권전문가들은 "일반 투자가들이 파생상품에서 큰 돈을 벌겠다는 기대하기 보다는 파생상품을 충분히 이해하고 자신에게 맞는 연계간접상품을 찾아나서는 것이 파생상품 투자에 따른 기회비용을 아낄 수 있다"고 조언했다.

레버리지 효과

타인으로부터 빌린 자금을 통해 자기자본이익률을 높이는 것으로 이른바 '지렛대 효과'라고 한다. 예를 들어 100억 원의 자기자본으로 10억 원의 순익을 올리게 되면 자기자본이익률은 10%가 되지만, 자기자본 50억 원에 타인자본 50억 원을 도입해 10억 원의 순익을 올리게 되면 자기자본이익률은 20%가 된다. 다만 타인자본을 사용하는 데 드는 금리비용보다 높은 수익률이 기대되는 경우에만 타인자본을 적극적으로 활용하는 것이 유리하다.

ELS, 황금알을 낳는가

'**주식시장에 황금알을** 낳는 거위가 등장했다!'

지난 상반기 주식시장에 강풍처럼 몰아쳤던 주가연계증권(ELS: Equity Linked Securities)을 두고 하는 말이다.

ELS 열풍은 시장 입소문에 힙입어 소액투자자들이 달려들면서 4조 원 이상 돈이 몰렸다. 이 때문에 각 증권사들은 너도 나도 ELS 신상품 출시에 바빴다. 지난 2003년 하반기 국내시장에 소개됐던 ELS는 당시 몇몇 재테크 '선수'들 사이에서만 인기를 끌었지만 가입 고객의 저변이 크게 넓어진 셈이 됐다.

하지만 간접투자상품에 가입하려던 퇴직자 K씨는 사람들을 붙잡고 ELS의 뜻을 물어야만 했다. 어렴풋하게 영어학원 이름처럼 알고 있던 ELS가 인기를 끌고 있다는 얘기를 들었기 때문이다. 증권사 창구에서 상품안내서를 보니 ETF(상장지수 펀드)도 있고, 장외파생상품 결합증권으로 활용되는 ELS도 있다는 것이다. 이처럼 일반 투자자들은 ELS의 의미를 잘 모르는 경우가 많다.

ELS의 특징은 주가에 연계된다는 것이다. 이는 은행권의 주가지수연동예금 (ELD)과 비슷하다. 고객의 돈을 대부분 예금(ELD)이나 채권(ELS)처럼 안정된

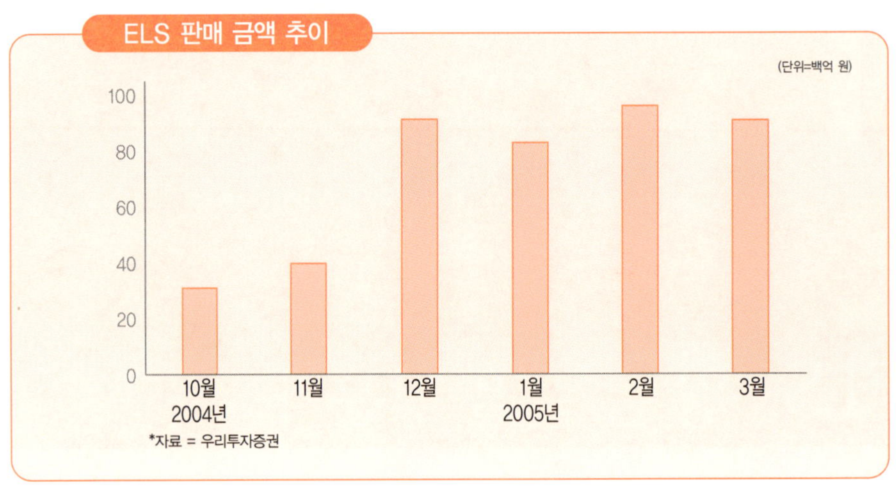

자산에 넣고 여기서 생기는 이자부분을 투자하는 구조로 설계된다. 원금에
대한 안전성이 높을 것이라는 기대가 가미됐다.

ELS는 코스피200지수 연계형에서 삼성전자 등 개별 종목 주가연계 상품까
지 다양하다. 개별종목형이라도 1개 주식에만 관련되지 않고 종목군을 2개
또는 3개로 늘리기도 한다. ELS는 전체 만기 가운데 몇 차례 평가일을 두고
해당 기준을 맞췄을 때 바로 상환해버리는 조기상환형(Early Redemption)이
많은 비중을 차지한다.

예를 들어 '삼성전자 주가를 6개월마다 중간평가해서 평가일에 00% 이상
하락하지 않으면 연 00% 수익을 지급하고 조기 상환한다. 또 만기까지 기준
가 대비 00% 이상 하락하지 않으면 원금을 보장한다'는 식이다. 이러한 '개
별종목+조기상환형'이 시중 ELS의 80% 가량을 차지하고 있다.

그렇다면 수익률은 어떻게 계산하는가.

6개월마다 평가하는 3년 만기 ELS 상품(수익률 4.5%)이 있다고 가정해보자.
그런데 최초 6개월째에 주가가 하락해 수익을 전혀 얻지 못했다. 과연 슬퍼
해야 할 일인가. 일단 실망할 필요는 없다. 만약 다음 평가일(12개월째)에 주
가가 회복세를 보여 조건을 충족한다면 첫번째 평가일 수익률 4.5%까지 함

께 받게 되기 때문이다. 12개월 동안 9%의 수익률을 받으면서 조기상환되는 셈이다. 결국 조기상환형 ELS의 가장 최선은 만기 마지막 시점에 조기상환 조건을 충족시키는 것이다.

따라서 조기 상환이 무조건 좋은 것은 아니다. 연 8~10% 수익률로 돈 굴리기가 쉽지 않은 상황에서 차라리 만기에 임박한 뒤 조건이 충족되는 것이 가장 바람직하다. ELS에 대한 오해는 바로 원금보장 부분이다. 결론부터 말하면 ELS는 실적배당상품으로 원금을 보장하지 않는다.

다만 원금을 지키도록 노력하는 원금보존 추구형 상품이다. 물론 ELS는 대표적인 구조화(structured) 상품으로 처음 설계부터 원금을 지키는 것을 우선하게 된다.

개별종목형은 보통 '30~40% 하락하지 않으면 원금보존'이란 조건을 걸고 있는데 가령 주가 50만 원인 삼성전자가 30만 원대까지 하락하지 않으면 원금을 지켜준다는 뜻이다.

이는 한 나라의 증시를 대표하는 우량주가 40% 가까이 하락하기가 쉽지 않다는 점을 반영한 것이다. 어떤 경우엔 우량주 두세 종목을 한 군데 엮어 안정성을 더 높이기도 한다. 하지만 그렇다고 해도 ELS가 '실적배당형'이란 점은 잊어서는 안된다.

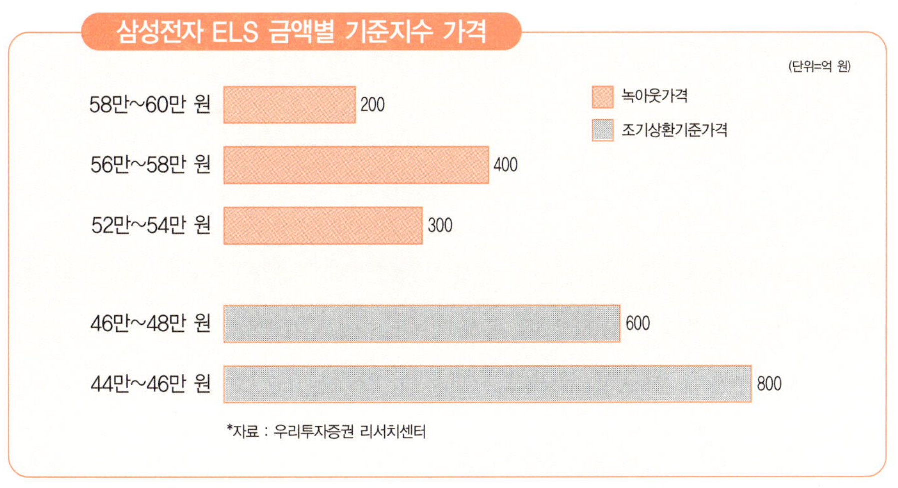

선물투자하단 쪽박찬다?

선물의 기본 개념을 완전히 숙지한 왕초보 씨는 본격적인 선물투자를 하기로 마음먹었다.

A증권사에 선물옵션 계좌를 개설하고 증거금 1,500만 원을 입금했다. 3, 6, 9, 12월 등 3개월 단위로 거래되는 지수선물 마감일은 해당월 둘째주 목요일. 6월물을 택한 왕씨는 이제 6월 10일(목요일)까지 거래를 지속할 수 있다.

현재 코스피200지수는 105.28이고 지수선물 6월물 현재가는 105라고 가정해보자. 지수선물 1포인트 가격은 50만 원. 따라서 현재가 105인 선물 1계약을 사려면 5,250만 원(=105×50만 원)이 필요하다.

그러나 실제 선물거래에서는 레버리지 효과가 매우 커 최소 15% 금액만 있으면 가능하다. 즉 787만 원 정도(5250만 원×0.15)만 있으면 1계약을 현재가에 매수(또는 매도)할 수 있는 것이다.

왕씨는 주가 상승에 힘을 실었고 선물 6월물 1계약 매수주문을 냈다. 몇 분 지나 계약이 체결됐다는 사인이 홈트레이딩시스템(HTS)에 떴다. 누군가 선물 6월물을 105에 매도한 것이다. 그날 밤 왕씨는 꿈 속에서 만기일인 6월

10일로 날아갔다. 예상대로 주가는 급등했고 코스피지수는 무려 110까지 올랐다. 그리고 왕씨 계좌에는 (110-105)×50만 원, 즉 250만 원이 입금됐다. 물론 왕씨가 번 돈은 왕씨에게 선물 105를 매도한 사람 것이다. 그 상대방은 110 값어치가 있는 물건을 울며 겨자먹기로 105에 팔아야 했다고 생각하면 된다. 다음날 왕씨는 일어나자마자 모니터를 봤다.

코스피지수는 예상대로 106까지 상승했다. 순간 왕씨는 흔들렸다. 만기일까지 기다리는 대신 이 시점에서 그냥 파는 게 낫다고 생각했고 바로 매도를 했다. (106-105)×50만 원, 50만 원이 입금됐다.이러자 또다시 흔들렸다. 110까지는 어떻게든 갈 것 같고 다시 한 번 선물을 매수하는 것도 좋을 것이라는 생각에 106에 다시 선물 1계약을 매수했다. 그러나 계속 오를 것 같던 주가는 급락해 100으로 떨어졌다. 왕씨는 순간 (100-106)×50만 원, 즉 300만 원의 손실을 입게 됐다.

다음날 왕씨는 이번에는 지수가 더 떨어질 것을 예상해 100에 선물 1계약을 매도하는 선물매도포지션을 취했다. 그러나 주가는 오히려 급등해 110까지 상승했다. 왕씨가 입은 손실은 (100-110)×50만 원, 즉 500만 원에 육박했고 증거금을 채워넣으라는 '마진콜'까지 겹쳤다. 물러설 수 없었다. 바로 1,000만 원을 집어넣고 반대매매를 막았지만 지수는 112까지 올랐고 손실은 커졌다.

앞서 왕초보 씨 매매를 보면 '가만히 있었으면' 하는 생각이 든다. 처음 105에 매수한 선물이 결국 115까지 올랐으므로 가만히 있기만 했으면 (115-105)×50만 원, 즉 500만 원의 수익을 기록할 수 있었기 때문이다.

그러나 현실상으로는 불가능하다. 선물거래는 15% 증거금으로 거래가 가능한 엄청난 레버리지(약 7배)를 자랑하지만 반면 일일정산이란 제도가 있기 때문이다. 선물은 2일 결제로 미수 발생시 익일 12시까지 추가증거금을 납입해야 한다. 따라서 왕씨가 만기일까지 그대로 있을 수 없었다. 거래 시작부터 만기일까지 주가는 큰 폭 등락을 거듭했기 때문에 한 번쯤은 마진콜을 통한 반대매매를 당해야 했다.

개인이 선물시장에서 살아남을 수 있는 방법 중 하나는 장중의 큰 등락폭을 이용한 데이트레이딩을 통해 이익은 적게 얻더라도 위험관리에 주력하는 것이다. 이를 위해서는 다음과 같은 전략을 구사하는 것이 필요하다.

1. 매일매일 시장의 움직임과 특성에 대한 분석이 필요하다.
2. 추세와 횡보, 변동성확대 등에 대한 2~3가지의 전략을 구성해야 한다.
3. 전략을 확정해 지속적으로 적용하되 추측에 의한 판단은 금물이다.
4. 하루중 진입횟수와 손절, 그리고 트레일링 스탑 등 위험관리에 유념한다.

일반적으로 위와 같은 전략과 원칙만으로 매매를 했는데도 원금의 15% 이상의 손실이 나게 될 경우는 일단 매매를 중지하고 문제점을 분석 한 뒤 이에 대한 해결책을 마련한 다음에 매매를 재개하는 것이 필요하다.

대기업도 선물거래 실패로 큰 낭패를 본다. 실례로 삼성물산은 홍콩법인의 금속 선물거래로 950억 원에 달하는 거액의 손실을 봤다. 지나치게 욕심을 부리고 위험관리 시스템을 제대로 가동하지 않았기 때문이다. 이로 인해 삼성물산은 2005년 2분기 영업이익이 전년 동기보다 49.5% 증가한 975억 원에 달했음에도 경상손실 6억 원, 당기순손실 233억 원을 각각 기록했다.

선물거래

미리 정해진 특정한 상품 및 특정 수량을 매매 당사자가 약정한 가격으로 미래의 일정한 날(결제일)에 거래소의 규정에 의하여 수, 인도할 것을 현재 시점에서 약속하는 거래이다. 또한 결제일 이전에도 반대매매에 의해 포지션을 정리할 수 있으며 차금결제가 가능하다. 특히 적은 자금으로도 큰 금액의 거래가 가능함으로써 레버리지 효과가 매우 크다.

15 콜옵션과 풋옵션은 무슨 차이?

옵션(거래)이란 거래대상이 되는 자산 그 자체를 거래하는 것이 아니라 그것을 매수(도)할 수 있는 권리를 사고파는 것이다. 아파트를 직접 사고 파는 대신 분양권 프리미엄만을 놓고 거래한다고 생각하면 되는데 가격이 오를지 내릴지를 맞추는 게임이라고 생각하면 쉽다. 주식시장에서 거래자산은 개별종목이 될 수도 있고 종목군의 가격을 나타내는 지수가 될 수도 있다.

콜옵션은 살 권리, 풋옵션은 팔 권리를 가리키는데 콜옵션 하나에 매수매도가 가능하고 풋옵션에도 다시 매수매도를 할 수 있다.

거래는 먼저 최초 증거금 1,500만 원을 넣고 HTS 옵션거래시스템을 이용하면 된다. 현재 국내에선 지수옵션과 개별주식옵션이 존재하는데 지수옵션거래가 월등히 많다. 가령 현재 코스피200지수가 104이고 콜옵션 102의 프리미엄(옵션 가격)이 3.10이라고 가정해보자.

옵션은 매달 둘째주 목요일이 만기일로 한 달 동안 참가자들끼리 '전투'를 벌이게 된다. 또한 프리미엄이라 불리는 옵션가격(1포인트당 10만 원)을 기준으로 거래된다. 따라서 '콜옵션 102'를 10계약 매수하는 데 드는 비용은 (3.10×10만 원×10계약), 즉 310만 원 정도가 든다.

그런데 다음날 코스피200지수가 106까지 상승하면 콜옵션 102의 프리미엄도 증가하게 된다. 106하는 물건을 102에 살 수 있는 권리를 갖게 되기 때문이다. 가령 5.0까지 뛰었다고 가정해보자.

이 순간 만약 투자자가 10계약 중 5계약을 팔기로 했다면 (현재 프리미엄 5.0×10만 원×5계약=250만 원)−(전날 매수 당시 프리미엄 3.10×10만 원×5계약=155만 원)=95 만 원, 즉 95만 원의 수익을 올릴 수 있게 된다.

그러나 남은 5계약을 만기일까지 끌고 갔는데 코스피200지수가 100으로 하락하게 된다면 들고 있는 콜옵션 105는 말 그대로 휴지조각으로 변하게 된다. 100이 된 원하는 물건을 굳이 105원 주고 구입할 이유가 없기 때문이다.

한편 옵션매수와 매도에도 조금 차이가 있다. 가령 상승장을 예상한다는 점에서는 '콜옵션 매수 포지션'과 '풋옵션 매도 포지션'은 같지만 손실 규모는 확연히 다르다.

만약 왕씨가 콜옵션 102를 매수하는 대신 풋옵션 102, 10계약을 매도했다고 가정해보자. 당시 코스피지수는 104였기 때문에 풋옵션 102의 프리미엄은 콜옵션보다 낮은 1.20에 형성돼 있었다. 10계약 매도했다고 하면 1.20×10만 원×10계약, 즉 120만 원의 비용이 든다.

그런데 만기일에 지수가 90으로 폭락했다고 보면 콜옵션 매수자와 풋옵션 매수자의 손실은 확실이 다르다. 일단 콜옵션 매수자는 310만 원 손실로 그친다.

풋옵션 매도자는 90의 값어치가 있는 상품을 102에 팔겠다는 사람(풋옵션 102 매수자)의 물량을 떠안는 것이므로 (102−90)×10만 원×10계약, 즉 1,200만 원의 손실을 입게 된다.

이처럼 매도포지션에는 큰 위험이 따르고 그 이익이 상대방이 포기한 프리미엄으로 한정돼 개인들에게 인기가 별로 없다. 이 때문에 대부분의 개인들은 매수 포지션을 선호한다. 자신이 매수한 프리미엄 만큼으로 손실이 한정돼 있기 때문이다. 하지만 실제 매매에선 매도 포지션을 취하는 게 이익이 날 '확률'이 높다는 평가다.

옵션 프리미엄(option premium)

콜·풋옵션 매수자가 매도자에게 지불해야 하는 비용으로 매매시 옵션 가격으로 활용된다. 지수의 변동성, 만기일까지의 잔존기간 등의 변수에 따라 움직인다. 가령 만기일이 가까우면 프리미엄은 낮아지고 변동성이 클수록 프리미엄은 높아진다. 시장참가자의 수요와 공급에 따라 결정되는데 증권거래소는 일정한 기준을 통해 변동성을 공표해 투자시 참조하도록 하고 있다.

콘탱고,
백워데이션이 뭐지

선물가격과 주식가격이 요동치는 시간, 차익거래하는 기관투자자의 시선과 손은 쉴새없이 움직이고 있다.

"시장베이시스 백워데이션 마이너스 0.1, 9월 말 20계약을 135에 '사자' 주문내고 프로그램으로 주식을 지금 팔아라."

기관투자자가 이같이 주문을 냈다. 단 한 번이라도 주문을 실수하면 수백만 원 많게는 수천만 원의 손실이 발생한다. 선물 20계약과 프로그램매수물량을 전량 체결시키고 나서야 기관투자자의 입에서 '휴우~' 하고 안도의 한숨이 나왔다. 그러나 이익금은 불과 100~200만 원에 불과하다.

기관투자자는 "베이시스 0.3인 콘탱고 때 잡아놓은 매수차익거래를 이번에 청산했다"며 "그나마 선물과 현물이 제대로 체결되는 바람에 이익을 남겼다"고 설명했다.

그리고 다시 기관투자자의 시선은 시장베이시스를 주목하고 있다. 이는 주가지수선물옵션과 코스피200지수 구성종목으로 차익거래를 실시하는 한 펀드매니저를 어느 날 장 중에 만났을 때의 모습이다. 그는 "한 번 차익거래를 통해 발생하는 이익은 작지만 여러 차례 성공하면 나름대로 짭짤한 수익을 올릴 수 있다"고 설명했다.

시장베이시스, 백워데이션, 콘탱고, 매수차익거래 등은 선물옵션을 처음 접한 투자자라면 생소한 용어이다. 그러나 조금만 관심을 갖고 차근차근 접근하면 의외로 간단하게 풀이된다.

예를 들어 국내에서 가장 많이 거래되고 있는 코스피200지수 연계 지수선물옵션을 살펴보자.

주가지수 선물은 기초자산(코스피200지수)에서 파생된 상품으로 만기일을 갖고 있다. 즉 몇 달이 지나면 선물은 사라지고 새로운 선물이 탄생하는 과정을 반복한다는 얘기다. 현재 주가지수선물의 만기일은 매년 4번 나타나며 3, 6, 9, 12월의 두번째 목요일이다. 이 때는 선물이 기초자산과 같은 가격에 정산돼 사라지게 된다.

그런데 평소에는 선물을 매매하는 주체와 기초자산(코스피200지수)을 구성하는 종목을 거래하는 주체가 다르다. 따라서 선물과 기초자산 가격은 시시각각 변하게 되는 것이다. 이 차이를 시장베이시스라고 하며 선물가격에서 기초자산을 뺀 수치로 집계된다.

여기서 시장베이시스가 플러스이면 '콘탱고(contango)', 마이너스이면 '백

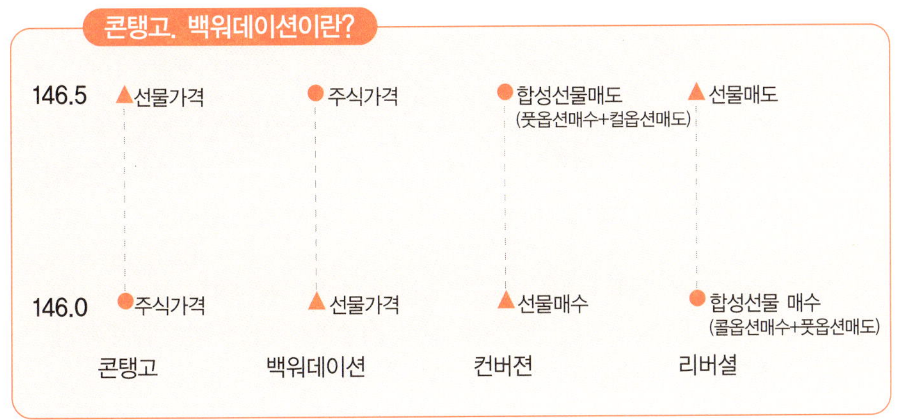

워데이션(back-wardation)'이라고 한다. 즉 선물가격이 기초자산보다 높은 경우는 '콘탱고', 그 반대인 경우가 '백워데이션'인 셈이다.

다시 처음으로 돌아가면 기관투자가는 시장베이시스가 마이너스 0.1인 백워데이션 상태일 때 선물을 샀고 주식(기초자산)을 팔았다. 상대적으로 값싼 선물을 매수하고 주식을 매도한 셈이다. 이는 과거에 시장베이시스가 0.3인 콘탱고일 때 주식을 사고 선물을 팔았던 매수차익거래를 청산하는 절차였다.

시중에서 매수차익거래 잔고가 8,000억 원이라고 말하는 것은 보통 이처럼 시장베이시스가 콘탱고 일때 주식을 사고 선물을 팔고 나서 청산을 기다리는 규모가 8,000억 원이라는 뜻이다. 시장베이시스가 백워데이션일 때 선물을 사고 주식을 팔고는 청산시기를 저울질하고 있다면 이는 매도차익거래 잔고에 쌓이게 되는 것이다.

차익거래는 이처럼 기초자산이 동일하지만 상품이 다르거나 만기가 달라 일시적인 가격차이를 통해 수익을 올리는 절차이다. 만일 선물과 합성선물(콜옵션+풋옵션)의 가격차이를 이용, 수익을 거두었다면 이 또한 차익거래가 된다. 선물을 사고 합성선물매도(풋옵션매수+콜옵션매도)하면 '컨버젼', 반대인 경우는 '리버셜'이라고 부른다. 그러나 최근 기관투자가 사이에 차익거래가 활성화되어 이를 통해 수익을 올리는 기회도 크게 줄었다.

베이시스

현물가격과 선물가격의 차이. 정상시장에서 형성된 현물가격과 선물가격 간의 차이를 뜻한다. 선물거래를 할 때 중요한 정보가 되는 것으로, 일반적으로 선물계약 만기일에 다가갈수록 선물가격이 현물가격에 접근하나, 선물시장과 현물시장 간 수급관계에 따라서 다르게 나타날 수도 있다.

이에 따라 발생되는 가격변동의 위험을 회피하거나, 오히려 비정상적인 순간을 포착해 매매차익을 노리는 전략을 세우는 기준으로 활용된다. 곧 위험을 회피하려는 헤저(hedger)와 순간 매매차익을 노리는 재정거래자(arbitrageor) 양쪽에 중요한 판단기준이 된다.

17

프로그램 매매,
증시에 어떻게 영향 미치나

국내 주식시장에서 '프로그램 매매', '베이시스', '백워데이션', '콘탱고' 등의 용어는 더 이상 낯설지 않다.

프로그램 매매란 주식을 대량 거래하는 기관투자가들이 일정한 프로그램에 따라 수십 종목씩(바스켓) 묶어서 거래하는 것을 말한다. 현물 바스켓을 들고 있다가 어느 순간 이 바스켓을 버리고 비슷한 규모의 지수선물을 보유하고 또 다음에는 지수선물을 버리고 다시 현물바스켓을 매수하게 된다.

먼저 프로그램 매매를 쉽게 이해하려면 크게 두 가지만 기억하면 된다.

첫째는 현물시장을 기준으로 만들어진 '프로그램 매수(현물매수+선물매도)'와 '프로그램 매도(현물매도+선물매수)'란 용어를 외워둔다.

가령 프로그램 매수가 이뤄졌다고 하면 현물(주식)시장에 매수세가 들어왔다는 뜻으로 주가 상승을 기대해볼 수 있다. 반대로 프로그램 매도 물량이 많다고 하면 수급요건상 주가가 하락할 위험성이 커졌다는 의미로 해석할 수 있다.

둘째는 그럼 이 프로그램이 어떤 기준으로 돌아가는가를 알아보는 일이다.

언제 현물을 사고 선물을 파는지, 무슨 신호에 맞춰 선물매수현물매도를 하는가에 대한 문제다. 이 기준이 바로 '베이시스(basis)'인데 '선물가격－현물가격', 즉 선물과 현물 가격의 차이를 말한다. 이때 선물가격은 선물지수 현재가를, 현물가격은 코스피200지수를 활용한다.

만약 베이시스가 플러스(+)가 됐다면 선물가격이 현물가격보다 높다는 것인데 이를 '콘탱고(contango)'라고 부른다. 반면 베이시스가 마이너스(－)라고 하면 선물가격이 현물가격보다 낮다는 것으로 '백워데이션(backwardation)'이라고 부른다.

보통 프로그램 매매 기준은 증권사별로 조금씩 다르게 짜여져 있지만 베이시스가 -0.3 이하에서 움직이면(백워데이션 상태) 저평가된 선물을 사고, 고평가된 현물을 파는 프로그램 매도가 이뤄진다. 반면 베이시스가 +0.3 이상 상승하면(콘탱고 상태) 상대적으로 비싸진 선물을 팔고, 싸진 현물을 사는 프로그램 매수가 시작된다.

그렇다면 이런 프로그램 매매를 왜 하는가? 프로그램 매매는 크게 차익거래와 비차익거래로 나뉜다. 차익거래는 베이시스를 이용하는 거래며, 비차익거래는 베이시스와 무관하게 현물바스켓을 매수(도)하는 것이다.

종종 '프로그램 매수(매도)'라는 표현 대신 '매수(매도)차익거래'라는 용어가 쓰이는데 이는 프로그램 매매 중 차익거래만을 한정한 뜻이다. 가령 매수차익거래잔고는 향후 되팔기 위해 사놓은 현물바스켓이라고 생각하면 되고, 매도차익거래잔고는 향후 되사기 위해 팔아놓은 현물바스켓을 의미한다.

그런데 이런 차익거래를 하는 이유는 현물과 선물가격 차이가 충분히 벌어졌을 때 위험없이 수익(무위험 차익)을 거둘 수 있다는 데 있다. 만기일에는 선물가격과 현물가격이 일치하게 되기 때문이다. 반면 비차익거래는 비차익거래란 선물과 연계되지 않고 주식바스켓만을 매매하는 것으로 인덱스펀드의 구성 등에 주로 사용된다.

18

적정포트폴리오
어떻게 짜나

며칠전 대기업에 다니는 고교 동창의 전화가
걸려왔다. 사연인즉슨 아내가 10년 가량 다니던 직장을 그만둬 2,000여만
원의 목돈이 생겼다는 것이다.

사실 이 친구는 몇 년 전부터 주식 투자에 관심을 갖고 있던터라 은행에 넣
어두느니 증권부 기자가 친구로 있겠다 이참에 주식 투자에 나서고 싶다고
했다. 순간 고민이 생겼다.

'모르겠다고 하면 동창회에서 증권부 기자 별 볼일 없다고 할테고, 이것저
것 얘기했다가 손실이라도 보면 나 몰라라 할 수도 없고.'

그래도 후자를 택했다. 그러자 그 친구는 "주식 투자를 통해 손실 위험은 적
지만 투자 수익을 짭짤하게 낼 수 있는 방법이 없을까"라고 물어왔다. 결국
자신에게 맞는 포트폴리오를 짜고 싶다는 뜻이었다.

친구에게 하루만 시간 여유를 달라고 했다. 증권전문가의 조언을 얻기 위
해서였다.

이기헌 대우증권 고객자산운용부장은 "포트폴리오는 그때그때 달라요"라며

미소를 지었다. 이부장은 먼저 자신의 성향과 자금운용 계획에 맞는 투자대상을 찾아야 한다고 강조했다.

한 달 후 결혼자금으로 챙겨뒀던 쌈짓돈을 갖고 연말 배당금을 노린 가치주에 투자한다거나, 첫째아이의 돌잔치 수입(?)으로 학자금 대비용 장기투자를 생각하면서도 테마주 열풍에 합류하는 것은 어리석은 투자라고 지적했다.

이 때문에 이부장은 "내집마련을 계획하고 있는 20~30대라면 3~4년, 아이 학자금을 위한 투자계획을 세운 30~40대는 5~10년, 은퇴 후 노후를 염두에 둔 50대 이상의 투자자는 10~20년 정도를 내다보고 투자를 해야 한다"고 말했다.

이같은 투자 계획에 맞춰 투자하겠다면 업종까지 꼽아줄 수 있다고 했다. 3~4년의 투자 기간을 예상하는 투자자라면 IT, 바이오, 환경 등 성장주를 중심으로 포트폴리오를 짜고 투자계획을 5~10년 가량으로 잡아놓은 투자자는 소위 '가치주'에 투자하는 것이 바람직하다는 설명이다.

기업의 실적 등 본질가치가 안정적인데도 주가가 낮은 주식을 가치주로 꼽는다. 10~20년을 생각한 장기 투자자라면 단연 배당수익을 중심으로 한 포트폴리오 구성이 바람직하다고 권했다. 단순히 배당금을 많이 주는 회사보다는 '투자자금대비 배당금(배당수익률)'이 높은 종목을 중심으로 하는 것을 잊지 말라고 조언했다.

이부장의 설명대로라면 친구에게 잘난척 할 수 있는 해답을 얻은 셈이다. 친구의 아내가 회사를 그만둔 이유도 커가는 아이의 교육 문제 때문이었다. 두번째 경우에 딱 들어맞는다.

친구에게 전화를 걸어 "실적 개선세가 이어지는 종목 가운데 주가가 현저히 낮은 종목을 찾아봐. 시간이 걸릴 수 있지만 한 번 때를 만나면 제값 찾기에 나설 수 있을거야"라고 말했다.

며칠뒤 점심을 같이한 이종우 한화증권 리서치센터장에게도 포트폴리오와 관련된 조언을 부탁했다. 이센터장은 주식시장에서 기업은 가치주, 성장주, 경기관련주, 배당관련주, 현금흐름 우량주, 소형주, 방어주 등 7가지 종류가 있다고 설명했다. 가장 좋은 포트폴리오를 짜기 위해선 이들을 어떻게 배합해 투자할 것인지에 달렸다고 강조했다. 경기관련주, 성장주, 소형주, 방어주는 시장 상황에 따라 투자해야 한다는 것이다.

이센터장의 설명은 이렇다.

경기관련주는 단연 경기가 회복되는 조짐이 보일때 사서 경기회복이 꼭지에 다다랐을 때 파는 것이 가장 바람직하다. 반면 소형주의 주가 흐름은 대부분 오름세를 타기 시작했을 때나 종합주가지수로 보면 정점 부근에 도달했을 때 다시 오른다. 방어주는 물론 다른 주식보다 경기에 대한 내성이 강하기 때문에 시장이 하락세를 보여도 좀처럼 주가가 떨어지지 않는다.

시장 상황에 너무 연연하는 것도 바람직하지 않을 때가 있다. 가치주와 현금흐름이 좋은 우량주에는 지속적으로 투자해야 하고 배당관련 주식은 연간으로 일정 기간 투자에 나설 수 있다는 종목이라는 설명이다.

김영권 삼성증권 포트폴리오운용파트 부장도 성공적인 실전 포트폴리오 투자 종목으로 선정하기까지의 비법을 전수했다.

첫째, 포트폴리오를 구성할(후보) 기업의 경영 내용(비즈니스 모델)과 펀더멘탈을 정확하게 이해해야 한다는 점이다.

둘째, 투자기업의 적정주가를 잘 매길 수 있는 능력을 길러야 한다고 김부장은 설명한다. 적정 주가에 대한 인식 부족으로 실패한 사례로 2000년의 IT 거품 현상 당시의 투자를 들었다.

셋째, 중장기 투자 성과를 쌓음으로써 소위 투자의 진정한 고수가 될 수 있으려면 투자 대상 기업의 중장기 펀더멘탈 변화에 대한 통찰력(Outlook)을 지속적으로 키워 가야 한다고 강조한다.

결국 김부장은 "성공적인 포트폴리오를 통해 중장기적으로 훌륭한 투자 성과를 내는 데는 왕도가 없다"며 "꾸준히 산업과 기업을 살피고 조사하며 적정한 기업 가치를 평가하는 노력과 산업과 기업의 미래 경쟁력의 본질을 통찰해보는 창의성이 성공적 투자의 (느려 보이지만 확실한) 지름길"이라고 강조했다.

우리투자증권의 WM정보팀 박준범 과장도 성공적인 포트폴리오 투자를 위한 조언을 아끼지 않았다.

박준범 과장은 "유연한 자세를 갖는 것이 성공적인 포트폴리오 투자의 지름길이다"라며 "결국 처음에 정해놓은 원칙만을 고집하려 하지 말고 환경과 전망 변화에 따라 포트폴리오 구성 비중과 투자 비중을 조절해야 한다"고 조언했다.

포트폴리오(Portfolio)

주식 투자에서 손실 위험을 줄이고 투자 수익을 극대화할 수 있도록 여러 종목에 분산투자하는 방법을 의미한다. 유동성, 안정성, 예상소득에 대한 기대와 관련된 수익성 등 3가지를 고려해 투자가 이루어진다.

19

세 마녀의 날 투자하기

트리플위칭데이(세 마녀의 날)는 지수선물과 지수옵션, 개별주식옵션 등 세 가지 상품의 동시 만기일을 뜻한다. 매년 네 차례 발생하며 3, 6, 9, 12월의 두 번째 목요일이다. 이날은 최근월물인 선물과 옵션이 만기가 돼 사라지므로 투자자들은 장중 이 상품을 처분하거나 만기가 더 남은 선물(차근월물)로 갈아타게 된다. 물론 장 막판까지 상품을 보유해 자동 청산할 수도 있다. 이 과정에서 선물옵션과 연계된 프로그램 매매가 쏟아진다.

상황이 이렇다 보니 대규모 차익거래 매도물량 출현설, 외국인 저가 매수설, 인위적인 종가 조장 등 시장에는 온갖 풍문이 떠돈다.

그러나 일반적으로 만기일을 앞두고 기관들이 수급에 긍정적인 영향을 미치는 방법은 크게 두 가지다. 보유중인 프로그램 매수 잔고를 그대로 롤오버시키거나 비차익 거래를 통해 보유 선물포지션을 현물로 스위칭시키는 경우다.

따라서 선물과 주식(현물) 가격 차이인 베이시스와 최근월물과 차근월물의 가격 차이인 스프레드 프로그램 차익거래잔액 등 움직임을 예의주시하면 세

마녀의 날 지수 움직임을 어느정도 비슷하게 따라잡을 수도 있다.

앞서 살펴보았듯이 만기일 에는 선물가격과 현물가격이 같아지게 되고 이를 노린 기관투자자들의 프로그램 매매는 지속된다. 만약 기관이 만기일 전까지 매수차익거래 잔액을 차곡차곡 쌓아뒀다면 만기일엔 이를 처분해야 할 우려가 생긴다. 세 마녀의 날 장 마감 동시호가에서 프로그램 매도가 쏟아지고 지수가 추락하는 것은 그 이유에서다.

반대로 만기일 전까지 선물가격이 현물가격보다 낮은 '백워데이션'이 지속돼 싼 선물을 매수하고 주식을 매도하는 매도차익거래가 많이 발생했다고 가정해보자. 만기일 이 잔액이 청산될 때는 오히려 장 마감시 프로그램 매수세로 유입될 수 있다. 이에 따라 만기일에 오히려 지수가 뜰 때도 있다.

즉 만기일 매수차익거래잔고 또는 매도차익거래잔고 물량의 청산 크기에 따라 지수가 출렁일 수 있다는 얘기다. 이 청산여부를 결정하는 데는 최근월물이 차근월물로 이월되는 과정도 살펴봐야 한다. 이는 두 선물간 가격차에 따라 스프레드 거래라는 형태로 나타난다.

연기금이나 투신처럼 주식을 장기간 보유하는 기관은 위험을 줄이기 위해 선물을 매도 하지만 선물만기가 짧기 때문에 꾸준히 차근월물로 갈아타야 한다. 선물포지션이 많이 이월되면 그만큼 프로그램 매도 부담이 작아진다.

또 청산되지 않은 선물 미결제 약정 움직임도 증시에 중요한 변수다. 만기일을 앞두고 미결제 약정이 많다는 것은 선물 포지션이 청산되면서 증시에 충격을 줄 수 있다는 것이다.

이 밖에 외국인은 선물옵션을 다양하게 조합한 대규모 합성포지션을 취하고 있어 매매 형태에 따라 지수방향을 결정할 정도로 집중력을 발휘하는 만큼 주요 관심사다.

실제로 일부 발빠른 투자자들은 트리플위칭데이에 프로그램 매매 전망을 통해 투자전략을 세우기도 한다. 동시호가를 앞두고 프로그램 매도가 나타날 것 같으면 저가 매수에 들어가는 것. 일반적으로 프로그램 매매 종목군은 지수를 쫓아가는 성격이 강해 웬만한 우량주는 모두 포함돼 있기 때문이다. 반대로 프로그램 매수가 대거 유입될 것 같으면 이를 노리고 고가에 매도 물량을 던져놓는다. 정해진 프로그램에 따라 움직이는 기계의 힘을 역이용하는 전략이다.

20

애널리스트 리포트
어떻게 보나

투자는 정보력과 분석력의 싸움이라 해도 과언이 아니다.

증권가엔 시장의 큰 흐름을 좌우하는 물가, 금리 등 거시경제지표부터 각 기업별 재무제표 등 미시경제지표까지 쏟아져 나온다. 정치, 사회, 문화분야의 정보도 많다. 이런 '정보의 용광로'에서 투자자들에게 꼭 필요한 정보를 골라내는 일, 그리고 분석해 투자에 활용하는 일은 그야말로 핵심이다. 투자자들이 개별적으로 하기 힘든 이런 일을 해주는 사람들이 바로 증권사 애널리스트들이고 그들의 산출물이 보고서(report)다.

그러나 현실을 보자. 2005년 8월 기준 증권업협회에 등록된 애널리스트들만 해도 국내외 증권사를 합해 총 814명이다. 이들이 각자의 판단에 따라 매일 쏟아내는 보고서는 모두 제각각이다. 정면으로 배치되는 보고서도 하루에 수십 개씩 쏟아져 나온다. 결국 애널리스트와 보고서를 선택하고 투자를 결정하는 것이 중요한데 이는 전적으로 투자자의 몫이다. 사실 애널리스트들이 처한 현실을 볼 때 왜곡의 가능성은 상존한다. 현명한 투자자만이 애널리스트들의 좋은 분석을 이용할 수 있다는 말이 된다.

○ 애널리스트 '과거'는 신뢰의 잣대

투자전문가들이 권하는 최고의 애널리스트 활용법은 '되도록 직접 만나라' 는 것이다. 사실 보고서에 글을 통해 공식적으로 전달할 수 있는 내용엔 한계가 있다. 특히 주식을 사달라고 '기관 영업'을 해야 하는 것이 국내 증권사 애널리스트들의 현실이다. 치명적인 단점을 알더라도 단호하게 '매도'를 부르긴 힘들다. 증권사로서는 해당 종목을 보유한 기관투자자 등 고객의 눈치를 안볼 수 없는데다가 소송의 위험도 감수해야 하기 때문이다. 굳이 나쁜 점을 까발리기도 부담스럽다.

그러나 만나서 얘기를 하면 비공식적인 정보와 특정 기업의 장단점도 상대적으로 부담없이 거론된다. 고급정보를 얻을 기회가 많다는 말이다. 애널리스트들이 매일 기관투자가들을 찾아다니며 직접 프리젠테이션을 한다는 사실은 똑같은 정보를 가지고도 개인보다 기관투자가들이 더 좋은 수익률을 얻는 현실과 전혀 무관하다고 볼 수는 없을 것이다.

그러므로 개인투자자들도 투자설명회 등을 통해 애널리스트들과 직접 만나도록 노력해야 한다. 그러나 매번 만나기 힘든 개인투자자로서는 일단 보고서를 최대한 면밀하게 분석해야 하는 것이 정도라고 할 수 있다.

최근엔 각 증권사 홈페이지나 메일서비스, HTS를 통해 웬만한 보고서는 받아볼 수 있다. 애널리스트는 보통 업종을 담당하는 분석가를 말하지만 투자전략을 맡는 스트래티지스트, 거시전망을 하는 이코노미스트도 통칭하는 것이 보통이다.

이들이 내놓는 보고서는 크게 '투자전략' 분야와 '업종 및 종목' 분야로 나뉜다. 각 증권사가 매일 '데일리'라는 형식으로 일일 투자전략 지침을 내놓는 것이 대표적인 전략 보고서이다. 부정기적인 '이슈(Issue) 리포트'나 '스팟(Spot) 리포트'도 나온다. 증권사 투자전략팀에선 금리인상, 환율등락 등 거시경제변수의 부침에 따라 어떻게 대응할지 수시로 보고서를 내고 있다. 부문별로 자기 업종을 맡고 있는 애널리스트들은 종목을 직접 고르는 것에 대한 정보를 제공하는 보고서를 낸다. 이 보고서의 핵심은 물론 '목표주가(Target Price)'라고 할 수 있다. 이를 기준으로 '적극매수(Strong buy)', '매수(Buy)', '시장수익률(Marketperform)', '시장수익률하회(Underperform)' 등의 투자지침이 나온다. 업종을 애기할 땐 보통 '비중확대(Overweight)', '시장중립(Neutral)', '비중축소(Underweight)' 등의 용어를 쓰며 섞어 쓰기도 한다. 목표주가와 투자지침은 기업의 재무제표를 바탕으로 현금흐름 할인률(DCF), 주당순이익(EPS), 주가수익비율(PER), EBITDA, ROE 등을 활용해 논리적인 설명을 하고 있다. 복잡한 수식이 동원되지만 결론은 애널리스트가 대상종목의 향후 기업활동의 전망을 얼마나 밝게 보느냐 하는 것이며 동종업계 평균이나 경쟁업체와 비교해, 혹은 다른 투자대상과 비교해 얼마나 수익을 올릴 가능성이 있느냐 하는 점이다. 자세한 내용은 용어를 설명한 장을 참조하면 된다.

○ '강력추천'은 오히려 독이 될 수도, 극단적 의견은 주의

문제는 각자 다른 의견의 보고서들 중에서 어떤 애널리스트가 쓴 보고서를 선택해 참고할 것이냐는 문제다. 그리고 그 애널리스트들의 말을 어떻게 해석할 것이냐 하는 문제다.

애널리스트는 점쟁이가 아니다. 정연한 논리를 가지고 있으면서 예측에 실패하는 경우도 종종 있다. 그러나 '검은 고양이든 흰 고양이든 쥐만 잘 잡으면 된다'는 실용주의적 '흑묘백묘(黑猫白猫)론'이 내포하는 뜻처럼 일단 애널리스트는 잘 맞춰야 한다. 이를 판단할 수 있는 기준은 지난 업적을 보는 수밖에 없다. 공신력 있는 언론사 등에서 선정하는 베스트 애널리스트들도 참고할 만하다. 〈매경 이코노미〉에서는 매년 각 분야별로 정확하게 예측한 애널리스트를 평가해 선정하고 있다.

대부분의 애널리스트들은 자신이 맡은 종목을 짧게는 4~5년에서 길게는 10년 넘게 분석하기 때문에 그 분야에선 대충 '내공'이 알려지게 된다. 가끔은 신망이 높은 애널리스트가 내놓는 한마디에 주가가 춤을 추기도 한다. 보고서는 반드시 사후적인 것이 아니라 사전적인 것으로 볼 수도 있으며 잘 맞춰온 애널리스트들의 말에 주목해야 하는 이유도 여기에 있다.

그러나 극단적인 의견은 되도록 피하는 게 좋다는 것이 중론이다. 특히 코스닥종목의 경우는 분식회계 등을 통해 화려하게 꾸며진 기업의 경우 애널리스트들도 속아넘어갈 수밖에 없기 때문에 보고서만 보고 투자했다가 낭패를 볼 수 있다.

2004년 초 한 유명 인터넷기업의 실적발표 이틀 전 '강력매수(Strong buy)' 보고서를 내놨던 한 애널리스트는 다음날 실적발표 때 해당 기업이 오히려 적자를 기록하자 장문의 '참회록'을 인터넷에 올려 화제가 되기도 했다. 그는 손해를 본 투자자들에게 항의를 많이 받았다며 '기업에서 정확한 정보를 주지 않으면 애널리스트들도 방법이 없다'고 구구절절 사과했었다.

당시 해당인터넷기업은 투자했던 자회사의 실적이 포함되지 않았을 경우 애널리스트의 예측과 비슷한 결과가 나오지만 지분법으로 계산하면 큰 손실로 돌아선 상황이었다. 결국 실적발표 전날까지 해당회사는 자회사 실적을 알리지 않았다는 것이었다.

한 코스닥종목은 지난 2003년부터 2004년까지 무려 2년간 두 명의 대형증권사 유명 애널리스트들이 극단적으로 엇갈린 의견을 제시해 주목을 받았었다. 한쪽은 '매수'를, 다른 한쪽은 '매도'를 불렀는데 '매수'를 부른 쪽은 나중에 ‘강력매수(Strong buy)’로 긍정적 전망을 극대화했고 ‘매도’를 부른 쪽은 반대로 아예 분석대상에서 빼버리는 극한 대립으로 발전했다. 양쪽은 각각 보고서를 통해 상대방을 비판해 더욱 관심을 끌었다.

그러나 이 종목 역시 대주주의 횡령문제가 불거지자 긍정론을 폈던 애널리스트는 보고서를 통해 반성문을 써야 했다. 그는 “사업전망은 좋지만 경영진의 부도덕성을 확인할 방법이 없었다”고 토로했다. 극단적인 의견이 얼마나 위험한지 잘 알려주는 대목이다.

투자자들이 또 주의해야 할 부분은 국내 증시에서 나오는 보고서의 80% 이상이 긍정적인 보고서라는 점이다. 물론 증권사 유니버스(분석대상 종목)가 우량종목 위주인 점 등도 영향을 미치지만 부정적인 내용을 쓰기 힘든 상황도 고려해 해석해야 한다.

애널리스트들은 경제학적인 ‘위험(risk)’과 ‘이익(return)’의 논리에 정통하므로 투자자들은 이를 감안해야 한다는 설명도 있다. 예를 들어 유명한 대형증권사 애널리스트들이 즐비한 상황에서 이들과 똑같은 의견을 내봤자 시장에서 주목도 못받는 것이 소형증권사 신참 애널리스트들의 고민이다. 이 경우 소형증권사 애널리스트들은 확신이 들지 않더라도 눈에 띌 수 있는 ‘소수론’에 무게를 둬 시장의 주목을 끄는 전략을 쓴다는 것이다. 큰 기관의 투자자들이 몇몇 대형증권사 애널리스트들의 보고서만 보는 이유는 여기에 있다.

결국 투자가 확률 싸움이라고 볼 때 과거에도 잘 맞춰온 애널리스트들이 앞으로도 잘 맞출 가능성이 높으며 심지어 시장을 리드할 가능성이 있다는 설명이다. 물론 이는 중장기적인 얘기지 한 번 맞췄다고 계속 맞춘다는 얘긴 아니다. IMF환란을 예고해 ‘칼날 예측’으로 주목받았던 스티브 마빈 분석가는 그 후에도 지속적인 비관론을 폈지만 1997년 이후엔 한국증시가 대부분 양호해 이후엔 주목받지 못했다.

지난 2004년 말엔 도이치 증권에서 당시 시가 40만 원대 중반으로 대부분의 국내외 증권사 목표가가 50~60만 원대였던 삼성전자 주식의 목표가를 30만 원대로 낮춰 큰 반향을 일으켰으나 삼성전자 주식은 2005년까지 40만 원 밑으로는 떨어지지 않았다.

애널리스트 보고서 객관성을 높여라

한국증권학회가 주관하고 매일경제신문사 후원으로 열린 '2005년도 제1차 정기학술발표회'에서 증권사 애널리스트 분석보고서가 사전에 유출돼 주가가 미리 움직였다는 분석결과가 나와 파장을 일으켰다.

김동순 중앙대 경영학부 교수는 지난 2001년 7월부터 2004년 6월까지 국내외 애널리스트들이 84개 비금융기업에 대해 공개한 투자의견과 목표주가 변경 보고서 1만 2,312건을 분석한 결과 이 같이 나타났다고 밝혔다.

분석결과에 따르면 국내 애널리스트들이 목표주가를 높이면 발표일 이전 20일부터, 외국계 애널리스트들이 목표주가를 높이면 발표일 이전 10일부터 주가가 상승했다. 반대로 국내외 애널리스트들이 목표주가를 낮출 때에는 발표일 이전 20일부터 주가가 미리 떨어지기 시작했다. 아울러 투자의견을 상향조정했을 때도 공개일 이전 4일부터, 투자의견을 하향조정하는 경우에는 공개일 전날부터 주가가 앞서 움직였다.

김교수는 이에 대해 "애널리스트들이 자료를 발표하기 이전에 사전정보가 유출되고 있음을 확인할 수 있었다"고 설명했다.

이뿐만 아니라 외국계 애널리스트가 목표주가를 높이면 외국인 투자자들이 지속적으로 주식을 순매수하는 것으로 나타났다. 특히 외국인은 발표일 이전 20일부터 발표일 5일까지 지속적으로 순매수해 지분율을 3.49%포인트 증가시킨 것으로 분석됐다.

한편 증권사 애널리스트가 미공개 분석보고서를 이용해 주식투자에 나서 시세차익을 거두는 등 물의를 일으킨 사건도 있었다. 이와 관련 분석보고서 작성과 공개과정에서 객관성과 투명성이 절실히 요구된다는 지적이다.

21 기술적 분석 기초

주가예측을 위해 사용되는 방법은 크게 봐서 기본적 분석과 기술적 분석으로 나눌 수 있다. 기본적 분석은 기업의 내재가치를 결정하는 요인인 수익성, 성장성, 안정성 등을 추정하는 것으로 배당성향, 주가수익비율, 현금흐름, 자산가치 등이 주요 고려요인이고 이를 통해 산정된 가치를 주가와 비교해 저평가인지 고평가인지를 판단한다.

이와 달리 기술적 분석은 주가와 거래량의 과거 흐름을 분석해 미래의 주가를 예측하는 방법이다. 다시 말해 주가는 수렴과 확장을 반복하고 일정한 추세를 갖고 있기 때문에 과거 움직임으로 현재와 미래의 주가 움직임을 예측할 수 있다는 것이다.

기술적 분석은 과거 자료만 있으면 얼마든지 할 수 있고 기본적 분석처럼 많은 추정이 필요하지 않다. 단기추세와 장기추세 모두 파악할 수 있기 때문에 매수 시점과 매도 시점을 찾을 수 있다는 것이 최대 장점이다. 다음에서는 주식투자를 할 때 반드시 알 필요가 있는 기술적분석 지표들을 알아본다.

기술적 분석의 기본 원리

수급	시장의 가격과 그 움직임은 수요와 공급의 강조에 따라 이루어진다. 수급이 재료에 앞선다.
주가 방향성	시장의 움직임은 일정한 방향, 즉 추세를 형성하면서 진행된다. 추세를 거스르는 투자는 실패한다.
순환	과거의 주가의 형태(투자자들의 행동패턴)는 미래에도 나타날 가능성이 있다. 따라서 예측할 수 있다.

○ 봉차트

기술적 분석은 차트를 이해하는 것부터 시작한다. 가장 먼저 알아야 할 것이 봉차트다. 하루의 주가는 처음 시작될 때의 시가, 장이 끝날 때의 종가, 장중의 고가와 저가로 이뤄져 있는데 봉차트에는 4가지 주가 및 상승, 하락 여부가 모두 들어있다.

봉차트는 일정 기간을 기준으로 시가와 종가를 이용해 주가 변화를 막대로 나타낸 것이다. 이때 그날 종가가 시가보다 올랐으며 양봉(보통 적색), 반대로 시가가 종가보다 내렸으며 음봉(보통 흰색)이라고 한다. 그리고 최고가는 막대 위로 돌출한 선으로, 최저가는 아래로 돌출한 선으로 나타낸다.

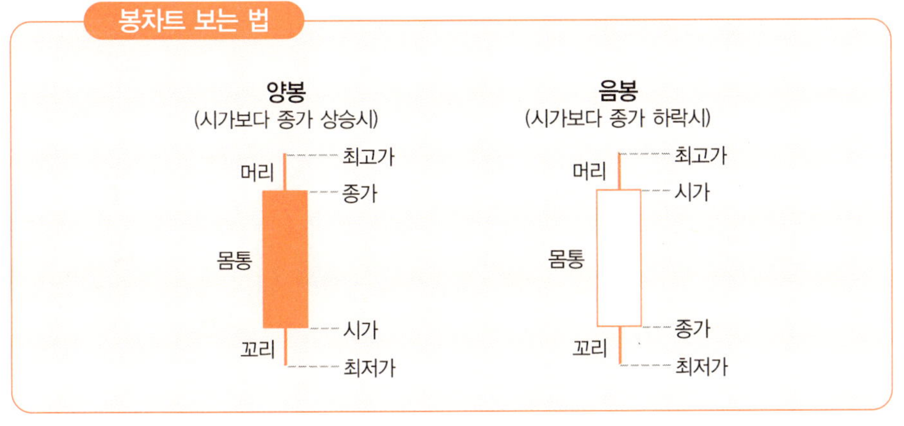

◦ 이동평균선

일정기간의 주가 흐름을 평균해 차트에 나타낸 연장선을 말한다. 평균이 산정되는 기간에 따라 5일선, 20일선 등 단기이용평균선, 75일선 등 중기이동평균선, 150일선, 300일선 등 장기이동평균선으로 구분한다.

작성방법을 보면, 예컨대 5일 이동평균선은 당일 종가를 포함해 최근 5일간 종가를 합한 뒤 5로 나누면 된다. 매일 이동평균선을 계산해서 차트에 표시하면 된다.

이동평균선은 주가의 향배를 보여주는 지표로 활용된다. 단기이동평균선이 아래로부터 위를 향해 장기이동평균선을 돌파하면 강세전환 신호로 골든크

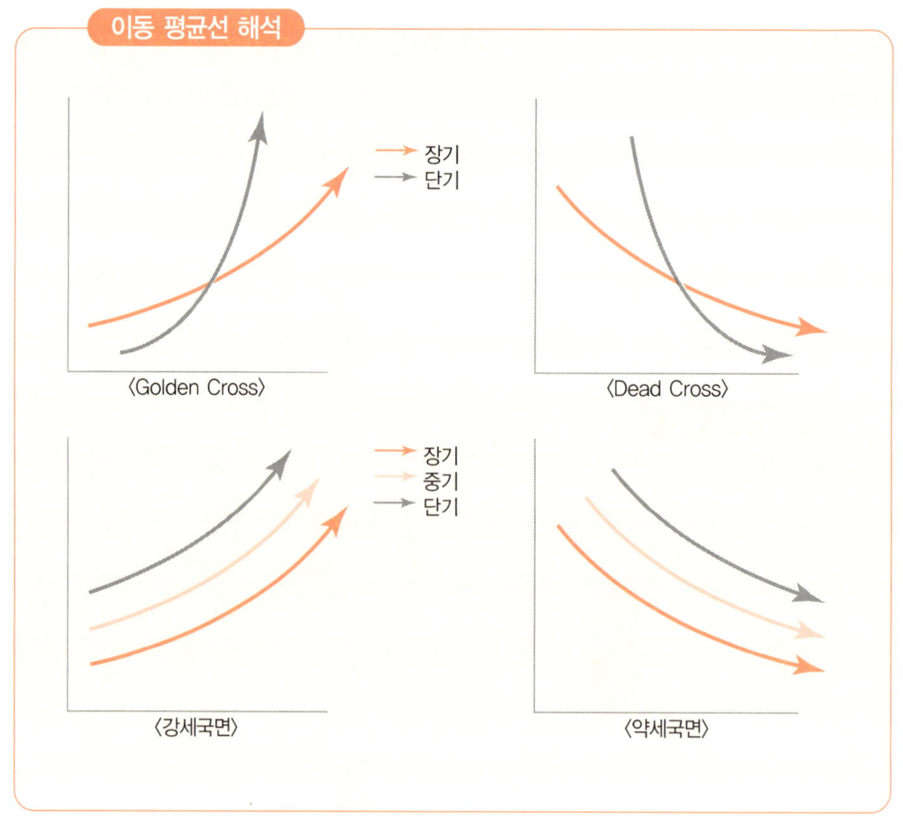

로스(golden cross)라고 한다. 반대로 단기이동평균선이 장기이동평균선을 하향 돌파하면 약세 전환 신호로 데드크로스(dead cross)라고 한다.

또한 위로부터 단기, 중기, 장기 이동평균선이 나란히 상승중일 때는 강세장이, 반대로 나란히 하락중일 때는 약세장일 가능성이 높다.

한편 이격도는 주가가 이동평균선으로부터 얼마나 떨어져 있는지를 나타내는 지표로 주가와 이동평균선이 수렴한다는 전제하에 고안됐다.

이격도=(당일 주가/이동평균선)×100

이격도가 100% 이상이면 주가가 이동평균선보다 높다는 의미이고 100% 이하이면 낮다는 뜻이다.

○ 추세선

주가는 아무런 의미 없이 제멋대로 움직이는 것이 나니라 일정한 추세에 따라 움직이는 경향이 있다. 주가의 흐름을 차트로 보면 마치 파도와 같은 모습인데 파도의 흐름에는 고점과 저점이 있다. 추세선은 주가의 흐름에서 형성되는 이런 고점들이나 저점들을 연결한 직선이라 할 수 있다

추세선 중에 가장 많이 쓰이는 것이 지지선과 저항선이다. 지지선은 주가라는 파도의 저점들을 연결한 선이고 저항선은 고점들을 연결한 선이다.

지지선은 저점들을 연결한 탓에 이 부근 주가에서는 매수 물량이 대거 대기하고 있고 주가가 지지선에 다다르면 주가는 다시 오를 가능성이 높다. 반대로 저항선 부근에는 상승에 대한 부담으로 잠재적인 매도물량이 도사리고 있어 이후 주가가 하락할 가능성이 높다.

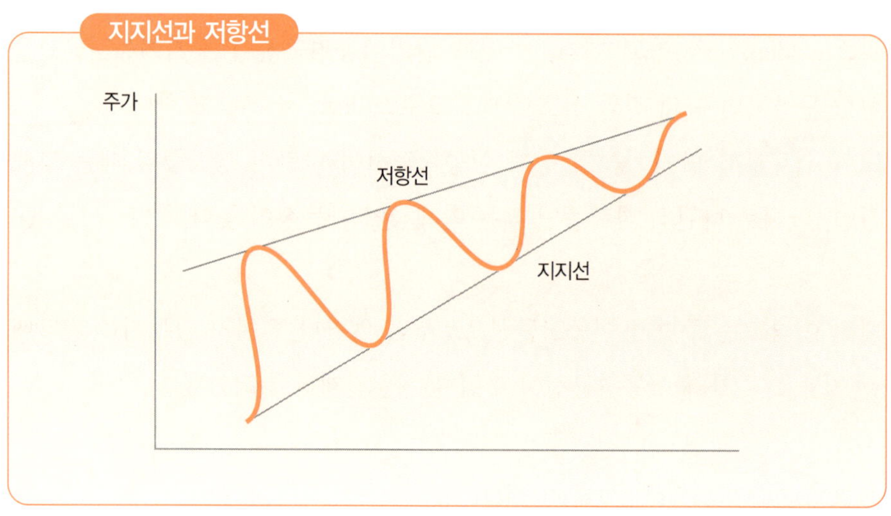

하지만 대량거래를 수반하면서 주가가 저항성을 뚫고 올라갈 경우 새로운 추세가 이뤄질 수 있고 마찬가지로 지지선을 뚫고 주가가 하락할 경우 급락세가 올 수 있다.

● 거래량

기술적 분석의 가장 중요한 대상은 주가와 그 변동에 있지만 이 주가를 움직이게 하는 원동력은 거래량이다. 거래량은 거래의 체결을 통하여 주가의 움직이는 모든 상황들을 반영한다.

거래량은 주가에 대하여 선행성을 띤다. 우선 주가가 저점권에서 장기 횡보 이후 거래량과 변동성이 적은 주식이 거래량이 점점 늘거나 급등할 때 주가 상승 가능성이 크다. 거래량이 점차 늘어 최대에 이를 때 주가는 대개 최고점이나 그 부근에 도달한 것으로 볼 수 있다. 그리고 주가가 상승 후 거래량이 감소했지만 주가가 떨어지지 않으면 재상승할 가능성이 있다.

주가가 최고점 부근에서 하락추세로 전환될 때는 상당한 거래량을 수반한다. 주가가 짧은 시간동안 상당한 폭으로 연속하여 급락할 때 저점권 지지선에서 거래량은 폭증하는 경향이 있다. 그리고 주가의 바닥권에서 거래량의 증가는 상승을 예고한다.

횡보하는 시장은 보통 휴식을 의미하므로 거래량이 가장 적다. 횡보하는 시장이 갑자기 거래량이 증가하면 이는 추세 전환의 강력한 신호이다.

⊙ 투자심리도

투자심리도는 시장을 지배하고 있는 투자 분위기를 파악하는 지표다. 최근 12일간의 기간중에 상승일수가 얼마나 되는지를 백분율로 나타낸다.

투자심리도 = (최근 12일중 상승일수 / 12)×100

따라서 최근 12일 가운데 6일이 상승일이면 투자심리도는 50%, 12일 연속 올랐으면 100%가 된다. 일반적으로 투자심리도가 75% 이상이면 투자분위기가 좋고 매입세력이 지나치게 많은 과열상태로 본다. 투자심리도가 25% 이하이면 침체상태로 해석한다.

PART **4**

펀드투자에서
성공하려면

지금 펀드를 들 것인가 말 것인가.

펀드 가입시기를 묻는 일반 투자자들이 많지만 이에 대한 전문가들의 답변은 '시기를 고민하지 말라' 는 것이다.

기본적으로 펀드투자는 장기투자를 원칙으로 한다. 따라서 주식시장이 앞으로 좋아질 것이라는 기대감만 있다면 펀드를 언제 가입할 것인가는 크게 의미가 없다. 더욱이 적금처럼 매달 얼마씩을 불입하는 적립식 펀드의 경우 주가흐름에 크게 상관이 없다는 것을 유념해두자.

모든 투자와 마찬가지로 펀드투자에도 본인이 생각하는 '눈높이', 즉 목표수익률이 존재한다. 우선 내가 기대하는 목표수익률을 얼마로 할 것인지를 먼저 정하는 게 필요하다. 좋은 수익률을 생각한다면 그만큼 투자위험도 존재한다. 잘못하면 원금을 까먹을 수도 있다는 각오를 해야 한다.

수익률보다는 안전성을 택한다면 보다 보수적으로 운용하는 펀드를 택해야 한다. 펀드 상품은 이러한 투자자들의 입맛을 맞출 만큼 다양하게 나와 있다. 결국 펀드 가입여부와 선택은 자신의 눈높이에 따를 수밖에 없다. 특히 유의할 점은 모든 펀드상품은 원금보장 대상이 아니라는 것이다. 적립식 펀드가 유행하면서 마치 원금이 보장되는 투자상품으로 오해하는 경우가 많지만 원금을 보장하는 펀드는 없다. 펀드는 엄연히 실적에 따라 수익을 얻는 실적배당상품이다. 이 때문에 단기간에 얼마든지 원금 이하로 떨어질 수도 있다.

01

펀드란
- 가입과 환매 가이드

국내 자산운용업법에서 규정하고 있는 '펀드(fund)'에 대한 개념을 보면 '주로 주식, 채권 등 유가증권과 부동산, 실물자산 등에 투자하는 상품'으로 설명된다. '펀드투자'는 바로 이 펀드를 사는(투자하는) 것이라고 생각하면 된다.

종종 "○○은행 적립식 펀드에 가입했어"라는 말을 듣는다. 개인투자자들이 흔히 하는 말이지만 이것은 틀린 말이다. ○○은행은 펀드를 판매하는 판매회사일 뿐이지 실제 상품개발과 운용은 자산운용사의 몫이기 때문이다.

일반적으로 하나의 펀드를 꾸려가는 데는 최소한 3개의 회사가 관여한다. 투자자 모집과 환매 등을 관리하는 판매회사와 펀드의 실제 운용을 담당하는 운용사, 그리고 자금 보관 업무를 맡은 수탁회사 등이다.

현재 판매사는 증권, 은행, 보험사 등이 담당하고, 운용사는 자산운용사가 맡으며, 수탁사는 주로 은행이 담당한다. 따라서 '은행이 판매하니까 안전하겠지' 하는 생각은 금물이다. 판매사가 보다 좋은 상품을 투자자에게 소개하려고 노력하는 건 사실이지만 판매에 대한 수수료를 챙겨가는 곳일뿐 실제 운용은 자산운용사가 담당하기 때문이다. 투자자 입장에선 운용사 선택에 유의해야 한다. 선택의 첫째 기준은 과거 수익률로 장기간 안정적인 추이를 기록한 곳이 좋다.

펀드 가입절차는 은행상품과 크게 다르지 않다. 가입을 결정하고 상품을 골랐다면 신분증과 도장, 투자 자금을 가지고 가까운 증권사나 은행 등 판매사를 찾아가면 된다. 그러나 이 과정에서 종종 문제가 발생한다. 자신이 찾은 판매사가 반드시 원하는 상품을 비치해놓고 있지는 않기 때문이다. 가입 전 해당 펀드 운용사의 인터넷 홈페이지를 찾아보거나 직접 전화를 걸어 판매사가 어느 곳인지를 확인해야 한다.

그런데 급작스럽게 돈이 필요할 땐 어떡해야만 할까. 초보 투자자들은 '혹시 중간에서 해약하면 그냥 내 돈을 다 뺏기는 건 아닌가', '모두는 아니더라도 절반이나 떼어가면 어떡하지' 등 온갖 걱정을 하게 된다.

펀드에서 사용되는 용어는 은행 예금이나 주식 등에서 사용하는 것과 약간 다르다. 같은 개념이지만 쓰이는 용어가 다르기 때문에 투자자를 혼란스럽게 만들기도 한다. 대표적인 예가 '환매'라는 용어다. 일반적으로 은행 정기예금으로 치면 해약이란 개념으로 생각하면 비슷할 것이다. 환매란 펀드 판매사가 고객에게 팔았던 수익증권(펀드)을 다시(還) 사들인다(買)는 의미에서 유래됐다. 판매사 측면에서 만들어진 말이기 때문에 고객 입장에선 다소 헷갈릴 수 있다.

고객 입장에서 보면 구입했던 수익증권을 팔아 현금화하는 것을 뜻한다. 수익증권은 통장을 통해 거래하기 때문에 환매는 출금에 해당하는 부분이다. 본인의 자금사정이나 기타 여러 이유로 펀드에 투자했던 자금을 찾으려면 환매를 요청해야 한다. 환매는 처음 수익증권을 구입했던 해당 판매사를 찾아가 환매 요청을 하면 된다.

그렇다면 펀드 환매는 은행 예금인출과 똑같은가. 그렇지 않다. 상이한 점이 꽤 많다. 따라서 몇 가지 주의사항을 반드시 숙지하고 있어야 한다.

먼저 펀드투자에 있어서는 환매 신청일과 실제 돈을 지급하는 날이 다르다는 점이다.

종종 은행 등 판매창구에서는 "내 돈 당장 빨리 내놔"라는 고객의 격앙된 목소리가 들리는데 바로 이 점에 대한 오해 때문이다. 펀드투자에 있어 환매 신청 당일에 바로 돈을 찾을 수 없다. 따라서 돈이 필요한 날짜를 잘 계산해 환매 신청을 해야 한다. 날짜를 잘못 계산하면 돈을 쓰고자 하는 날에 쓸 수 없거나 하루 차이로 중도환매 수수료를 부과 받을 수 있으니 반드시 조심해야 한다.

특히 펀드 유형에 따라서도 이 시간은 각각 다르다. 주식형인지, 채권형인지, 또는 해외투자 펀드인지에 따라 환매신청 후 실제 돈을 찾는 데 걸리는

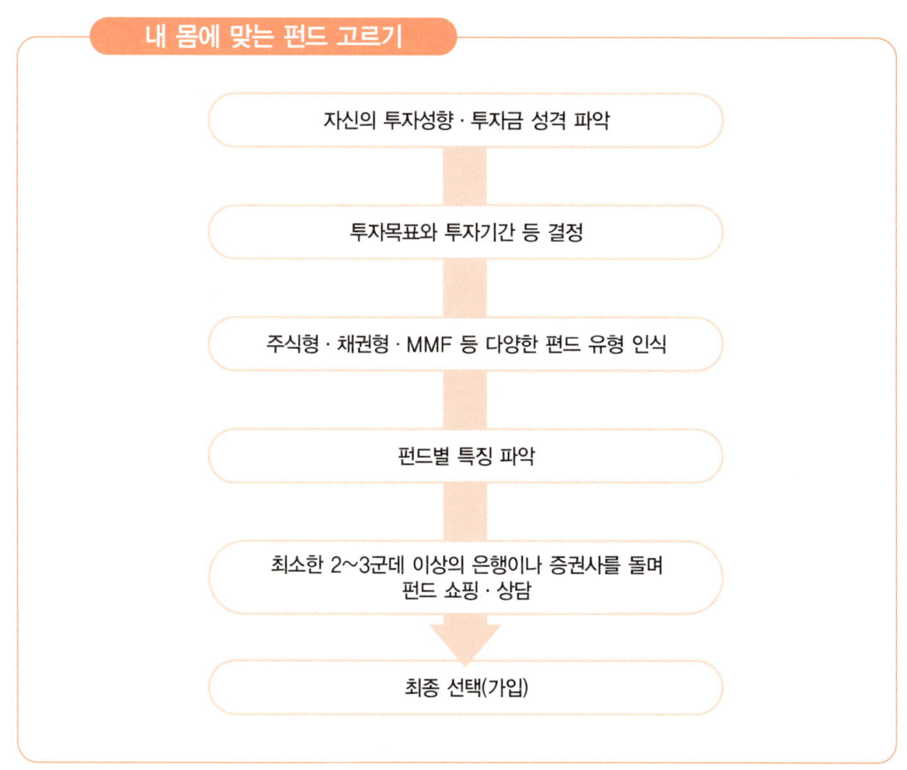

시간에 차이가 존재한다.

머니마켓펀드(MMF)는 환매 신청 당일 돈을 찾을 수 있다. 하지만 채권형 펀드는 환매 신청 후 이틀이 지나야 돈을 찾을 수 있고, 혼합형과 주식형은 사흘이 지나야 돈을 찾을 수 있다.

해외투자펀드의 경우 약관상에 일자가 나와 있으며, 보통 5영업일 이상으로 국내 펀드보다 더 길다. 따라서 해외펀드는 날짜 계산에 더욱 주의해야 한다. 예를 들어 채권형 펀드는 1월 5일 환매 신청을 하면 1월 7일의 기준가로 1월 7일 출금이 가능하다. 하지만 혼합형과 주식형의 경우 같은 날 신청을 하더라도 1월 7일 기준가로 1월 8일 출금되므로 채권형보다 하루 더 걸린다.

또 유의할 점은 펀드 가입 후 일정 기간이 경과하지 않은 상황에서 환매를 신청하면 '중도환매수수료'를 물어야 한다는 점이다. 쉽게 말해 중간 해약에 대한 대가를 지불해야 한다는 뜻이다.

일반적으로 보통 펀드에 가입할 때 중도환매수수료가 부과되는 기간과 금액 등을 확인할 수 있다. 중도환매수수료는 그 성격상 이익금의 대부분을 가져가기 때문에 피할 수 있다면 피하는 것이 좋다.

보통 '90일 미만 환매시 이익금의 70%를 중도환매수수료로 부과한다' 는 게 가장 많은 중도환매수수료 부과 형태다.

펀드 환매는 주식 매도처럼 매우 중요한 의사결정이다. 따라서 명확한 목적과 사유를 가지고 환매를 해야 한다. 특히 앞에서 언급한 주의점은 펀드에만 적용되는 특별한 사항이기 때문에 반드시 기억해둬야 불이익을 피할 수 있다.

02

좋은 펀드 고르는 법
– 이것만은 꼭 살피자

펀드를 가입하려 해도 안정성과 수익성을 겸비한 좋은 펀드를 고르기는 쉽지 않다. 전문가들이 제시하는 펀드선택의 세 가지 기준은 자신의 투자성향과 자금 여력, 투자경험 등이다.

아무리 예상 수익률이 높아도 그에 상응하는 위험을 감수할 수 없다면 낭패를 볼 수밖에 없는 만큼 주식형, 혼합형, 채권형 펀드 등의 위험수준과 자신의 소득수준, 여유자금, 투자기간, 목표금액 등을 종합적으로 고려해 결정해야 한다. 높은 수익률이 실현된다 해도 그 시점에 자금을 운용할 수 없다면 그 또한 소용없는 일이다.

예컨대 투자기간이 1년인 펀드상품을 6개월만에 환매를 할 경우 많게는 이익금의 70%에 해당하는 중도 환매 수수료를 내야 하기 때문에 결국 남 좋은 일만 시키고 마는 셈이다.

자신의 투자경험 또한 간과해선 안 될 기준이다. 투자경험이 별로 없는 상태에서 적극적 성향의 펀드부터 시작하는 것 보다는 처음에는 안정적인 펀드에서 경험을 쌓은 후 점차 투자강도를 높여가는 것이 바람직하다.

구체적으로 종류별로는 목돈 마련을 목적으로 최근 다양하게 시판되고 있는 적립식 펀드를 눈여겨볼 만하다. 적립식 펀드는 정기적금처럼 규칙적으로 일정액을 불입하는 상품으로 주식형과 채권형이 있다.

적립식 펀드는 여러 시점에 나눠 분할 투자하는 정액 분할 투자법에 따라 주식형의 경우 주가 하락기에는 주식비중이 증가하고 주가 상승기에는 주식 비중이 감소하게 된다. 즉 잘못된 시기에 투자자금 전부를 일시에 투자하지 않도록 막아주면서 소액의 자금으로도 투자가 가능하다는 장점이 있다.

또 새로 모집하는 '1호 펀드'를 선택하는 것도 좋은 방법이다. 같은 종류의 펀드 상품이라도 1호 펀드는 대표성 때문에 금융기관들이 더욱 신경을 쓸 수밖에 없다. 비과세 가계 저축 시판초기, 뮤추얼펀드 도입 초기, 근로자 우대저축 도입 초기, 주택청약예금 시중은행판매 확대 초기 부동산 투자신탁 가입자들이 상대적으로 좋은 성과를 거뒀다.

이와 함께 펀드 평가회사의 분석자료를 활용하는 것도 좋은 방법이다. 펀드 평가회사에서는 주기적으로 각 펀드들을 평가해 운용성과가 우수한 펀드를 선정 발표하고 있다. 이때 운용성과는 단순히 수익률로만 평가하는 것이 아니라 위험부담까지도 고려해 평가하게 된다. 아무리 높은 수익률을 올렸다 해도 투자에 따른 위험을 지나치게 부담하고 있다면 결코 좋은 펀드라고 할 수 없다.

펀드를 고를 때 중요한 기준으로 삼을 수 있는 항목을 순서대로 나열하면 다음과 같다.

펀드 운용회사를 선택할 때는 운용사의 특징과 전문 분야를 확인할 필요가 있다. 또 해당 운용사가 과거에 운용한 펀드들이 어떤 결과를 얻었는지를 확인해 가장 우수하다고 생각되는 운용사의 상품을 선택하는 것이 좋다.

펀드매니저를 선택하는 일도 운용사를 선택하는 것만큼이나 중요하다. 자주 자리를 옮기는 펀드매니저, 수익률의 변화가 매우 큰 형태로 운용하는 펀드매니저, 운용펀드가 너무 많은 펀드매니저, 다른 펀드매니저에 비해 운용수익률이 낮은 펀드매니저는 피하는 것이 좋다. 그러나 일반 투자자 입장에서는 이를 판단하는 일이 매우 어렵다.

펀드 운용성과를 판단할 때 유의할 점은 결과 수익률로만 판단해서는 안되고 반드시 비교치로 판단해야 한다는 것이다. 펀드 설립 시기에서부터 현재까지의 수익률 변화 정도, 펀드와 비교대상이 되는 기준(벤치마크)수익률과 비교해서 상대적으로 우월한지를 검토해야 한다.

예를 들어 A펀드는 주식에 100% 투자하고 B펀드는 주식과 채권(채권 수익률 10%)에 각각 50%씩 투자했다고 하자. 종합주가지수가 펀드를 설정할 때에 비해 100% 상승한 덕분에 A펀드는 80%의 수익을 올렸고 B펀드는 50%의 수익률을 올렸다. 수익률로만 판단할 때는 A펀드가 훨씬 우수하다고 할 수 있다. 그러나 실제로 평가해 보면 반대의 결론이 나올 수 있다.

왜냐하면 주가지수가 100% 오른 상황에서 펀드의 수익률이 그에 미치지 못한다면 평균 시장 수익률로도 운용하지 못한 결과가 되기 때문이다. 또 B펀드의 경우 50%의 주식투자에서 무려 45%의 수익률을 얻었으므로 오히려 주식운용은 B펀드가 훨씬 잘한 셈이다. 따라서 펀드를 비교하고 평가할 때

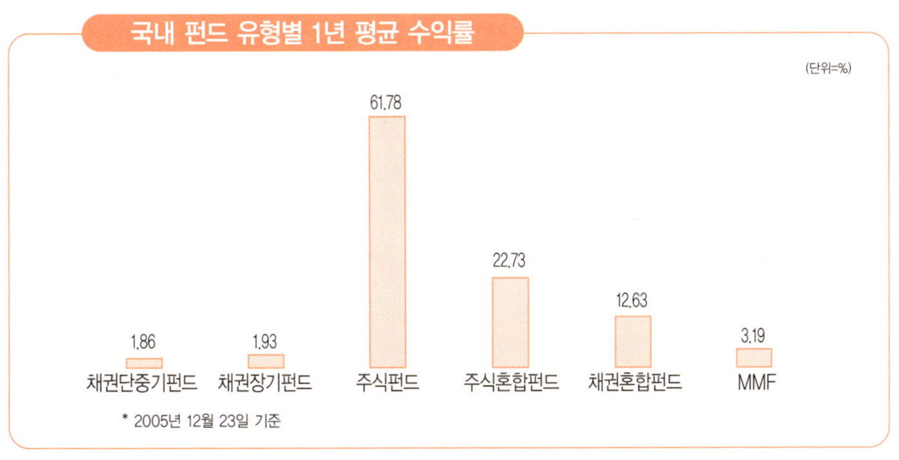

는 같은 유형의 펀드끼리 즉 주식은 주식형, 채권은 채권형끼리 비교하는 것이 원칙이다.

○ 국내펀드 수익률

주식형 수익률상위 5개 펀드

(단위: 억 원, %)

펀드명	운용사	설정일	설정액	1개월	3개월	1년	설정일 이후	MRAR
삼성우량주장기투자신탁*	삼성투신운용	20041201	125	20.74	27.62	58.61	57.64	0.44
동양모아드림적립식주식 1	동양투신운용	20041006	350	20.47	29.13	71.26	72.89	0.61
미래에셋디스커버리주식형	미래에셋자산운용	20010706	4,315	19.94	29.62	83.07	388.17	0.74
가족사랑짱적립식주식K- 1	대한투신운용	20031229	175	19.50	26.95	57.89	52.63	0.49
KB스타적립식주식 1	KB자산운용	20030103	166	19.34	28.81	63.70	114.50	0.56

*2005년 12월 2일 기준 1년수익률

대형성장형 수익률상위 5개 펀드

(단위: 억 원, %)

펀드명	운용사	설정일	설정액	1개월	3개월	1년	설정일 이후	MRAR
미래에셋디스커버리주식형	미래에셋자산운용	20010706	4,315	19.94	29.62	83.07	388.17	0.74
가족사랑짱적립식주식K- 1	대한투신운용	20031229	175	19.50	26.95	57.89	52.63	0.49
KB스타적립식주식 1	KB자산운용	20030103	166	19.34	28.81	63.70	114.50	0.56
한일TRUE VALUE주식 1	한일투신운용	20020617	115	18.35	24.24	50.11	83.16	0.44
KB스타레드성장주식 1	KB자산운용	20021104	157	18.31	27.06	61.16	99.33	0.53

배당형 수익률상위 5개 펀드

(단위: 억 원, %)

펀드명	운용사	설정일	설정액	1개월	3개월	1년	설정일 이후	MRAR
클래스원배당60주식 1	대한투신운용	20030523	1,527	12.27	25.41	58.77	118.14	0.53
골드비과세KOSPI50Select배당장기주식	한화투신운용	20040921	466	10.88	19.86	59.58	64.68	0.54
마이다스블루칩배당주식 C	마이다스에셋자산운용	20041019	5,791	9.94	20.72	58.56	66.72	0.53

펀드명	운용사	설정일	설정액	1개월	3개월	1년	설정일 이후	MRAR
미래에셋 3억만들기배당주식 1	미래에셋투신운용	20040921	3,699	9.05	18.26	71.45	77.43	0.65
부자아빠비과세장기배당인덱스주식M- 1	한국투신운용	20030805	193	8.86	15.29	38.30	80.93	0.33

해외주식형 수익률상위 5개 펀드

(단위:%)

펀드명	설정일	1개월	3개월	1년
메릴린치 – 월드금융주펀드	20000303	15.13	11.42	21.14
슈로더 – 라틴 아메리카 펀드	19980716	11.12	22.40	68.95
피델리티 – 이머징마켓펀드	19931018	10.41	14.21	42.16
메릴린치 – 월드골드펀드	19941230	10.17	24.82	10.39
HSBC 인도주식형	19960229	10.13	6.19	37.64

*기준일은 2005년 12월 1일.
*MRAR은 절대수익률 수치에 펀드가 기록한 과거수익률 변동성을 고려한 위험조정 수익률을 뜻함.
*자료=모닝스타코리아

03

펀드를 움직이는 사람들

촉망 받는 펀드매니저 K의 일과는 오전 5시 30분에 시작된다. 자신이 사는 아파트 주변 도로를 30분 가량 뛰고 샤워를 하고 나면 정신이 맑아진다.

6시 30분. 곧바로 집에서 뉴욕증시를 확인한다. 큰 폭으로 올랐다. 국내 증시도 상승이 예상된다.

그는 곧바로 여의도 회사에 출근해 컴퓨터를 켠다. 이때부터 바쁜 시간들이 이어진다. 이메일을 체크하고 각종 리포트와 경제분석 보고서를 꼼꼼히 읽는다. 이후 오늘의 펀드 운용전략을 확정하고 어떤 종목을 어떤 가격에 얼마나 살지 최종 결정을 해야 한다.

끊임없는 투자결정과 종목선택의 순간이 반복된다. 펀드매니저간의 회의가 이어지고 때론 외부 애널리스트를 초청해 마음에 둔 종목을 다시 한 번 점검한다. 절대 긴장감을 늦출 수 없다. 펀드매니저 혼자서 수천억 원의 자금을 굴리는 막강한 파워를 가졌기 때문이다.

피 말리는 주식시장이 마감되고 시간외 매매까지 끝나면 다시 기업분석을 위한 준비에 나선다. 정확히 '돈 버는' 주식을 사기 위해선 뭣보다 철저한 기업분석이 생명이라는 점은 아무리 강조해도 부족함이 없다.

펀드매니저는 자산 운용사에서 펀드 자금운용을 맡는 전문가이다. 펀드매니저는 펀드를 움직이는 사람들 가운데 대표적인 주체다. 뭉칫돈(펀드)을 주식, 채권 등에 투자해 수익을 내는 게 이들의 이익이다.

펀드는 보통 손실위험 회피를 위해 주식이나 채권 등으로 나누어 운용된다. 주식은 주식 펀드매니저가 담당하고, 채권은 채권 펀드매니저가 담당해서 각자의 주식과 채권을 사고 팔게 된다. 이 가운데 주식은 가격변동이 워낙 심해 고난도의 기술이 요구된다.

펀드매니저들은 한 사람이 몇 개의 펀드를 운용하기도 하고 하나의 펀드에 여러 명의 펀드매니저들이 팀제 형태로 참여하기도 한다. 운영되는 펀드 별로 수익률은 다를 수밖에 없는데, 펀드의 투자대상 및 펀드를 운용하는 펀드매니저의 능력에 따라 수익률에 차이가 생기게 된다. 단 며칠만에 몇 십억 원의 이익을 볼 수도 있고, 반대로 수십억 원의 손실을 볼 수도 있다. 수천억 원에 이르는 펀드가 펀드매니저의 손 하나에 의해 좌지우지되는 것이다.

실제 주식을 직접 매매하는 전문인력을 트레이더라고 한다.

펀드평가사도 있다.

펀드는 복잡한 수익구조와 계산방식 때문에 정확한 수익률을 따지기 어렵다. 펀드매니저들이 직접 펀드 수익률을 계산할 수도 없다. 펀드평가사는 수익률을 평가하는 채널이다. 1개월 펀드 수익률이 얼마나 되는지, 1년 수익률은 몇 %에 달하는지를 객관적인 방식으로 계산해낸다. 펀드평가가 중요한 이유는 펀드를 판단할 수 있는 지표를 만들어내기 때문이다.

펀드 판매는 다양한 채널에서 가능하다.

증권사뿐만 아니라 은행 창구에서도 펀드에 가입할 수 있다. 앞으로는 보험설계사의 펀드판매도 허용되고 자산운용사가 직접 펀드를 판매하는 방법도

가능할 전망이다.

펀드를 운용하는 자산운용사가 같다면 펀드 수익률은 동일하다. 마치 라면은 라면회사에서 만들지만, 판매는 마트나 슈퍼, 편의점 등에서 판매하는 것과 같은 이치다. 마트에서 산 A사 제품이나, 슈퍼에서 A사 제품이나 같은 제품이다.

하지만 질적인 서비스나 사후관리는 달라질 수 있다. 펀드 판매의 가장 중요한 기능은 사후관리에 있다.

펀드 성과는 양호하게 지속되고 있는지, 부당한 운용을 하고 있지는 않은지, 운용사나 펀드매니저 등 조직이나 인력상의 문제점은 없는지 등을 투자자 대신 판매사가 모니터링해주고 그 결과를 투자자에게 지속적으로 제공해줄 수 있어야 한다는 것이다. 투자자와 지속적인 상담을 통해 자금 배분을 조정하거나 환매시점에 대한 의사결정을 도와줄 수 있다. 하지만 지금까지

주요 주식형 펀드 종류와 특징

펀드 종류	투자 대상	2004년 연간 수익률	투자 포인트
배당주 펀드	배당 성향 높은 고배당주 투자	23~28%	주가 하방경직성이 높고 배당수 확보를 통한 안정성 확보
가치주 펀드	내재가치 높은 주식 집중 투자	17~20%	장기 투자에 적합. 급등락을 반복하는 시장 상황에서는 다소 비탄력적
공모주 펀드	채권투자 위주 운용, 공모주 일부 편입시킴 (채권형 펀드 성격 강함)	6.2%	채권투자 안정성과 공모주 수익성 겨냥, 공모주 편입 효과 극대화하기 위해 규모 작은 펀드 유리
인덱스 펀드	시장 수익률 따라가기 위해 지수 종목군에 투자	10%	주가 대세 상승기에 적합, 하락기에는 리버스인덱스 펀드로 대응
대항주 펀드	시종 상위 종목 등 블루칩 위주 운용	3~5%	일부 배당효과 노릴 수 있고 상대적 주가 안정 효과도 누릴 수 있음
코스닥 펀드	코스닥 종목 20~90% 투자	-5%	변동성 큰 코스닥 종목 성장성 반영, 대부분 코스닥 편입비 50% 미만 설정

펀드 판매과정에서는 이러한 사후관리와 투자의견 조정 등의 과정이 적극적으로 진행되지 못했다.

펀드 이렇게 굴리자

1. 펀드운용사가 신경쓰는 대표상품을 골라라.
   - 새로 모집하는 '1호' 펀드를 선택하라.
2. 펀드도 포트폴리오 투자가 필요하다.
   - 한 펀드에 자금을 몽땅 쏟아붇지 말고 안정형과 성장형을 섞어라.
3. 운용규모가 갑자기 줄면 의심하라.
   - 자금이 빠지는 펀드는 수익률도 나쁠 우려가 있다.
4. 수수료 등 비용을 따져봐라.
   - 장기투자일수록 운용수수료와 판매수수료가 싼 펀드를 골라라.
5. 펀드평가회사의 분석자료를 검토하라.
   - 기간별 수익률 등 펀드에 대한 종합평가를 참고하자.
6. 최소한 2~3곳 은행이나 증권사를 찾아 상담하라.
   - 판매회사마다 펀드상품이 다르다. 설명을 듣고 펀드를 고르자.
7. 가입 후 급한 자금이 필요하면 일부 환매제도를 활용하라.
   - 펀드에 부은 돈을 전부 찾을 필요가 없을 때는 일부만 찾아 쓰자.

내 펀드 수익률 계산하기
– 펀드통장 보는 법

일선 판매 창구에선 "왜 통장만 주고 수익증권은 안 줘요?"라는 고객들의 항의를 받는다고 한다.

주식을 사고 팔 때 이를 직접 주고 받는 것이 아닌 것처럼 수익증권도 직접 거래하지 않고 수익증권통장(펀드통장)을 이용하게 된다. 초보자들에겐 이 펀드통장을 보는 게 익숙하지 않다.

자신의 펀드가 사놓은 주식바스켓 가격(기준가)과 보유량(좌수) 개념을 통해 직접 투자수익률을 구할 수 있지만 편하게 판매창구에 문의하면 된다.

일부 펀드투자자는 매일 매일 통장을 찍어보며 변화된 수익률을 확인하지만 펀드전문가들은 "수익률 체크도 좋지만 일희일비하는 자세는 바람직하지 않다"고 조언한다. 펀드 종류에 따라 돈을 오늘 입금시키더라도 매수되는 시기가 조금씩 다르기 때문이다.

일반적으로 펀드 유형은 투자자산 비율에 따라 채권형, 혼합형, 주식형 등으로 나뉘는데 이들 채권형, 혼합형, 주식형은 당일 기준가가 아니고 다음 날 기준가(당일 종가)로 좌수가 결정된다. 즉 채권형 · 혼합형 · 주식형펀드는 오늘 가입신청을 하더라도 실제 좌수는 다음날 기준가를 바탕으로 다음날 아침에 결정되는 것이다.

그렇다면 펀드통장에서 펀드 수익률은 어떤 형식으로 나타날까?

요즘 펀드통장의 유형이 워낙 다양해서 일부 통장에는 수익률이 함께 표시될 수 있지만 대부분 펀드통장에는 수익률이 명시되어 있지 않다. 좌수와 펀드가치(현재가)만이 기록돼 있을 뿐이다. 따라서 수익률을 구하려면 그 동안 자신이 부은 돈(적립한 돈)과 현재 펀드 가치(=잔고좌수×기준가/1,000)를 비교하면 된다.

그리 어렵지 않은 과정이다. 기준가만 알고 있으면 손쉽게 내 펀드의 수익률을 알 수 있다.

먼저 수익률을 구하고자 하는 기간을 정한다. 예컨대 2005년 9월 1일부터

펀드명: 바이코리아나폴레옹주식2-1호		운용회사: 푸르덴셜자산운용		
계좌번호 70047639-**-***	펀드코드 51801		개설일자 2004/06/04	계좌구분 자유적립
환매수수료 90일	만기일자 2005/06/04 판기후납입시		판기일 1개월 자동연장	
거래일자/적요	맡기신 금액	찾으신 금액	평가금액/(수익증권 좌수)	처리점/비고
2004-06-23 신통장 재발급			₩193,719 (230,105)	영업부
2004-07-19 예약입금	₩200,000 홍길동		₩392,367 (469,343)	영업부
2004-07-26 자동대체	₩200,000 출금계좌 70043676-30-001		₩592,944 (708,229)	영업부
2004-08-26 자동대체	₩200,000 출금계좌 70043676-30-001		₩824,312 (935,113)	영업부
2004-09-30 자동대체	₩200,000 출금계좌 70043676-30-001		₩1,045,362 (1,156,348)	영업부
2004-10-26 예약입금	₩200,000 홍길동		₩1,219,310 (1,383,237)	영업부

11월 30일까지 3개월이라고 가정하자. 그 다음에는 초일 기준가(9월 1일)와 말일 기준가(11월 30일)를 파악한다. HTS(홈트레이딩 시스템)이나 인터넷, 전화 등을 통하면 기준가를 확인할 수 있다. 이제 공식에 대입하자.

여기서 계산된 수익률은 9~11월 3개월간의 수익률이다. 따라서 은행상품 등에서 표기되는 연이율과 비교하려면 여기에 (365/경과일수)를 곱해야 한다. 하지만 엄밀한 의미에서 이 때 구해지는 연 환산수익률은 은행 정기예금이 제시하는 연 이자율과는 전혀 다른 개념이다.

이 밖에 펀드 수익률 계산시 고려해야 하는 중요한 부분이 있다. 바로 분배율 문제다. 분배율이란 펀드가 거둔 수익을 연간 결산할 때 고객에게 현금 등으로 돌려주는 비율을 뜻하는데 주식투자의 배당금으로 생각하면 된다. 보통 펀드의 연간 결산에서는 해마다 펀드 기준가를 1,000원으로 떨어뜨리는 방법을 취한다. 매 해 기준가를 1,000원으로 조정하는 대신 그 해 기준가 증가분만큼 투자자의 좌수를 늘려주는 형식이다.

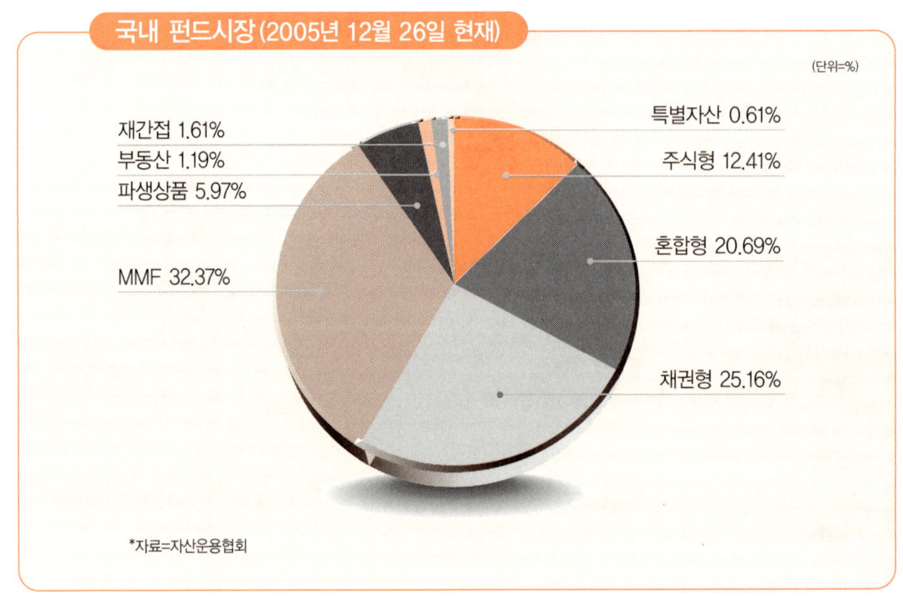

가령 기준가 1,090원인 펀드를 생각해보자. 운용사는 결산 작업을 통해 기준가를 1,000원으로 떨어뜨리는 대신 좌수를 늘려준다. 여러분이 기준가가 2,000원, 3,000원 하는 펀드를 쉽게 접하지 못한 것도 이 때문이다.

따라서 펀드통장을 보고 자신의 수익률을 계산할 경우 늘어난 좌수를 고려해야 한다. 이는 곧 분배율만큼 더해주어야 한다. 조금 어려울지도 모르겠다. 여하튼 이것만은 기억하자. 분배율을 고려하지 않고 펀드수익률을 계산했다면 여기엔 분배수익이 들어있지 않으므로 여러분의 진짜 수익률은 이보다 더 높을 것이라고 생각하면 된다.

05

적립식투자펀드
수익구조/달러 코스트 애버리징이란?

가정 주부 L씨는 적립식 펀드의 신봉자가 됐다.

적립식 펀드의 수익구조가 갖는 장점 '달러 코스트 애버리징 효과(평균 매입 가격 하락: Dollar Cost Averaging)'에 대한 확신이 섰기 때문이다.

그러나 종합주가지수가 상승세를 달려도 여전히 주식투자를 하지 않는 일반인의 박탈감이 크다. 대부분 이제라도 주식을 사야 하는 것인지 쉽게 판단이 서지 않는다. 당장 주가 곡선이 꺾여버릴 것 같은 불안감이 가시질 않는다.

적립식 펀드도 마찬가지다. 조금 더 지켜보는 게 좋을지 아니면 더 늦기 전에 투자를 시작해야 하는지 헷갈린다.

이에 대해 L씨의 대답은 명쾌하다. '당연히 적립식 펀드에 가입해야 한다'는 주장이다. 적립식 펀드에는 달러 코스트 애버리징 효과라는 '마술'이 작용하고 있기 때문이라는 것이다.

이 효과는 주가가 빠질 때는 가격이 싼 만큼 같은 돈으로 주식을 더 많이 사고, 주가가 오르면 더 적게 사게 된다는 게 주된 골자다. 결국 시간이 지나면 평균 매입가격이 갈수록 낮아지게 된다. 비용을 평균화한다는 말인데 그만큼 위험을 분산시킨다는 의미도 된다.

예를 들어 주가가 8만 원일 때는 40만 원으로 5주밖에 사지 못하지만, 주가가 6만 원으로 떨어지면 6주를 사고도 4만 원이 남는다. 주가가 빠지면 주식을 더 싸게 더 많이 살 수 있어서 좋고 주가가 오르면 주식을 적게 사는 대신 이익이 늘어나니까 좋다. 평균 매입가격은 계속 떨어지게 돼있고 장기적으로 주가가 평균 이상으로 올라주기만 하면 결국 이익이 난다는 이론이다.

이 때문에 주가에 대한 확신이 서지 않을 때도 적립식 투자는 얼마든지 가능하다. 특히 한꺼번에 240만 원을 집어넣는 게 아니라 한 달에 20만 원씩 12개월로 나눠 넣는 방식이기 때문에 투자 시점은 크게 의미가 없다.

12개월 평균 가격보다 주가가 더 오르기만 하면 수익을 낼 수 있다. 가장 싸게 살 수는 없지만 적어도 너무 비싸게 사는 위험을 피할 수는 있다. 결국 적립식 투자는 소극적인 투자기법인 것처럼 보이지만 주식을 싸게 사는 가장 안전하고 확실한 방법이라고 할 수 있다. 핵심은 목돈을 모아서 한꺼번에 쏟아 부으려고 하지 말고 푼돈이라도 그때 그때 집어넣고 장기적으로 때를 기다리라는 것이다. 기계적으로 돈을 집어넣는 게 관건이다.

적립식 투자를 한다면 당장 다음달에 주가가 빠지거나 오르는 건 전혀 신경

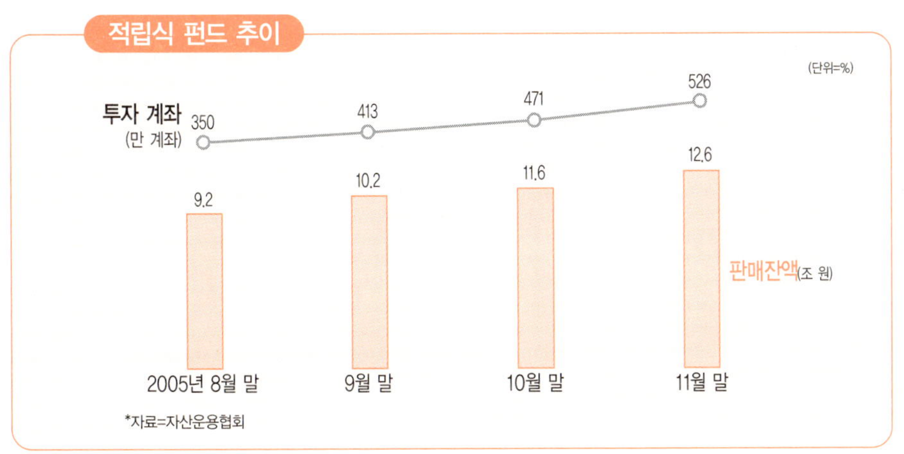

쓸 이유가 없다. 굳이 다음 달까지 지켜보고 판단할 이유도 없다. 장기적으로 주가가 오를 거라고 본다면 하루라도 빨리 뛰어드는 게 무조건 이익이다. 물론 바닥에서 사서 꼭대기에서 파는 것이 가장 좋다. 그러나 아무도 바닥과 꼭대기를 정확히 찍어낼 수 없다는 데 문제가 있다.

다만 주가가 형편없이 망가진다면 애기는 달라진다. 주가 폭락기에는 적립식 펀드도 어쩔 수 없다. 달러 코스트 애버리징 효과도 기대하기 어렵다는 것이다. 달러 코스트 애버리징 효과를 반드시 적립식 펀드가입을 통해서만 얻을 수 있는 것은 아니다.

기존의 주식형 펀드와 같은 개방형 펀드의 경우 언제든지 추가매입이 가능하므로 투자자가 정기적으로 분할 투자한다면 그런 효과를 기대할 수 있다. 중요한 것은 투자자가 얼마나 의지를 가지고 꾸준하게 펀드에 일정금액을

적립식으로 장기투자할만한 유망종목 10선

증권사	증권사별 추천 유망종목
대신증권	현대모비스, 국민은행, 현대차, 우리금융, 삼성증권, 삼성전자, LG필립스LCD, 삼성중공업, POSCO, SK텔레콤
대우증권	KT, 현대차, 국민은행, 삼성전자, POSCO, 현대중공업, 한전, 신세계, 대우증권, 유한양행
동양종금증권	삼성전자, 한전, POSCO, 국민은행, SK텔레콤, 현대차, KT, S-Oil, KT&G, LG석유화학
메리츠증권	SK, 대우증권, 국민은행, 농심, 삼성전자, LG필립스LCD, 현대차, 현대중공업, POSCO, 신세계
미래에셋증권	하이트, 농심, 현대차, 현대모비스, 한전, 국민은행, 신세계, 현대하이스코, 제일모직, 한미은행
삼성증권	현대중공업, 삼성SDI, 현대건설, LG, 제일모직, 삼성전자, 한전, 국민은행, POSCO, KT
우리투자증권	LG생명과학, NHN, 삼성SDI, POSCO, 제일모직, 삼성전자, 한전, 현대차, SKT, 우리금융

*일부 종목의 경우 해당 증권사 전체 견해와 일치하지 않는 경우도 있음

납입할 수 있느냐 하는 것이다.

반대로 목돈을 한꺼번에 집어넣는 거치식 투자는 투자 시점이 중요하다. 아무리 좋은 펀드를 골라도 마찬가지다. 주가가 한참 떨어졌다가 바닥을 치고 오를 때 치고 들어가는 것이 관건이다.

주요 인덱스 펀드 수익률 현황

(단위 : 억 원, %)

펀드명	운용사	설정액	순자산	설정일	1개월	3개월	6개월	9개월	1년
한국부자아빠인덱스파생상품	한국운용	113	168	20020129	6.28	16.31	37.56	42.69	61.16
CJ Vision포트폴리오인덱스파생상품주식1	CJ	93	106	20011008	6.48	16.79	37.77	42.70	60.30
Pru인덱스FREE파생상품 1	푸르덴셜	82	116	20020603	6.25	15.61	36.68	41.05	59.24
Big&Safe인덱스주식03- 1	CJ	57	79	20010625	6.30	16.24	37.14	41.49	58.17
유리인덱스200주식파생상품투자B	유리	153	218	20010306	5.97	15.31	35.82	39.64	58.20
한국부자아빠엄브렐러인덱스파생상품A- 1	한국운용	539	688	20030715	5.71	15.64	35.41	39.64	58.19
삼성인덱스프리미엄파생상품	삼성	331	414	20010911	6.18	15.40	35.82	40.08	57.71
미래에셋 3억만들기좋은기업주식K- 1	미래에셋(투)	8,137	12,270	20040102	3.24	14.72	34.84	37.48	56.59
삼성인덱스알파파생상품 1	삼성	295	336	20031007	6.19	15.42	35.25	39.51	56.88
GallopKorea인덱스파생상품V- 1	대한	304	411	20020308	6.28	15.95	35.65	39.47	56.72

* 기준일은 2005년 12월 26일
* 자료=한국펀드평가

06

부동산 투자도
펀드로 할 수 있다?

2003년 국민의 정부가 들어선 이후 증시는 몇 번의 부침이 있었지만 부동산 시장은 정부의 강력한 '집값 잡기' 의지에도 불구하고 꾸준한 상승세를 보였다. 특히 2005년 봄부터 판교개발을 테마로 강남과 분당, 과천을 중심으로 시작된 부동산 가격 급등이 전국적으로 확산되는 모습을 보이자 '부동산 대란'이라는 표현까지 나왔다.

2005년 8월 국내 증시가 종합주가지수 사상 최고치 경신을 눈앞에 두고 강력한 오름세를 보이고 있을 때도 '원금 손실 위험이 거의 없는' 부동산 투자에 더 큰 관심을 두었던 투자자들이 적지 않았다.

이런 상황에서 2004년 6월 처음 등장했던 부동산펀드는 당분간 투자자들의 관심을 꾸준히 받을 것으로 보인다. 은행 예금보다 두 배 이상 높은 수익을 얻을 수 있다는 점이 부각되고 있기 때문이다.

기본적으로 부동산펀드는 부동산이나 부동산 관련 대출채권 등에 투자하는 상품이 대부분이다. 금융감독원에 따르면 간접투자자산운용업법 시행 이후 새로 도입된 부동산펀드는 2005년 6월 말 현재 총 106개로 운용자산 규모는

2조 3,632억 원에 달하는 것으로 나타났다. 이 규모는 2004년 말에 비해 두 배 가량 많은 것으로 이 가운데 부동산개발 시행사에 자금을 빌려준 뒤 분양대금 등으로 자금을 회수하는 대출형 상품이 1조 8,023억 원(76.3%)으로 대부분을 차지하는 것으로 알려졌다.

일단 부동산펀드의 인기는 은행금리나 채권형 펀드의 수익률보다 고수익을 추구할 수 있다는 데 기초하고 있다. 투자대상이 우량 물건이고 안전장치가 확실할 경우, 저위험 고수익을 노릴 수 있기 때문이다.

실제 상품의 예를 보자.

2005년 7월 인기리에 판매됐던 M증권사의 부동산펀드는 가장 일반적인 상품이었다. 이 펀드는 명동에서 쇼핑몰을 운영하고 있는 한 업체의 주차빌딩과 이 회사가 수원에 보유하고 있는 쇼핑몰 빌딩 일부의 지분을 담보로 금융기관의 대출채권을 매입해 설정됐다. 펀드투자기간은 2년 6개월이고 펀드 만기 기간은 3년, 목표 배당 수익률은 연 7.8%로 분기마다 지급되는 상품이었다.

이 증권사는 직접 주차장을 매입해 운용하는 대신 대출에 대한 이자로 수익을 내는 방식을 택해 180억 원의 자금 모집을 단 하루만에 성공했다. 이 쇼핑몰 업체 입장에서는 부동산펀드를 통해 보다 유리한 금리로 자금을 조달, 서울 신촌 역사에 새로 건설하는 쇼핑몰과 명동 쇼핑몰 운영 관련 자금을 마련해 서로 '윈윈 게임'이 된 셈이다.

M증권사 관계자는 "은행금리 보다 목표 배당수익률이 높은데다 자금을 조달한 회사가 갚을 돈을 연체하더라도 해당 물건을 확보할 수 있는 안정장치가 돼 있다는 점에서 이 상품이 큰 인기를 끌었다"고 성공요인을 분석했다.

2005년 초에는 부동산 경매 펀드가 등장해 10분만에 1,000억 원이 몰려 인기를 끌기도 했다. 경매 펀드는 증권사가 투자자의 자금을 모집하고 부동산 전문가들이 경매와 공매 물건을 선택해 운용한 뒤, 발생한 이익을 배당금으로 나눠주는 상품이다. 기존 부동산펀드는 자금대출이나 프로젝트 파이낸싱 방식이었지만 경매 펀드는 경매나 공매에 참여해 부동산 실물에 직접 투자한다는 점이 다르다.

그러나 부동산펀드에 유행처럼 가입하기에는 위험이 따른다는 사실을 투자자들은 분명히 알아야 한다. 2005년 하반기에 들면서 잇따라 적신호가 켜졌기 때문이다. 부동산펀드 투자자 모집이 끝난 상황에서도 투자 물건을 찾지 못해 조기 해산한 사례가 있는가 하면 건물 분양이 안돼 약관에 정해진 환매에 응하지 못한 부동산펀드가 나오면서 경각심을 투자자들에게 불러일으키고 있다.

이런 현상이 나타난 가장 큰 이유는 부동산 시장의 과열로 인해 관련 상품이 급격히 증가, 과당 경쟁이 나타나고 있는데다 복잡한 법률적인 관계를 매듭지을 전문인력도 부족하다는 데 있다. 또 정부가 부동산 투기억제에 대해 강력한 의지를 내비치고 있어 안정적인 수익을 낼 수 있는 투자물건을 찾기 어렵다는 것이 또 다른 이유다. 이밖에 부동산펀드의 주요 투자대상 중 하나인 임대물건 등은 종합부동산세의 적용을 받을 가능성이 커 향후 수익률 하락이 우려되면서 펀드 설립에도 어려움을 겪고 있는 것으로 알려졌다.

따라서 업계 전문가들은 분양 실패 등 사업 위험이 현실화 될 경우 펀드의 원금 회수가 늦어지거나 어려울 수도 있다는 사실을 명심해야 한다고 충고하고 있다. 결국 개별 상품별로 투자 대상 물건과 사업성을 철저히 따져봐야 한다는 얘기다.

특히 부동산펀드가 대부분 대출이나 프로젝트 파이낸싱 방식을 사용해 투자처 한 곳에 펀드 자금의 대부분을 넣기 때문에 투자 리스크가 큰 것도 부담이다. 결국 부동산펀드에 투자할 때는 직접 실물 부동산에 투자하는 마음으로 시공사의 신용도와 사업의 성공 가능성 등을 꼼꼼히 분석해야 한다. 또 부동산 상품의 특성상 펀드별로 최소 가입기간이 길 수도 있는 만큼 자신의 자금 운용 계획에 맞춰 부동산펀드에 가입할 필요가 있다.

주식형펀드 1년 수익률 상위 10개 펀드

(단위=억 원 · %)

펀드명	운용사	설정일	설정액	1개월	3개월	6개월	1년
유리스몰뷰티주식	유리	20040816	905	−6.01	6.14	40.51	131.69
신영마라톤주식(A형)	신영	20020425	1,216	5.25	23.00	49.61	98.44
미래에셋디스커버리주식형	미래에셋(자)	20010706	4,449	3.87	23.89	49.35	91.72
미래에셋플래티늄랩주식 1	미래에셋(자)	20041018	848	5.55	22.51	51.97	90.55
한국부자아빠거꾸로주식A- 1ClassA	한국운용	20031218	5,724	−0.01	17.22	37.62	86.12
미래에셋인디펜던스주식형 1	미래에셋(자)	20010214	7,042	4.14	21.21	47.44	84.50
미래에셋 3억만들기솔로몬주식 1	미래에셋(투)	20031231	9,138	5.09	22.55	44.00	83.52
미래에셋솔로몬주식 1	미래에셋(투)	20021203	2,848	5.31	22.95	44.95	82.07
CJ행복만들기주식 1	CJ	20041028	1,558	6.34	19.88	43.84	82.00
동양모아드림적립식주식 1	동양	20041006	617	5.94	23.64	52.49	81.11

* 기준일 = 2005년 12월 26일
* 자료 = 한국펀드평가

07

해외펀드 투자요령

국내 시장만으로는 성이 안차는 공격적인 투자자, 반대로 변동성이 큰 국내시장보다 안정적인 선진시장으로 포트폴리오를 넓히기를 원하는 투자자들 사이에 해외펀드는 여전히 관심사다.

물론 2004년 불었던 해외펀드 열풍은 2005년 초에는 수익률 부진 탓에 한풀 꺾였지만 상당 기간 동안 연환산 수익률 40% 이상을 기록하는 펀드가 여러 개 나왔다.

해외펀드는 크게 두 가지로 구분된다.

정통 해외펀드가 특정 국가 또는 지역의 주식이나 채권시장에 투자하는 방식이라면 재간접 투자 펀드(펀드오브펀드, Fund of Funds)는 여러 개의 펀드를 조합한 '종합펀드'에 다시 투자하는 형태로 안정성이 강화된 상품이다.

최근엔 전통적 투자대상인 주식과 채권은 물론 실물자산과 헤지펀드 등 대체 자산까지 골고루 분산 투자하는 '멀티에셋 펀드'까지 출시돼 해외펀드는 점점 다양화 되고 있다.

해외펀드는 기본적으로 외국에 직접 나가지 않고도 국외의 다양한 상품에 투자할 수 있다는 매력이 있다. 국내시장이 너무 불안해 투자할 곳이 없다고 생각하는 투자자나 동유럽이나 인도, 중국 등 신흥시장에 공격적으로 투자해 높은 수익률을 기대하는 투자자 양쪽에 어필하는 것이다.

그러나 원화를 달러나 유로 등 해당지역 화폐로 바꿔 투자하기 때문에 환율이 급변하면 크게 손해를 볼 수도 있고 반대로 뜻밖의 이익을 거둘 수도 있다. 이 때문에 대부분의 투자자들은 옵션계약을 통해 환 위험을 피하고 있다. 물론 5년 이상 주식형 상품으로 장기 투자하는 경우 헤지를 하지 않는 편이 낫다는 의견도 있다.

일단 해외펀드는 투자지역과 투자상품이라는 두 가지 요소를 감안해야 한다. 첫째, 전세계 수많은 국가 또는 지역 중 어느 곳에 주로 투자하는 펀드인지가 관건이다.

2005년 상반기엔 동유럽에 투자하는 유럽 이머징 마켓 주식형펀드의 수익률이 돋보였다. 전문가들은 유럽연합(EU) 편입효과로 당분간 동유럽 지역의 강세가 이어질 것으로 내다본다. 또 예를 들어 중국과 인도, 러시아 등 신흥시장 여러 곳을 동시 투자하고 싶다면 이들 지역에 분산 투자하는 펀드오브펀드에 가입하면 된다.

둘째, 어떤 상품에 투자하느냐의 문제다. 주식 편입비중이 높은 주식형을 고를 때는 해당 국가나 지역의 주식시장 현황과 환율 추이 등을 점검하는 지혜가 필요하다. 채권형이라면 금리변동 가능성과 경기상황을 어느 정도 예측할 수 있어야 한다. 스스로 이 같은 분석이 힘들다면 유능한 전문가들의 능력을 빌리면 된다.

과거엔 주식과 채권에만 주로 투자했지만 최근엔 에너지, 금, 유가, 원자재, 선물, 부동산까지 투자상품도 다양화 되고 있다. 그러나 일반 투자자들은 유망 투자지역이나 상품을 골라내기가 만만치 않다. 펀드오브펀드가 꾸준히 주목을 받고 있는 이유는 이 때문이다. 펀드오브펀드는 외국의 자산운용사들이 이미 다년간 운용해 1차 검증을 마친 펀드 여러 개를 모아 하나의 펀드로 만든 상품이기 때문에 그만큼 안정성이 높을 수 있다.

또 해외펀드의 약점으로 지적됐던 환율 문제도 대부분 자체 헤징하고 있기 때문에 해결이 가능하다. 금리나 환율이 불안정할 때도 상품구조상 리스크 헤지가 가능하다는 점에서 꾸준한 수익률을 원하는 투자자들에게 적합하다는 얘기다.

결론적으로 해외펀드 고르기는 만만한 일이 아니다. 종류도 수백 개에 달하는데다 환율 변동으로 헤지가 안된 경우 수익금을 모두 까먹을 가능성도 있다. 따라서 운용사가 믿을만한지, 과거 수익률은 어땠는지, 환 헤지는 어떤 구조로 되어있는지, 매월 일정금액을 붓는 적립식 형태로 투자가 가능한지, 수수료와 환매조건은 어떤지 등에 대해 은행이나 증권사를 통해 충분한 상담을 받아야 한다. 특히 상품의 투자 유망성에 대해서는 판매창구 직원보다는 전문 상담사의 조력을 구하는 편이 낫다.

전문가들은 해외펀드에 전체 자산을 투자하기보다는 위험분산 차원에서 전체 투자금액의 일부를 장기 투자하는 것이 해외펀드 투자의 정석이라고 지적한다. 또 일단 해외펀드에 가입했다면 수익률이 일시 부진하다고 해서 서둘러 환매하는 것만이 능사는 아니다. 단기 수익률이 낮더라도 장기 수익률은 양호한 경우가 의외로 많기 때문이다. 전문가들이 해외펀드 가입을 원하는 투자자들에게 최소 3년 이상 묻어두겠다는 생각을 갖고 장기 수익률을 기준으로 상품을 선택할 것을 권유하는 것은 바로 이 때문이다.

투자지역별 수익률상위 펀드 현황

(단위 : %, USD수익률 기준)

투자지역별	유형	펀드명	영문명	연초대비 수익률	6개월	1개월	기준통화	스타등급
이머징 -라틴 아메리카	주식형	슈로더 라틴 아메리카 펀드	Schroder ISF-Latin American-A-ACC	55.38	36.43	3.49	USD	3
	주식형	메릴린치-라틴아메리카펀드	MLIIF Latin American-A2-USD	55.18	37.22	4.80	USD	4
	주식형	피델리티-라틴아메리카펀드	Fidelity Funds-Latin America-A	54.07	39.86	2.84	USD	3
	주식형	템플턴 -템플턴 라틴아메리카 펀드	Templeton Latin America-A-INC-$	37.22	33.15	3.83	USD	4
이머징 유럽	주식형	메릴린치-이머징유럽펀드-EUR	MLIIF Emerging Europe-A2-EUR	47.52	36.95	7.71	EUR	3
	주식형	슈로더 이머징 유럽 펀드	Schroder ISF-Emerging Europe-A-ACC	47.24	38.54	6.76	EUR	2
	주식형	메릴린치-이머징유럽펀드-USD	MLIIF Emerging Europe-A2-USD	46.56	36.69	7.54	EUR	3
	주식형	템플턴-템플턴 이스턴 유럽펀드	Templeton Eastern Europe-A-ACC-€	34.07	24.25	5.33	EUR	4
이머징 통합	주식형	피델리티-이머징마켓펀드	Fidelity Funds-Emerging Markets-A	42.59	31.63	7.07	USD	4
	주식형	메릴린치-이머징마켓펀드	MLIIF Emerging Markets-A2-USD	33.12	25.98	8.66	USD	3
	주식형	슈로더 이머징 마켓 펀드	Schroder ISF-Emerging Markets-A-ACC	30.39	22.58	6.83	USD	2
	주식형	템플턴-템플턴 이머징 마켓 펀드-DIS	Templeton Emerging Markets-A-INC-$	25.26	17.77	6.07	USD	3
	주식형	템플턴-템플턴 이머징 마켓 펀드-ACC	Templeton Emerging Markets-A-ACC-$	25.25	17.78	6.03	USD	3
일본	주식형	피델리티-일본소형주펀드	Fidelity Funds-Japan Smaller Companies-A	38.18	30.93	15.17	JPY	3
	주식형	메릴린치-일본오퍼튜니티펀드	MLIIF Japan Opportunities-A2-USD	33.33	33.92	14.89	USD	4
	주식형	슈로더 일본 중소형주 펀드	Schroder ISF-Japanese Smaller Companies-A-ACC	29.89	24.74	12.77	JPY	4
	주식형	피델리티-재팬 어드밴티지 펀드	Fidelity Funds-Japan Advantage-A	29.56	32.41	11.98	JPY	
	주식형	피델리티-일본펀드	Fidelity Funds-Japan-A	27.28	36.16	11.02	JPY	4
인도	주식형	피델리티-인디아포커스펀드	Fidelity Funds-India Focus-A	37.12	27.85	8.20	USD	
	주식형	HSBC 인도주식형	HSBC GIF Indian Equity-AD	33.50	29.11	10.85	USD	4
아시아	주식형	피델리티-태평양펀드	Fidelity Funds-Pacific-A	30.58	26.29	8.40	USD	4
	주식형	피델리티-동남아펀드	Fidelity Funds-South East Asia-A	30.20	18.62	6.22	USD	3
	주식형	메릴린치-퍼시픽주식펀드	MLIIF Pacific Equity-A2-USD	26.31	25.97	7.15	USD	4
	주식형	피델리티-아시아특별주펀드	Fidelity Funds-Asian Special Situations Fund-A	25.56	16.01	5.18	USD	4
	주식형	템플턴-템플턴 아시안 그로스 펀드	Templeton Asian Growth-A-INC-$	23.36	15.26	6.18	USD	4

투자지역별	유형	펀드명	영문명	연초대비 수익률	6개월	1개월	기준통화	스타등급
글로벌	주식형	피델리티-기간산업펀드	Fidelity Funds-Industrials-A	30.23	19.98	4.49	EUR	5
	주식형	피델리티-금융산업펀드	Fidelity Funds-Financial Services-A	20.25	20.75	3.77	EUR	4
	주식형	메릴린치-글로벌오퍼튜니티펀드	MLIIF Global Opportunities-A2-USD	17.04	16.22	3.65	USD	3
	주식형	피델리티-국제펀드	Fidelity Funds-International-A	16.85	14.54	3.55	USD	3
	주식형	ACM 얼라이언스 캐피탈-글로벌 성장 경향 포트폴리오	ACM GI-Global Growth Trends-A-USD	16.04	14.50	2.34	USD	4
이머징 아시아	주식형	슈로더 이머징 아시아 펀드	Schroder ISF-Emerging Asia-A-Acc	27.49	14.33	8.47	USD	
	주식형	피델리티-태국펀드	Fidelity Funds-Thailand-A	6.33	4.48	6.61	USD	3
	주식형	피델리티-인도네시아펀드	Fidelity Funds-Indonesia-A	6.21	-4.16	8.27	USD	3
	주식형	템플턴-템플턴 타일랜드 펀드	Templeton Thailand-A-ACC-$	4.73	6.18	4.86	USD	4
	주식형	HSBC 태국주식형 펀드	HSBC GIF Thai Equity-AD	2.44	1.76	5.25	USD	5
유럽	주식형	피델리티-이탈리아펀드	Fidelity Funds-Italy-A	19.88	17.89	7.35	EUR	5
	주식형	피델리티-유럽공격형펀드	Fidelity Funds-European Aggressive-A	19.85	12.69	4.51	EUR	5
	주식형	피델리티-프랑스펀드	Fidelity Funds-France-A	16.95	12.41	4.21	EUR	4
	주식형	피델리티-노르딕펀드	Fidelity Funds-Nordic-A	16.45	9.33	3.96	SEK	4
	주식형	피델리티-유럽소형주펀드	Fidelity Funds-European Smaller Companies-A	15.57	10.45	4.86	EUR	3
차이나	주식형	슈로더 그레이터 차이나 펀드	Schroder ISF-Greater China-ACC	16.97	9.24	7.17	USD	4
	주식형	피델리티-대중국펀드	Fidelity Funds-Greater China-A	13.44	7.87	4.04	USD	3
	주식형	HSBC 중국주식형	HSBC GIF Chinese Equity-AD	12.32	11.39	4.58	USD	3
	주식형	피델리티-차이나포커스펀드	Fidelity Funds-China Focus-A	12.00	6.76	2.63	USD	
	주식형	슈로더 홍콩 주식 펀드	Schroder ISF-Hong Kong Equity-A-ACC	11.94	7.15	4.75	HKD	5
호주	주식형	피델리티-호주펀드	Fidelity Funds-Australia-A	16.34	9.20	1.79	AUD	3
미국	주식형	피델리티-미국 다이버시파이드 펀드	Fidelity Funds-American Diversified-A	15.63	12.79	-0.40	USD	
	주식형	ACM 얼라이언스 캐피탈-아메리칸 성장형 포트폴리오	ACM GI-American Growth-A-USD	14.10	14.18	-0.25	USD	2
	주식형	메릴린치-북미오퍼튜니티펀드	MLIIF US Opportunities-A2-USD	13.62	13.82	1.22	USD	3
	주식형	메릴린치-미국스타일배분 주식 펀드	MLIIF US Flexible Equity-A2-USD	13.54	9.09	2.39	USD	5
	주식형	피델리티-미국펀드	Fidelity Funds-America-A	12.80	7.58	0.21	USD	4

주1) 투자지역 구분가능한 펀드만 선택하여, 국내판매 전 펀드가 포함된 자료는 아님.
주2) 투자지역별로 연초대비수익률 순으로 정렬함.
주3) 자료출처는 모닝스타홍콩이며, 수익률 기준일은 12월 23일이 최근이나 펀드별로 상이함.

08

선박펀드 투자요령

주식이나 채권이 아니라 실물에 투자하는 대안 투자펀드가 인기를 끌기 시작한 것은 2004년부터다. 부동자금이 300조 원에 달하게 되자 갈 곳 없는 자금들이 시중 금리보다 수익률은 높고 투자 위험은 보다 낮은 상품을 찾으면서, 대안 투자펀드가 투자자들의 구미를 당긴 것이다. 이중 선박펀드는 2004년 초반 등장해 큰 인기를 끌면서 실물 투자펀드 붐을 일으키는 역할을 했다.

구체적으로 선박펀드는 선박 운용회사가 선박 매입자금을 마련하기 위해 금융기관이나 개인 투자자의 자금을 모아 설립된다. 해운업체로부터 받는 임대료 수입을 투자자에게 돌려주는 구조다.

보통 3개월 단위로 배당을 하고 만기 때는 원금을 모두 돌려준다. 해운업체가 망하지 않으면 원금과 이자가 보장되기 때문에 위험 부담이 상대적으로 적고 수익률이 안정적이라는 장점을 지니고 있다. 2004년부터 2005년까지 나온 대부분의 선박펀드 수익률은 연 6.0~6.5%에 이른다.

특히 2008년까지 투자금액 3억 원까지는 배당금에 대해 비과세되고 3억 원을 넘는 금액에 대해서는 금융소득 종합과세에서 제외되는 분리과세 혜택이 주어진다는 점도 인기를 끈 이유중에 하나였다. 이같은 혜택을 고려하면 실제 투자 수익률은 연 7.0%를 넘어서는 셈이다. 은행 정기예금의 2배에 해당하는 수준이다.

선박펀드의 단점은 투자기간이 보통 7~10년 정도 되기 때문에 그 동안 자금이 묶인다는 것이다. 그러나 유가증권시장에 펀드가 상장돼 매매가 가능하기 때문에 중도에 투자자금을 회수하는 길이 열려 있다.

실제로 지난 2004년 3월 처음 시장에 선보인 선박펀드 1호인 '동북아1호 펀드'를 보자. 당시 이 상품은 지난해 이틀간 161억 원을 모집하는 데 1,301억 원 이상의 자금이 몰리면서 성황을 이루면서 큰 인기를 끌었다.

'동북아1호 펀드'는 2004년 6월 20일 첫 번째 이익 배당 기준 때 주당 67.67원을 배당했고, 2005년 3월까지 4번에 걸쳐 총 주당 310.76원을 배당해 연간수익률 6.5%을 올렸다. 또 6월에는 주당 81.02원을 다시 배당했다.

그러나 2005년 하반기에 들면서 최고 15년 안팎까지 장기 투자가 가능한 선박펀드의 인기가 시들해지는 추세를 보였다. 2005년 초까지만 해도 연초 출시된 선박펀드는 대부분 평균 10대 1의 청약경쟁률을 보였지만 하반기에 들면서 청약 예정액을 겨우 채우는 사례가 속출하고 있다.

업계에서는 선박펀드의 인기가 시들해진 이유로 장기 투자에 따른 안정적인 수익 확보에 대한 의구심이 커진데다 주가가 강세를 보이면서 6%대인 선박펀드 수익률의 매력이 반감된 데에서 원인을 찾고 있다.

특히 선박펀드의 수익률에 영향을 미치는 벌크선 운임이 2005년 연초에 비해 하반기에는 3분의 1로 떨어지면서 상장된 선박펀드 주가가 약세를 보이는 점도 또 다른 이유다. 이런 영향으로 하루 거래량도 2005년 7월 기준으로 일 평균 1,000~1만 건 사이로 떨어지는 등 선박펀드 투자자의 환금성 확보에 주의보가 내려진 상태다. 따라서 투자자들은 선박펀드 가입에 앞서 여러 가지 위험요소를 차분히 따져봐야 한다.

우선 펀드기한이 만료돼 투자원금을 상환할 때 선박 처분에 따르는 위험요소가 있는지를 점검할 필요가 있다.

선박 가격은 해운시황에 따라 등락의 폭이 크다. 신조선 선가 또는 중고선의 매매가와 용선료 등이 해운시장이 호황일 때는 높은 가격에서 거래가 이뤄지지만 불황일 때는 상대적으로 낮은 수준에서 가격이 형성되기 때문이다. 따라서 본인이 투자한 선박펀드가 만료시점에서 용선주와 선박 매매계약이 체결된 상품인지, 아니면 시장에서 매각하는 상품인지를 확인해야 한다는 얘기다.

선박을 빌려 운항하는 해운회사의 신용도도 알아봐야 한다. 투자자의 배당재원은 배를 빌린 해운회사가 지급하는 용선료 수입인 만큼 용선료를 지급하지 못할 때 선박펀드는 다른 선사에 배를 임대하거나 매각해야 한다. 이럴 경우 해운시황에 따라 배 값이 크게 차이가 날 수 있기 때문이다.

선박사고가 발생했을 때 투자원금의 손실이 발생할 수도 있고 상장된 뒤에도 펀드의 속성상 유동성과 환금성에 제약이 있을 수 있다는 점도 기억해야 한다.

특히 펀드투자 전문가들은 선박펀드의 이런 환금성 제약을 경고하고 있다. 선박펀드가 제시한 수익률은 용선사가 파산하지 않는 한 보장되지만 해운경기 악화로 선박펀드에 대한 관심이 떨어지면 펀드가 거래소에 상장되더라도 매매가 일어나지 않아 현금화에 제약을 받을 수 있다는 것이다.

또 선박펀드는 여러 증권사에서 새로운 대체상품을 계속 내놓고 있는 만큼 물건 제약이 있던 구조조정 리츠와 달리 현금화가 쉽지는 않을 것이라는 설명이다.

이밖에 현재 조선업종이 활황세를 보이면서 건조 중인 선박이 많아 3~5년 후에는 해운 수요를 선박 공급이 넘어서면서 해운 경기가 나빠질 가능성이 있다는 점, 선박투자 회사들의 선박펀드에 대한 배당 세감면 특혜가 2008년에 소멸될 가능성이 있다는 것도 짚어봐야 할 점이다.

선박펀드 주가 액면가 미달 왜?

선박펀드는 상장 후 주식이 거래되는 것이 특징이다.

2005년 9월 22일 기준으로 증권선물거래소에 상장된 선박펀드 29개 중 9개가 액면가(5,000원)를 밑도는 등 선박펀드 가격이 약세를 면치 못하고 있다.

증권선물거래소에 따르면 상장된 선박펀드 29개 중 '동북아' 10·12·13·14·15호, '아시아퍼시픽' 10·11·14·15호 등 9개 선박펀드 주가는 액면가를 밑돌았다. 또 상장일 종가(상장일 거래가 없었던 종목은 실제 거래가 있었던 날 종가 기준)와 9월 22일 종가를 비교한 결과, 29개 상장펀드의 주가는 평균 2.59% 하락했다 .

특히 주가 하락률이 큰 펀드를 보면 '아시아퍼시픽 2호'의 경우, 주가가 상장일 5,450원에서 9월 22일 5,000원으로 떨어져 하락률이 8.26%로 가장 컸고 '동북아 5호'도 5,500원에서 5,060원으로 8% 하락했다.

이 같은 현상은 당시 주가 상승, 금리 상승 등의 시장 분위기를 틈타 중도매매 하려는 움직임이 나타나고 있는 데 따른 것이다.

당시 금리 상승 분위기로 인해 만기 5~15년, 수익률 연 5.8~6.5% 수준인 선박펀드 수익률에 대한 기대감이 떨어지면서 중도 매매하려는 투자자들이 나타난 데 따른 영향으로 분석됐다.

아울러 당시 해운업황 경기에 대한 불확실성, 주식시장 활황세에 따른 대체투자수단 등장 등도 당시 선박펀드 주가 약세의 주요 원인이었다.

선박펀드 투자자들은 대체로 장기 보유 성격이 강해 거래량이 많지 않지만 이러한 요인들이 복합적으로 겹치면서 당시 주가가 약세를 면치 못했다.

09

채권형 펀드 투자요령

안정적인 간접투자상품으로 채권형 펀드가 관심을 끈다.

판매되고 있는 펀드 상품의 상당수가 채권에 상당 비중의 투자를 하고 있는데다 재테크 전문가들은 일반적으로 투자를 처음 시작하는 개인에게 채권형 상품부터 찾는 것이 좋다는 조언을 하고 있기 때문이다.

전문가들이 이런 조언을 하는 이유는 채권형 펀드가 대부분 정기예금 금리 이상의 수익률을 기대하면서도 상대적으로 안정적이기 때문이다. 물론 채권형 펀드에 가입해서 원금을 손실할 수도 있다. 금리가 큰 폭으로 상승하거나 투자기업이 망한다면 원금을 손해 볼 가능성이 있기 때문이다.

역시 채권형 상품에 가입할 때는 금리의 방향성과 작동 원리에 대해 정확히 파악하는 것이 중요하다. 금리가 급상승한다면 채권 수익률은 하락하기 때문이다.

실제로 2004년 내내 저금리 기조를 유지했던 금리는 2005년 초 금리가 급등하면서 수익률에 비상이 걸렸다가 다시 안정세를 보였다. 그러나 2005년 하반기에 들면서 다시 금리가 상승추세를 보이자 채권형 펀드 투자자들 사이에서는 투자를 계속할지 고민에 빠지기도 했다.

보다 구체적으로 금리와 채권형 펀드 수익률 사이의 관계를 보자.

채권형 펀드는 일반적으로 펀드 자산 중 60% 이상을 채권에 투자한다. 결국 투자한 채권의 수익률에 따라 채권형 펀드의 수익률이 결정된다. 문제의 핵심은 채권으로 얻을 수 있는 수익이 두 가지로 나눠진다는데 있다.

투자한 채권의 수익은 크게 이자수익과 자본수익으로 구분된다. 이자수익은 채권 보유자에게 발행기업이 향후 지불하기로 약속한 것으로 기업이 망하지 않는 한 만기까지 일정하게 지급된다. 이에 반해 자본수익은 채권가격 상승으로 얻게 되는 수익을 뜻한다. 금리 하락이 발생해 채권형 펀드의 수익률

1년 수익률 상위 채권펀드

(단위=억 원 · %)

펀드명	운용사	설정일	설정액	1개월	3개월	6개월	1년
도이치코리아채권투자신탁1- 1ClassA	도이치	20031013	958	0.40	1.06	1.51	3.85
맥쿼리IMM프라임채권형11ClassA	맥쿼리-IMM	20030417	183	0.45	0.91	1.05	3.32
산은ValuePlus채권1ClassA	산은	20040923	374	0.38	0.93	1.37	3.02
BEST CHOICE단기채권 4	조흥	20011218	2,386	0.40	0.73	1.02	2.90
템플턴골드채권B-1	템플턴	20010404	1,828	0.38	0.83	1.11	2.88
한국부자아빠회사채채권증권A-1ClassA	한국운용	20040706	325	0.43	0.78	1.37	2.85
스마트단기채권S-9	대한	20031229	509	0.30	0.86	1.49	2.82
대신CLEAN-UP 3M국공채 1ClassA	대신	20030401	169	0.19	0.74	1.31	2.69
PCA스탠다드플러스채권I-34	PCA	20040102	355	0.35	0.87	1.58	2.64
스마트중기채권I- 3	대한	20030106	127	0.35	0.97	1.10	2.37

주) 2005년 12월 26일 영업점 기준
　　주식펀드, 주식혼합, 채권혼합펀드는 설정액 50억 원 이상, 채권펀드는 설정액 100억 원 이상으로 제한하여, 공모펀드만을 대상으로 함.

이 상승하는 이유는 채권가격 상승으로 자본수익이 늘어나기 때문이다.

그러면 금리가 하락하는데 채권가격이 상승하는 이유는 무엇일까?

채권은 미래 일정시점(만기)까지 정해진 금액(원금과 이자)을 지급하기로 약속한 증서다. 채권의 가격은 미래에 받게 될 정해진 금액을 금리(시장 수익률)로 할인한 값이다. 따라서 금리 하락은 채권의 할인율이 떨어졌다는 사실을 뜻하고 이는 채권가격 상승으로 이어진다.

그렇다면 금리가 떨어지고 있는 상황에서 채권형 펀드에 신규로 가입하면 유리할까? 일단은 맞는 말이다. 신규 가입자들은 일정부분 무임승차 효과를 기대할 수 있기 때문이다. 하지만 이런 상황에서도 채권형 신규펀드 가입에는 신중을 기해야 한다.

그 이유를 살펴 보면 이렇다.

금리하락으로 펀드가 편입한 채권가격이 오르면 채권형 펀드의 수익률도 오른다. 반면 추가로 채권을 매입할 경우 채권 수익률은 떨어진 금리 수준에서 결정된다. 결국 금리가 하락하면 기존 채권 보유자는 이익을 보지만 신규 매입자는 채권보유 수익률이 금리 하락폭만큼 떨어진다.

예를 들어 금리가 사상 최저치로 하락했다는 것은 채권 가격이 사상 최고치로 상승했다는 뜻이며 앞으로 채권보유 수익 역시 사상 최저치가 됐다는 말과 같다.

채권형 펀드 수익률도 이와 마찬가지다. 이런 이유로 금리가 하락하면 기존 채권형 펀드 가입자는 큰 수익을 얻지만 신규 가입자는 추가적으로 금리가 하락하지 않는 한 기존 펀드 가입자만큼 수익을 얻을 수 없다. 다만 신규 가입자는 기존 가입자의 펀드에 가입해 이미 펀드 내에서 운용중인 고율의 채권에서 발생하는 수익을 나눠가질 수는 있다.

예를 들어 연 6%짜리 채권으로 운용되는 1,000억 원 규모의 펀드가 있는데 금리가 4%대로 떨어진 상황에서 신규로 1,000억 원의 자금이 들어온다면 펀드는 6%와 4%의 중간인 5% 수준의 수익을 올릴 수 있을 것이다. 즉 신규 가입자는 4%보다 더 높은 수익을 얻을 수 있는 셈이다. 실제로 지난 2004년 금리 하락으로 은행에서 빠져 나온 돈은 채권형 펀드로 일제히 쏠리는 현상이 나타나기도 했다.

하지만 장기적으로 보면 기존 고율의 채권 만기가 도래하면 더 낮아진 금리 수준에서 새롭게 투자할만한 채권을 찾아야 하기 때문에 펀드 수익률도 낮아질 수밖에 없다.

따라서 채권형 펀드에 가입하려고 할 때에는 금리가 하락해 채권형 펀드 수익률이 높다는 맹목적인 믿음보다는 앞으로 금리가 더 떨어질 것인지에 대한 판단을 하는 것이 중요하다. 또 금리가 하락한 상태에서 추가적인 금리 하락이 어려워 보인다면 채권형 펀드는 이전 보다 낮은 수익률을 보일 가능성이 높다는 사실도 주의해야 한다.

이렇듯 2005년 하반기에 들면서 금리가 급등하면서 채권가격이 하락해 발생하는 손실은 중장기적인 관점에서 보면 이자소득으로 보충될 가능성이 크다. 특히 대부분 개인이 투자하는 공모 채권형 펀드는 은행 금리 이상의 수익률을 내는 데는 큰 문제가 없다는 것이 업계 전문가들의 설명이다.

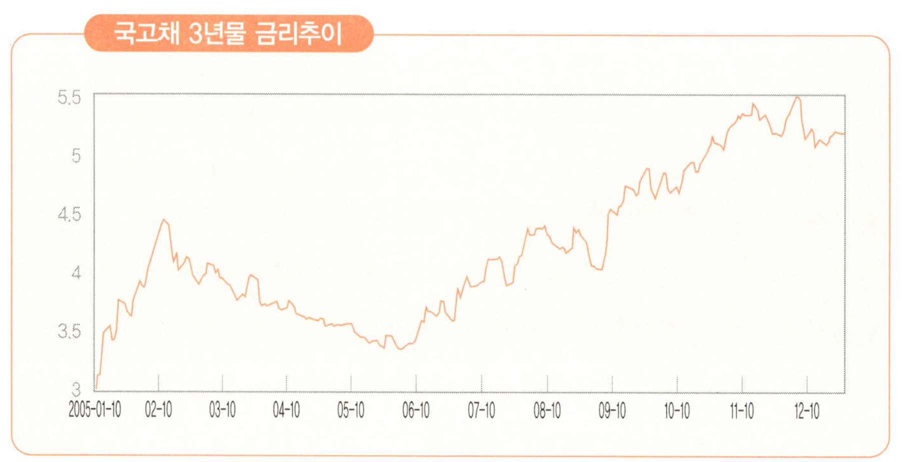

10

펀드상품 다양하네

펀드 시장의 새로운 경향은 다양한 상품 개발이다. 기존 주식, 채권에만 투자하던 펀드가 이제는 선박, 부동산, 금, 영화 등 실물펀드로 영역을 확대되고 있다. 더욱이 주식형 펀드임에도 대형주 위주로 편입하던 성격을 떠나 중소형 우량주에 과감히 투자해 수익을 극대화하고 있다.

일부 주식형펀드는 줄기세포 관련 제약주, 유비쿼터스 관련주, 지주회사, 턴어라운드주, 인수합병(M&A) 등 특화된 종목까지 투자하고 있다.

펀드별로 다양화되고 이후 다시 세분화되기 시작한 셈이다. 이는 2004년 4월 간접자산운용업법이 시행되면서 달라진 펀드시장 풍속도이다.

간접자산운용업법에서는 펀드영역을 △부동산, △머니마켓펀드(MMF), △골동품, 금 등 실물자산, △재투자펀드, △영화, 음반, 선박 등 특수간접기구펀드, △선물, 옵션, 스왑 등 장외파생상품, △부실채권, △조합지분이나 지상권 등 각종 권리자산까지 대폭 확대했다.

투자자들도 여기에 적극 만족하고 직접투자에서 간접투자로 돌아서고 있다.

이같은 여세를 몰아 국내 운용사별 펀드잔고는 2005년 8월 11일 현재 208조 원에 달하게 됐다. 지난 2000년까지만 해도 펀드잔고는 138조 원에 불과했다. 특히 2005년 들어 주식형 간접상품으로도 6조 원 가량이 몰리면서 주식형 수익증권 펀드 잔고는 14조 원에 올라섰다.

이밖에 자산운용협회에 따르면 파생상품 펀드 잔고가 9조 1,710억 원, 부동산 1조 930억 원, 재간접투자펀드가 3조 440억 원, 특별자산이 892억 원에 달했다. 그러나 펀드 영역이 다양해진 만큼 투자에 앞서 점검해야 할 사항도 늘었다. 기본적으로 펀드 가입시점과, 펀드의 종류, 자산구성비율, 펀드 운용수수료, 환매수수료, 원금보장여부 등은 물론이고 펀드별 수익구조 및 변수를 확인해야 한다는 뜻이다.

선박펀드는 대표적인 실물펀드로 연 5~7%의 확정수익을 주면서 비과세 혜택까지 보장한다. 따라서 최근 선박펀드는 판매되기 무섭게 팔려나갔다. 하지만 20개 가까이 선박펀드가 무더기로 쏟아진데다 시중금리도 상승하고 있고 최근 해운경기가 하강국면으로 꺾일 수 있다는 부정적인 전망이 나오면서 앞으로 선박펀드의 인기가 시들해질 수 있다는 지적도 있다.

해외투자펀드도 분산투자와 안정적 수익을 원하는 투자자에게 높은 인기를 끌고 있다. 그러나 원화가치 강세가 이어지면서 상대적으로 해외투자펀드의 수익률이 떨어진 점을 감안해야 한다. 이를 헤지하기 위해 여러 해외펀드에 분산 투자하는 펀드오브펀드가 활기를 띠기도 했다.

부동산펀드는 부동산 개발사업의 진행상황, 투자위험 관리, 적정 운용인력 보유 등을 따져봐야 한다. 최근 부동산펀드가 크게 증가했지만 일부 펀드는 투자대상을 확보하지 못해 중도 해산하거나 환매요구에 응하지 못하는 부작용이 발생하기도 했다. 이에 따라 최근 금융감독원은 투자자 보호차원에서 부동산펀드에 대한 일제 점검을 나서기도 했다.

이 밖에 영화펀드는 영화 흥행여부, 금 펀드는 금의 가격 변동, 골동품펀드는 실물 유동성 등이 주요 변수로 꼽힌다. 한편 2005년 하반기부터 자산운용회사가 아닌 개인이나 법인도 20억 원 이하의 소규모 펀드를 조성할 수 있다. 또 다양한 펀드 상품을 한 곳에 모아 판매하는 '펀드 슈퍼마켓'의 설립이 가능하고 보험설계사도 펀드 가입을 권유할 수 있게 된다. 이에 따라 더욱 독특한 펀드들이 나와 투자자들의 입맛을 당길 것으로 보인다.

신종 파생결합증권 현황(예시)

상품	증권사	판매기간	연계 기초자산	특 징
이자율 파생결합증권1호	삼성증권	2005년 6월 1일	CD금리	• 가입 후 2년간 고정금리 연5.5%(만기 10년) • 이후 8년 간 CD금리 연동, 금리 하락시 수익률 상승 (14%−CD금리×2) • 2년 후부터 3개월마다 임의 상환 가능
제1회 파생결합증권(잠정)	대우증권	2005년 6월 9~10일	원·달러 환율	• 원·달러 환율이 6% 범위에서 허락하면 최대 연 11.4% 수익 • 한 번이라도 6% 넘게 하락하면 연 4% 수익 확정 • 상승할 경우 원금보장(만기 6개월)
파생결합증권1호	우리투자증권	2005년 6월 3~7일	원·달러 환율	• 원·달러 환율이 5% 범위에서 하락하면 연 11.0% 수익 • 한 번이라도 5% 이상 하락하면 연 4.0% 수익 확정 (만기 6개월)
파생결합증권2호	우리투자증권	2005년 6월 7~9일	원·달러 환율 코스피200	• '환율 하락+코스피200 상승' 시 최대 연 35.4% 수익 • 환율이 8% 초과 하락하지 않으면 '하락율×120%' 수익 • 코스피200이 40% 내에서 상승하면 '상승률×80%−5%' 수익, 40% 이상 오르면 5%로 수익 확정(만기 1년)

※ 자료=각사, 최고 공모금액 100만 원.

펀드오브펀드(Fund of Fund)

여러 개 펀드를 모아 만든 펀드. 여러 개의 채권형 펀드 또는 주식형 펀드를 하나의 펀드로 만든 상품이다. 크게 뮤추얼펀드와 헤지펀드로 구분할 수 있다. 적은 비용으로 다양한 펀드에 투자할 수 있고, 여러 개의 펀드에 분산투자함으로써 집중투자 때 생길 수 있는 컨트리 리스크(country risk)을 분산시킬 수 있다. 대부분 수익률과 안정성이 뛰어난 펀드를 대상으로 하므로 중장기 투자일 경우 높은 수익을 기대할 수 있어, 미국은 물론 유럽과 기타 지역으로 대상이 점차 확대되고 있다.

PART 5

채권투자로
안정적 수익
올리기

아직도 채권투자는 일반 투자자들에게는 생소하다. 단기에 큰 돈을 벌기도 어렵다. 그러나 채권투자도 자산관리의 유용한 수단 중 하나다. 채권투자를 통한 재테크의 성공 비법도 역시 정석투자에 있다.

우선 채권에서 돈을 버는 원리는 금리가 높았을 때 사고, 금리가 떨어졌을 때 파는 것이다. 기본적으로 채권가격은 수익률과 반비례관계다. 채권가격은 금리와는 반대로 움직이기 때문에 시중금리가 하락하면 채권가격은 올라가고 금리가 상승하면 채권가격은 떨어진다.

주식은 단기에 큰 수익을 올릴 수도 있지만 채권은 대박을 기대하기 힘들다. 그러나 채권은 주식에 없는 장점도 많다. 금리변동에 무관하게 만기까지 보유할 경우 최소한 정해진 금리만큼 수익을 낼 수 있다. 다만 회사채의 경우 발행회사가 부도를 냈을 경우에는 원금마저 까먹을 수도 있다. 이 때문에 발행회사의 신용도를 살피는 것은 필수다.

하지만 채권을 발행하는 회사를 엄격하게 제한하고 있기 때문에 큰 손실은 피할 수 있다. 신용도가 낮은 기업이 발행한 채권의 경우 신용도가 올라가면 큰 수익을 얻을 수도 있다.

최근 매력적인 투자대상으로 부상하는 것은 전환사채(CB), 교환사채(EB), 신주인수권부사채(BW) 등과 같은 주식과 연계된 채권이다. 이것들은 채권과 주식이란 두 가지 성격을 지니고 있어 이자는 물론 주가변동에 따라 시세차익도 누릴 수 있다.

주식과 연계된 채권은 주식과 마찬가지로 채권을 발행한 기업을 두루두루 잘 살펴봐야 한다. 주식과 연계된 채권은 주가전망이 필수이기 때문이다. 특히 주가와 관련이 있는 기업의 내재가치를 점검하는 게 중요하다. 내재가치보다 낮게 주가가 형성돼 있고 주가가 상승 가능성이 높다면 주식과 연계된 채권은 투자해볼 만하다. 이 때문에 주식과 연계된 채권투자도 주식투자와 마찬가지로 기업 재무상황, 성장성, 경영자 자질 등을 평가해야 한다.

소액을 가진 일반인들은 채권에 대한 직접투자가 여전히 쉽지 않다. 직접투자가 어렵다면 간접투자도 고려해볼 만하다. 채권형 펀드에 가입한 후 자금을 어느 정도 늘린 후에 직접투자를 하는 것도 한 방법이다.

채권투자
이것만은 챙겨봐야 한다

채권은 관련 용어도 알쏭달쏭한데다 수익률 등도 다소 복잡해 일반인들이 쉽게 이해하기 힘든 게 사실이다. 또한 주식과 달리 쉽게 접하기 어렵다는 점도 채권에 대한 거리감을 생기게 하는 요인이다. 하지만 기본 개념을 익히고 수익구조를 개략적으로라도 이해한다면 채권 역시 훌륭한 재테크 수단으로 활용할 수 있다.

모든 일이 그렇지만 일단 용어부터 친해져야 한다.

◎ 채권투자는 기본용어부터 시작

'액면'은 채권 1장마다 권면에 표시돼 있는 1만 원, 10만 원, 100만 원 등 금액을 지칭한다. '단가'는 매매(만기)수익률로 계산한 액면 1만 원당 실제 가격을 말한다. '잔존기간'은 채권 매매일부터 원금상환까지 기간을 뜻하며 '경과이자'는 채권 발행일 또는 직전 이자지급일부터 매매일까지 기간에 표면이율에 의해 발생한 이자를 가리킨다.

채권은 분류 기준에 따라 그 종류가 다양하다. 발행 주체에 따라 국채(국가가 발행), 지방채(지방 공공기관), 특수채(도로공사 등 특별법에 의해 설립된 기관), 금융채(특별법에 의해 설립된 금융기관), 회사채(일반 기업) 등으로 분류된다. 또 이자 지급 방식에 따라 이표채(이자를 지급하는 채권), 할인채(이자 부분을 단리로 미리 할인해 발행), 복리채(이자 지급 없이 복리로 재투자해 만기에 원금과 이자 동시 지급) 등으로 나뉜다.

일정기간마다 현금이 필요하다면 이표채를 선택하는 게 낫다. 하지만 요즘처럼 금리가 하락세를 나타내고 이자수령액을 재투자할 곳이 마땅치 않은 상황이라면 이자까지 채권 자체에 재투자되는 복리채나 할인채가 낫다.

◉ 수익률과 수수료 이해는 필수

채권 투자에 관심을 갖다 보면 다양한 수익률 용어가 헷갈리기 쉽다. 채권에 쓰이는 수익률은 크게 두 가지로 구분할 수 있다. 첫째, 표면금리(표면이율 발행이율)는 채권을 발행할 때 발행자가 지급하기로 한 이자율로 연율로 표기되며 액면에 대해 계산된다.

예를 들어 3개월마다 이자를 지급하기로 하고 표면금리가 연 12%면 채권액면 1만 원에 대해 3개월마다 300원(1만 원×0.12/4)씩 이자를 지급한다는 뜻이다.

둘째, 만기수익률은 채권에서 발생하는 미래 현금흐름의 현재 가치와 채권 현재 가격을 일치시키는 할인율이다. 채권을 현재 가격으로 매입해 만기까지 보유할 때 기대되는 수익률이다.

만기수익률은 채권 가격을 나타내는 수단으로 통용된다. 이밖에 세후수익률은 세금을 제하고 투자자가 실제 받게 되는 금액의 수익률을 뜻한다. 항상 세후수익률을 따져보는 습관을 길러야 한다.

채권에 투자할 때 드는 비용은 수수료와 세금도 알아야 한다. 채권 거래는 증권거래소를 통한 장내매매와, 증권사가 매매 상대가 되는 장외거래가 있다. 장내거래는 주식 투자와 마찬가지로 위탁수수료를 부담하게 되는데 증권사마다 수수료가 조금씩 다르다.

채권 매매의 대부분을 차지하는 장외거래는 수수료가 없다. 대신 증권사는 매수·매도단가 차이를 수익원으로 삼는다. 채권 투자로 부담해야 하는 세금은 이자소득세(주민세를 포함해 16.5%)다. 주식과 마찬가지로 매매차익에 대한 세금은 없고 거래세도 없다.

하지만 채권 보유 기간에 따라 발생하는 이자소득에 대해서만 과세된다. 이자소득세의 기준은 채권 액면에 기재된 표면이율이다. 당연히 표면이율이 낮을수록 세금이 적게 과세된다.

채권 수익률에 영향을 주는 요인

외적요인	1. 채권 수요와 공급 2. 시중의 자금 사정 3. 경기동향, 정책방향
내적요인	1. 채권의 잔존 기간 2. 채권의 표면이자율 3. 채무불이행 위험 정도(신용등급) 4. 유동성(매매가 활발한지 여부)

◎ 신용등급과 수익률은 반비례

채권 가격은 발행자의 신용등급에 따라 다르게 결정된다. 신용등급이 높은 회사의 채권은 비싸게 거래될 것이다. 채권값과 수익률은 반비례한다. 따라서 회사채의 신용등급이 높을수록 수익률은 낮아진다. 즉 풍부한 현금보유액 등 재무상태가 우량하고 영업실적이 좋은 기업은 높은 등급을 받아 낮은 수익률로 자금을 조달할 수 있지만, 반대의 경우 높은 수익률로 자금을 조달해야 한다.

● 채권도 주식처럼 간편하게 거래

그동안 채권은 거액 자산가의 독점물로 여겨졌다. 투자 단위가 억 원대로 크고 다소 복잡한 계산구조 때문이다. 하지만 지금은 많은 사람이 채권투자의 장점을 이해하고 적극적으로 매매에 나서고 있다. 증권사 역시 소액투자자들을 위해 적은 금액으로 판매 단위를 쪼개 채권 상품을 내놓고 있다.

채권에 투자하기 위해선 증권사에 계좌를 개설해야 한다. 당일 결제 시스템으로 증거금률은 100%이고 가격제한폭은 없다. 계좌개설 이후 주식 투자와 같은 요령으로 전화주문 혹은 온라인주문을 통해 매매가 가능하다. 증권사 직원과 상담을 통해 자신에게 적합한 상품을 고를 수 있다.

채권투자 이렇게 한다

1. 증권사 지점을 방문해 상담 후 계좌 개설
2. 계좌 개설시 온라인 매매를 고려해 홈트레이팅시스템(HTS) 등록
3. HTS나 상담을 통해 매매하고자 하는 채권종목 확인 후 주문
   장내채권은 장외채권과 달리 매매수수료가 있음을 명심
4. 매수채권 만기시 등록계좌로 원리금 입금
   만기일이 토요일 혹은 공휴일이면 다음날 입금

02

단기에 높은 수익 추구한다면
CP·RP·CD 살펴라

시중 자금의 단기부동화 현상이 심화되면서 단기 상품에도 눈길이 쏠리고 있다.

여유자금을 3개월이나 6개월 이내로 짧게 굴릴 수 있는 금융상품도 주목할 만한 투자대상이란 얘기다. 개인들이 직접 사고 팔거나 만기까지 투자할 수 있는 단기금융상품으로는 △환매조건부채권(RP: repurchase agreement) △양도성예금증서(CD: negotiable certificate of deposit) △기업어음(CP: commercial paper) 등이 대표적이다.

우선 RP는 만기일에 미리 약속한 가격으로 다시 사거나 되파는 조건으로 채권을 매매하는 상품이다. 거래 당사자들이 미리 정한 금리나 만기 등 조건 아래 다시 매매할 것을 약속하고 거래하는 방식으로 매매한다. 때문에 RP 방식으로 거래되는 채권은 국고채일 수도 있고 회사채일 수도 있다. 은행이나 증권사에서 살 수 있다.

은행에서 판매하는 RP는 만기 후에도 이자를 지급하며 만기 전이라도 중도해지가 가능하다. 다만 은행에서는 일정기간 동안 돈을 예치하는 RP만 살 수 있다.

반면 증권사에서는 일정기간 동안 일정 금리로 투자할 것을 약정하는 RP뿐만 아니라 수시로 입출금이 가능한 RP도 판매하고 있다. RP는 만기에 따라 △오버나이트 RP(1일물) △텀(term) RP(2일 이상) △오픈 RP(거래당사자 한 쪽의 통지가 있기 전까지 만기 자동연장) 등으로 구분되지만 일반적으론 1개월물과 3개월물이 주로 거래된다.

CD는 은행 정기예금에다 사고 팔 수 있는 특징을 가미한 상품이다. 무기명으로 예치기간동안의 이자를 미리 할인해서 발행하기 때문에 만기 후에는 이자가 지급되지 않는다. 만기 이전에는 중도해지가 불가능하다.

만기 전이라도 증권사나 종금사 등 유통시장에서 매매도 가능하다.정기예금은 만기까지 돈이 묶이고 금리도 정해져 있지만 CD는 언제라도 증권사나 종금사가 제시하는 유통수익률에 사고 팔 수 있다.

CD는 만기가 30일 이상이어야 하며 통상 3개월(91일)물과 6개월(180일)물이 주로 거래된다. 국내에선 수출입은행을 제외한 모든 은행(시중은행, 지방은행, 특수은행 및 외국은행 국내지점)이 CD를 발행할 수 있다. 은행은 물론 증권사, 종금사 등에서도 가입할 수 있다.

CP는 기업이 자체 신용을 바탕으로 발행하는 만기 1년 이내의 융통어음을 일컫는 말이다. 납품, 하청 등 상거래를 통해 주고 받는 상업어음과 달리 단기자금을 조달하는 게 주목적이다.

CP는 주식이나 회사채를 발행하는 것보다 절차가 간소한 데다 대개 담보없이 신용으로 발행돼 기업의 신속한 자금조달 수단으로 많이 활용된다. CP 만기는 1년 이내이며 최저 액면금액이 1억 원 이상으로 제한돼 있다.

CD와 마찬가지로 이자는 미리 지급되므로 만기 후에는 이자가 계산되지 않는다. 그러나 은행에서 판매하는 CP는 만기이전에 중도해지가 가능하다. 증권사나 종금사 CP의 경우는 중도해지가 불가능하다. 종금사 CP는 은행이나 증권사 CP와 달리 이자를 미리 계산할 수도 있고 만기에 투자원금과 함께 지급하는 방법 중 선택할 수 있다. 단기금융상품은 발행금융기관이 망하지 않는 한 원금이 보장된다.

그러나 개인투자자들이 투자하기엔 큰 매력이 없다. 2005년 8월 현재 이같은 단기투자상품의 수익률이 3.2~3.3% 수준에 불과하기 때문이다.

김선열 삼성증권 fn아너스 청담점 지점장은 "3개월 이내에 시중금리보다 높은 금리를 원하는 투자자라면 단기상품에 투자할 만하다"면서도 "세금을 떼고 나면 수익률이 크지 않다"고 지적했다. 원천이자소득세율이 15.4%에 달하고 단기상품 거래에 따른 소득은 종합금융소득과세 대상이기 때문에 단기상품 투자에 따른 수익률은 은행정기예금보다 0.01%포인트 이상 높이기 힘들다는 설명이다.

또한 이자가 상승추세에 있을 때 6개월 이상 투자는 부담이 된다. 이들 상품은 실세금리가 반영되기 때문이다. 다만 은행이 지급보증하는 CD와 국공채

단기 금융 상품 종류와 특징

구 분	가입처	특 징
양도성 예금증서 (CD)	은행 증권사 종금사	• 은행에서 무기명으로 이자지급 후 발행 • 중도해지 불가능 • 만기 이전에도 증권사 · 종금사 등 유통시장에서 매매 가능
환매조건부 채권(RP)	은행	• 일정기간 동안 일정금액을 예치하는 RP만 취급
	증권사	• 약정식 RP뿐만 아니라 수시 입출금이 가능한 RP도 판매
기업어음 (CD)	은행	• 선이자지급방식으로 만기 후 이자 지급 안함 • 만기 이전 중도해지 가능
	증권사	• 선이자 지급방식으로 만기 후 이자지급 안함 • 만기 이전 중도해지 불가능
	종금사	• 선이자 지급 또는 만기시 원금과 함께 지급 중 선택가능 • 만기 이전 중도해지 불가능

를 기초자산으로 하는 RP와 달리 CP는 기업의 신용도를 점검해야 할 것으로 보인다. 은행이나 국공채는 현실적으로 원금을 떼일 가능성이 적지만 CP는 일반 기업의 신용을 기초로 발행하기 때문이다.

한편 증권사에서 파는 간접투자형 단기금융상품으로는 MMF(머니마켓펀드)가 대표적이다. 은행에서는 MMDA(시장금리부 수시입출식예금)가 있다. 하지만 이들 상품은 원금이 보장되지 않을 수도 있다.

03

교환사채(EB): 주가 오르면 차익도 먹고 이자도 챙기고

"**팬택앤큐리텔은** 7월 8일 SK 보통주와 교환되는 교환사채 1,094억 원을 발행한다고 공시했다. 만기는 3년이며 만기 후 원금의 110.872%에 해당하는 금액을 일시 상환한다. 교환가액은 6만 8,000원이다." 2005년 6월 27일 공시 내용이다. 팬택앤큐리텔을 SK텔레텍 인수를 위한 자금 확보를 목적으로 보유중인 SK 주식을 기초로 교환사채를 발행한다고 밝혀 언론의 주목을 받은바 있다.

교환사채(EB: Exchangeable Bond)는 전환사채와 함께 채권과 주식의 특성이 한데 섞인 대표적인 짬뽕 채권 중 하나로 사채권자의 의사에 따라 주식 등 다른 유가증권으로 교환할 수 있는 사채다.

다시 말해 교환사채는 교환사채 소지인이 일정한 기간(교환권 행사기간) 내에 사전에 합의된 조건(교환조건)으로 해당 사채발행회사가 보유하고 있는 상장주식으로 교환청구를 할 수 있는 권리가 부여된 채권을 말한다.

교환사채는 사채 자체가 상장회사의 소유주식으로 교환되는 것으로 교환 시 발행회사의 자산, 부채가 동시에 줄게 된다. 전환사채와 신주인수권부사채와 달리 권리행사시 발행회사의 주식이 발행되는 것이 아니므로 자본금 변동이 발생하지는 않고 추가적인 자금 유입이 없다.

이 사채의 장점을 보면, 교환사채 보유자는 교환사채 발행 시 특정된 주식의 가격이 상승할 경우 시세차익을 얻을 수 있고, 발행회사는 낮은 이율로 사채를 발행해 이자지급 부담을 덜 수 있다.

결국 사채발행에 의한 자금조달을 촉진시킬 수 있는 것이다. 또 투자자에게는 전환사채와 마찬가지로 투자의 안정성과 고수익을 거둘 수 있는 특징을 겸비하고 있어 유리한 투자대상이 된다.

하지만 교환시 발행회사의 급격한 자산감소가 나타나고, 교환 청구에 대비하여 보유 유가증권을 현금화하여 운용할 수 없으며, 증권예탁결제원에 일정기간 예치해야 하기 때문에 보유 유가증권이 담보화 또는 고정자산화를 유발하는 단점이 있다.

교환권이 행사되면 증권예탁결제원은 교환사채권을 발행회사에 제출하고 교환주식을 계좌대체 방식으로 교환사채권자에게 교부하는데, 전환사채와 마찬가지로 교환대상주식의 발행회사가 주식을 추가로 발행하는 경우에는 교환가격을 조정해주어야 한다.

전환사채와 교환사채 비교

구 분	전환사채	교환사채
사채에 부여된 권리	• 전환권	• 교환권
대상유가증권	• 발행회사의 신규 주식발행	• 발행회사가 소유하고 있는 타법인 상장 유가증권
권리행사 후의 지위	• 사채권자 지위 상실 (발행회사 주주 지위 취득)	• 사채권자 지위 상실 (타회사 주주 지위 취득)
주식의 취득가격	• 전환가격	• 교환가격
주주가 되는 시기	• 전환을 청구할 때	• 교환을 청구할 때

04

전환사채(CB): 주가상승기 '잠재주식' … 꿩 먹고 알 먹고

전환사채는 주가상승기에 '잠재주식' 으로서 시세차익을 기대할 수 있다.

전환사채(CB: Convertible Bond)란 일정기간이 지난 후 일정가격에 주식으로 바꿀 수 있는 채권을 의미한다.

전환사채를 갖고 있는 투자자 처지에선 해당 종목의 주가가 교환가격을 웃돌면 주식으로 바꿔 차익을 남길 수 있다. 또 주가하락기에도 큰 걱정을 하지 않아도 된다. 주가가 정해진 전환가격을 밑돌 경우, 주식으로 전환하지 않고 채권으로 보유할 수 있기 때문이다. 결산기마다 채권이자를 받을 수 있고 만기엔 다소 높은 수준의 금리를 회사가 보장해준다.

즉, 투자자 처지에서 전환사채는 확정이자부 채권으로서 안전성과 주식전환에 따른 시세차익을 기대할 수 있다. 또 발행기업 쪽에선 전환사채가 주식으로 전환될 경우, 자본금이 늘어나는 효과를 누릴 수 있어 주로 주가 상승기에 많이 등장한다. 하지만 일단 주식으로 전환되면 다시 채권으로 바꿀 수는 없다.

전환사채 투자에 있어 전환가격과 주가전망이 중요하다.

기업의 주가가 주식 내재가치보다 낮고 주식시장이 상승기에 진입했다고 판단되면 투자해볼 만하다. 해당기업의 주가가 전환가격을 웃돌면 주식으로 바꿔 팔아 차익을 남길 수 있는데, 주식으로 바꾼 후라도 주가가 더 오를 것이라고 생각하면 보유하고 있어도 무방하다. 이에 반해 주가가 전환가격에 못 미치면 채권으로 그대로 가지고 있어야 하기 때문에 수익률도 주요한 판단 근거다.

그러나 무엇보다 중요한 것은 기업의 신용도이다. 부도날 경우 투자원금을 날릴 가능성이 높기 때문이다. 또 주가가 전환가격을 밑돌 경우, 채권으로 보유할 수밖에 없어 환금성이 떨어진다는 점을 유의해야 한다. 아울러 주식으로 전환했다 하더라도 주가가 단기급락하면 오히려 팔 수 없는 경우도 염두에 둬야 한다고 전문가들은 조언한다.

한편 해당 종목의 주가가 교환가격을 웃돌아 주식으로 전환될 가능성이 높아지면 주가에 '오버행(잠재 물량 부담) 이슈'가 나타난다. 오버행이란 주식시장에서 언제든지 매물로 쏟아질 수 있는 잠재적인 과잉 물량을 의미하는 것으로 통상 주가에 악재로 작용한다.

예를 들어 보자. 데이콤은 2005년 상반기 통신업종 중에서 가장 높은 상승률을 기록한 회사다. 2004년 말 4,970원이었던 데이콤 주가는 2005년 7월 들어 1만 원을 상향 돌파했다. 통신주가 저베타주라는 점을 고려하면 놀라운 상승세였다. 그러나 그 이후 데이콤 주가는 1만 원을 전후로 등락을 거듭하는 모습을 연출했다. 오버행 이슈가 부상했기 때문이다.

데이콤은 지난 2003년 7월 전환사채 2,000억 원어치, 2004년 10월 신주인수권부사채(BW) 600억 원 어치를 각각 발행했다. 전환사채 전환가격은 8,623원, 신주인수권 행사가격은 6,900원이었다. 신주인수권부사채란 신주를 인수할 수 있는 권리(신주인수권)가 붙어있는 사채로, 신주인수권을 갖고 있는 사람은 주가가 행사가격보다 높아지면 권리를 발동해 행사가격으로 싸게 산후 시가에 비싸게 팔 수 있다.

즉, 데이콤 주가 상승으로 인해 주가가 전환사채 전환가격 및 신주인수권 행사가격을 웃돌자, 주식으로 전환될 물량이 많아질 것이라는 걱정으로 주가가 '정체' 양상을 보였다.

이와 관련 전환가격대를 예측하기 위해선 전환가격과 함께 수익률도 동시에 고려해야 한다.

예를 들어 데이콤의 전환가격이 8,623원이지만 1년 후에 만기보장 수익률이 13%이기 때문에 실질적인 전환가격은 13% 이상 높은 수준인 셈이다.

한편 이러한 '오버행 이슈'가 마무리 국면에 접어들면 펜더멘털에 주목해야 한다.

'오버행' 이슈는 분명 단기적으로 해당 종목에 악영향을 미치지만 이 과정이 끝나면 결국 해당 종목 주가는 펜더멘털에 따라 움직이는 추세를 보이기 때문이다. 이에 따라 '오버행 이슈'에 따른 주가 약세를 저가매수 기회로 삼아야 한다는 의견도 제기된다.

가능성 있는 신주인수권부사채(BW) 챙겨라

2005년 상반기 코스닥 지수 상승 직전에 선진 투자 노하우와 자금력을 바탕으로 신주인수권부사채(BW: Bond with Warrant)에 투자한 외국계 투자기관들이 짭짤한 수익을 거뒀다.

특히 코스닥 상장사의 주식 관련 채권을 저가에 다량 매입했던 피터벡앤파트너스, CSFB, 애머랜스 등은 BW 행사가격(전환가격)이 낮은데 비해 주가가 큰 폭으로 올라 상당한 시세차익을 남겼다.

피터벡은 2005년 7월 대한바이오링크의 신주인수권 행사(행사가격 주당 539원)로 받은 물량 361만여 주(10.35%)를 4차례에 걸쳐 장내 매도해 8억 원 이상의 차익을 챙겼다. 피터벡이 물량을 쏟아내는 동안 회사의 주가는 하락일로를 걸었다. 피터벡은 씨티씨바이오의 신주인수권 행사 및 지분 처분으로도 15억 원 이상의 수익을 거뒀다.

BW는 이처럼 외국계 투자기관들이 낮은 가격에 주식을 확보하고 높은 가격에 파는 '무위험 차익거래' 전략에 전형적으로 활용된다.

CB와 함께 주식연계채권의 하나인 BW는 발행기업에서 신주를 발행하는 경우 약정된 가격으로 일정한 양의 주식을 매입할 수 있는 권리가 부여된 사채다. 투자자는 이자와 원금을 보장받으며, 주가가 신주인수권의 행사가격보다 높을 경우 신주인수권을 행사해 시세 차익을 얻을 수 있다.

BW에 부여된 신주인수권을 워런트(warrant)라고 하는데 이 워런트를 채권과 분리해서 매매할 수 있느냐에 따라 분리형과 비분리형으로 나눌 수 있다. 분리형은 채권은 그대로 두고 워런트만 따로 매매할 수 있으므로 투자자에게 매우 유리하며, 비분리형은 매각할 때 채권도 함께 매매해야 하는 것이다. 신주인수권을 행사할 때 추가자금을 투입해야 한다는 점에서 전환사채와 차이가 있다.

BW에 투자할 때 눈여겨 봐야 하는 것이 패리티(parity)다. 패리티는 워런트의 내재가치를 말하는 것으로 투자가가 워런트를 행사해 인수한 주식을 현재의 시장가격으로 즉각 매각할 경우 얻는 가치를 말한다. 여기서 주식 거래와 관련된 비용, 즉 매각 수수료 및 세금을 제외한 가치를 네트 패리티(net parity)라고 하며 이를 조정하지 않은 것을 그로스 패리티(gross parity)라고 한다.

BW에 투자할 때는 발행 기업을 치밀하게 분석해 최근 몇 년간의 주가 추세를 살펴보고 앞으로의 주가 향방을 예측해야 한다. 주가가 정점에 도달한 기업은 앞으로 주가가 채권 행사 가격보다 오른다는 보장이 없으므로 위험도가 높다.

BW는 채권의 측면에서 볼 때 분명히 투자 가치가 낮다. 발행기업은 주식을 인수할 수 있는 권리를 주는 대신 채권의 금리는 국고채보다 0.2 ~ 0.3% 높은 수준을 유지하는 것이 일반적이다.

회사채라는 특성을 감안한다면 금리가 매우 박하므로 주식으로 전환하거나 신주를 인수하지 않고 만기까지 가지고 있는 것은 별 의미가 없다. 이는 다른 채권에 투자해 보다 높은 수익을 얻을 수 있는 기회비용을 포기하는 것과 같다.

BW매입과 처분에서 잊어서는 안 될 세 가지가 있다.

첫째, 처분시점의 주가흐름에 유의하라는 것이다. CB와 달리 BW는 주식을 매입하는데 추가자금이 필요할 뿐 아니라 신주인수권을 행사하면 주식을 인수하기까지의 소요기간(15일 정도)에 주가가 하락할 수도 있다. 따라서 주식시장이 약세로 돌아섰을 때 섣불리 신주인수권을 행사하는 것은 위험하므로 신주인수권을 포기하고 BW를 만기까지 보유하거나 장내에서 매도하는 것이 좋다.

둘째, CB를 매입하기 전에 발행의도와 인수자를 잘 살펴보라는 것이다. 특히 자금압박을 받아 어쩔 수 없이 CB나 BW를 발행하는 경우를 주의해야 한다. 발행 의도를 가려낼 객관적인 기준은 없지만 인수자가 누구인가는 살펴볼 수 있다. 구조조정기금이나 해외 유명펀드는 장기투자 성향이 강하지만 개인이나 소규모 투자 자문사들이 인수하는 경우는 각별한 주의를 요한다.

셋째, CB와 BW는 유상증자보다 주식가치 희석효과가 크기 때문에 발행 규모가 큰 회사는 피해야 한다.

주식연계 채권의 발행규모와 내역은 등록전의 것은 금융감독원 전자공시시스템(dart.fss.or.kr)에 나와있는 사업설명서를 통해, 등록이후의 것은 수시공시를 통해 파악할 수 있다. 특히 등록이전 발행분의 규모, 인수자, 행사시기, 기준 가격등을 면밀히 따져봐야 낭패를 면할 수 있다.

이와 함께 호재성 공시에 해당하는 코스닥기업의 CB나 BW 해외공모 성공에 현혹되지 말고 배경을 냉철하게 따져보라는 전문가들의 조언도 귀담아 들을 필요가 있다.

개인 투자자들은 해외 BW 발행 기준가격을 까다로운 외국인 투자자들이 보는 적정주가 수준이라고 받아들이는 경향이 있다. 그러나 자금시장 관계자들은 "대주주가 주가를 유인하기 위해 자기 돈이나 회사자금을 해외로 돌려 자기회사의 CB나 BW에 투자하는 경우가 많다"고 지적한다.

즉, 대주주는 주가가 기준가격에 못 미치면 정기예금 금리보다 높은 채권금
리를 챙기고 주가가 기준가격을 웃돌면 주식을 받아 차익을 노릴 수 있다.
특히 해외 공모 CB는 발행조건이 까다롭지 않고 2~3개월이면 주식전환이
가능해 대주주 재테크의 단골메뉴로 꼽힌다.

06 채권담보부증권(CBO):위험 분산 노리는투자자에게 효과적인 채권투자

채권담보부증권(CBO)가 한국 금융시장에 처음 등장한 것은 2000년 하반기. 당시 경기가 둔화되고 기업활동이 위축되면서 이미 발행한 회사채를 상환하거나 차환발행하기 어려운 기업이 늘어 금융시장이 또다시 연쇄부도 위기에 내몰렸다.

1999년 발생한 대우사태 이후 금융시장을 간신히 끌고 가던 정부가 고민 끝에 들고나온 것이 바로 CBO이다.

회사채 차환발행이 어려운 신용등급 BBB-이하 회사들에게 자금소요만큼 회사채를 발행케 한 다음 정부가 이들 기업의 회사채를 모은 뒤 신용보증기관의 보증을 보강해 ABS(자산유동화 증권)를 발행한 뒤 매각했다.

여러 곳의 회사채를 모은 만큼 한꺼번에 부도가 나기 전에는 위험이 분산되고 신용보증기관으로부터 신용보강을 받은 데다 상대적으로 고수익을 노릴 수 있어 투자 메리트가 생겼다.

이에 따라 CBO펀드 등에서 적극적인 매수세가 붙으면서 신용경색사태를 피할 수 있었다. 그러나 개인투자자들이 접근하기엔 어려움이 많은 게 단점이다.

CBO는 신용보증과정에서 실무자들의 '도덕적 해이'로 프라이머리CBO 부실 운용 문제가 대두되기는 했지만, 프라이머리CBO는 선진적인 채권의 한 형태로 자리를 잡았다.

CBO란, 이같이 여러 종류의 회사채를 담보로 발생하는 채권증서를 말한다. 프라이머리 CBO(발행시장 CBO)는 여러 기업이 신규로 발행하는 회사채를 증권사가 먼저 총액 인수해(POOLING) 이를 유동화 전문회사에 매각하고 유동화 전문회사가 다시 이를 기초로 증권을 발행해 일반에 매각하는 일종의 자산담보부증권(ABS)이다.

반면, 세컨더리 CBO(유통시장 CBO)는 이미 발행돼 유통되고 있는 회사채를 담보로 발행되는 증권이다. 프라이머리 CBO는 신용등급이 낮은 개별기업이 자체적으로 회사채를 발행하기 어려울 때 공동으로 자금을 조달하는 방법으로 국내회사채 발행시장에서 차지하는 비중이 점점 높아지고 있다.

발행시장 CBO가 활성화 되면 신용등급 B이하인 기업도 회사채를 발행할 수 있어 중견 중소기업의 자금조달이 쉬워지며, 투자자는 손쉽게 분산된 채권 포트폴리오에 투자할 수 있다.

국내에서는 중소기업진흥공단, 신용보증기금 등 정보산하기관이 주도해 개별기업의 신용으로는 채권발행이 어려운 중소기업 및 벤처기업들을 지원하는 데 활용돼 왔다.

한편, 비슷한 형태로 CLO(Collatelized Loan Obligation)는 대출채권을 담보로 발행되는 2차 채권이다. 은행이 기업에 대출을 제공함과 동시에 대출채권을 자산 유동화 회사에 양도하면 자산 유동화 회사가 대출채권을 기초로 CLO를 발행해 매각한다.

CLO를 발행함으로써 은행은 기업에 대출할 수 있는 대출자금을 추가로 확보할 수 있게 된다.

투자자들은 주간사나 인수단에 참가한 증권사나 종금사 창구를 통해 CBO
나 CLO공모에 참여할 수 있다. 각각의 CBO와 CLO에는 신용등급과 이자율
이 부여돼 있기 때문에 이 사항을 잘 살펴야 한다.
최근에는 엔화 프라이머리 CBO 등이 발행되기도 했다. 대신증권은 2004년
말 46개 중소기업이 발행한 액면 100억 원의 무보증신주인수권부사채(BW)와
무보증일반사채를 기초자산으로 엔화 프라이머리 CBO를 발행하기도 했다.

보증사채 / 무보증사채: 회사 신용도를 잘 살펴라

회사채는 은행, 증권사, 보증보험 등 금융회사가 지급을 보증하는 보증사채와 보증이 없는 무보증사채로 나누어진다.

1997년 외환위기 이전에는 보증사채가 대부분이었다. 그 시절에는 정부가 균형재정을 운영했기 때문에 국채 발행규모가 상대적으로 적어 3년 만기 보증사채 유통수익률이 시장금리 움직임을 대표하는 지표금리 역할을 할 정도로 보증사채가 채권의 대표격이었다.

그러나 외환위기 당시 대기업의 연쇄 부도 등으로 어려움을 겪는 은행이 보증을 기피해 그 이후에는 무보증사채가 회사채의 95% 이상을 차지한다. 원리금 상환 및 이자지급을 제3자의 보증이나 물적 담보 없이 신용에 의해 발행하는 채권이 회사채의 주종을 이루게 된 것이다.

무보증사채는 원리금 회수에 대한 위험부담이 크기 때문에 보증사채나 담보부사채에 비해 이자율이 높고 기간이 단기인 것이 특징이다. 투자자들은 보증이나 담보가 없는 무보증사채에 투자하기에 앞서 기업의 신용등급을 꼼꼼히 살펴야 한다.

채권 발행회사는 투자자들을 위해 당국이 인정한 신용평가기관(한국신용정보 한국기업평가 한국신용평가 서울신용평가정보)에서 평가를 받고, 연 1회 이상 회사의 신용평가등급을 공시하도록 규정돼 있다.

신용등급은 AAA, AA, A, BBB, BB, B, CCC, CC, C, D로 분류된다. AAA에서 BBB까지는 투자등급으로, BB에서 D까지는 투기등급으로 분류된다. 투자등급은 채무이행에 문제가 없는 경우고, 투기등급은 자칫하면 이자는 고사하고 원금도 찾지 못할 위험이 있는 경우다.

여기서 한가지 짚고 넘어가야 할 것은 신용평가는 발행기관의 성장성이 아닌 원리금 상환능력이라는 신용 리스크에 중점을 둔 안정성 위주의 평가여서 애널리스트의 기업가치평가와는 일치하지 않을 수 있다는 점이다.

신용등급은 채권의 이자율에 영향을 미친다. 일반적으로 신용등급이 높을수록 발행이자율은 낮아진다. 채권발행자의 신용도가 높은 경우 굳이 높은 이자를 제공하면서 돈을 조달하지 않아도 되기 때문이다. 회사채 안에서 삼성전자처럼 우량한 AAA급 회사채와 투자적격 등급의 마지막인 BBB급 채권 사이에는 3~4%포인트 이상 금리 차이가 있다.

그리고 신용평가등급은 신용평가기관에서 발간하는 주간 월간 보고서나 인터넷 사이트 등을 통해서 언제든지 확인할 수 있다.

회사채에 투자를 할 때는 투자하는 자금의 성격, 투자기간, 투자방법에 맞는 채권을 골라야 한다. 퇴직금을 묻어두고 주기적으로 지급되는 이자로 생활하려는 투자자라면 이표채(3개월이나 6개월 단위로 채권 뒷면의 이표를 떼서 이자를 받는 채권)로 발행된 신용등급이 높은 회사채를 선택하는 것이 좋다.

투자를 원하는 회사채를 선택했다면 발행시장을 통해 살 것인지, 유통시장을 통해 살 것인지를 선택해야 한다. 새로 발행되는 회사채를 사려면 주간사 또는 인수단에 속한 증권사에서 청약을 하면 되고, 이미 발행돼 거래되는 채권을 살려면 증권사에 계좌를 개설하고 시장의 유통수익률을 참고해서 채권을 매입하면 된다.

주식투자는 증거금률이 10~20%로 낮지만, 채권투자는 증거금률이 100%이다. 특히 개인투자자라면 세금우대 소액채권저축(2000만 원 이하의 소액채권 투자를 1년 이상 할 경우 이자소득에 대해 낮은 세율로 분리 과세하는 상품) 등을 이용하면 절세를 할 수 있다.

2006년 증권사 주식시장 전망

2005년 사상 최고 지수를 기록했던 한국 주식시장이 2006년에도 순조로운 항진을 계속할지 관심이 쏠린다.

증시 전문가들은 2006년 증시가 2005년처럼 폭발적인 상승세를 보일 가능성은 낮지만 강세기조를 유지할 것이라는 데 의견을 모으고 있다. 특히 2006년에는 코스피지수가 1,500선을 넘겨 2005년에 기록한 지수 최고치 행진을 이어갈 것이라는 전망이 우세하다.

증시 전문가들은 2006년 상반기에 증시가 큰 폭의 조정보다는 소폭의 조정을 받을 가능성이 높은 것으로 보고 있다. 따라서 2006년 1분기와 4분기에는 주가가 상대적인 강세를 보일 것이라는 예상이 나온다.

이렇게 증권사들이 올해 주가전망을 긍정적으로 보는 이유는 수출 호조에 내수 회복세가 어우러지는 성장세를 보이면서 기업 실적이 개선될 것으로 전망되기 때문이다. 여기에 유가와 물가도 어느 정도 안정될 가능성이 높다고 보고 있다. 실제로 민간 경제연구소와 국책 연구기관들은 기업이익 증가율이 15%에 이를 것이라는 예상을 내놓고 있다.

증시의 투자주체별 동향과 수급도 우호적이다. 한국증시에서 개인과 외국인의 영향력이 줄어든 대신 기관들의 영향력이 커진 것은 좋은 소식이다.

적립식 펀드 등 풍부한 간접투자 자금이 여전히 기관화 장세를 이끌고 있어 지수의 변동성을 줄여주고 있다. 과거처럼 과열된 지수가 급격하게 무너지는 현상이 나타날 가능성이 적어진 셈이다.

2006년 1분기나 4분기 중에는 코스피지수가 1,400선을 넘길 것이라는 전망이 우세하다. 이와 관련해 대신증권은 2006년 코스피지수 최고치를 1,450으로, 대우증권은 1,550으로, 삼성증권은 1,580으로, 현대증권은 1,600으로 각각 내다봤다. 한국투자증권과 우리투자증권은 각각 최고치를 1,550과 1,430으로 예상했다.

분기별 지수 전망으로는 1분기에 주가가 강세를 보인 뒤, 2분기에는 조정을 받고 다시 하반기에 상승할 것이라는 예상이 주류를 이룬다. 다만 1분기에 지수가 최고점을 찍을 것이라는 예상과 4분기가 최고점일 것이라는 전망에서만 차이를 보이고 있다.

2006년 1분기와 4분기의 주가 강세가 예상되는 이유는 한국 증시를 대표하는 종목의 실적추이와 관계가 있다. 1분기에 발표되는 2005년 4분기 기업실적이 양호할 것으로 보이고, IT 대표기업의 경우 하반기로 갈수록 실적 모멘텀이 강화될 것으로 보이기 때문이다.

증시의 향방을 좌우할 가능성 있는 호재와 악재로는 수출과 내수의 균형성장, 달러화 강세와 위안화 절상을 각각 꼽은 증권사가 많았다.

한국증권은 증시에 영향을 줄 수 있는 호재로 수출과 내수의 균형성장, 유가하락세와 물가안정을 꼽았다. 반면 악재로는 부동산 가격의 재상승 가능성을 지적했다.

동양종금증권은 기업이익 증대와 투자확대, 글로벌 시장내 저평가 지속 등을 호재로 봤지만 달러화 강세, 글로벌 금리인상 동조화 가능성, 지수 급등에 따른 주식 가격의 부담을 악재가 될 수 있다고 분석했다.

또 대신증권은 가능성 있는 악재로 하반기 경기 모멘텀 약화, 콜금리 인상 가능성, 고유가지속 가능성, 위안화 평가절상 가능성 등 4가지 변수를 제시했다. 특히 증권사들은 투자 전략을 세울 때 예상되는 시장의 방향을 고려하라는 조언을 내놓고 있다.

대신증권은 연중 고점이 1분기에 예상되는 만큼 1분기 말에 이익을 실현하고 3분기 후반에 반도체ㆍ자동차ㆍ유통 등 IT와 경기소비재 중심으로 주식 비중을 확대하는 것이 좋을 것이라는 투자 전략을 제시했다.

한국투자증권은 2005년 주식시장이 크게 상승한 만큼 추가 수익에 대한 지나친 욕심을 버리고 장기 보유전략을 견지하는 것이 좋을 것이라는 조언을 내놨다. 종목별 선택이 쉽지 않은 만큼 간접투자 비중을 늘리는 것이 바람직하다는 충고도 덧붙였다.

반면 대우증권은 연말로 갈수록 지수가 높아지면서 2006년 4분기에는 지수 고점이 1550에 이를 수 있다고 전망했다.

이런 흐름을 고려해 상반기에는 유통과 섬유의복, 음식료, 은행, 기계 등 내수업종에 관심을 갖고, 하반기에는 IT섹터를 중심으로 공격적인 투자를 고려할 만하다는 의견을 내놓았다.

미래에셋증권은 중소형주에도 관심을 가져야 한다는 투자전략을 제시했다. 성장 모멘텀이 있는 저평가주에 투자하는 전략이 보다 높은 수익률을 올릴 수 있다는 얘기다. 특히 종목별 차별화가 갈수록 심화될 것이라는 예상도 투자자들은 참고할 만하다. 이와 관련해 현대증권은 주식투자 원칙으로 기업실적 증가에 주목, 선별적인 투자를 해야 한다고 강조했다.

2006년 투자자들에게 알토란 같은 수익을 안겨줄 종목으로는 무엇보다도 기본에 충실한 '실적 호전 종목'이 꼽힌다.

주요 8개 증권사에 대해 2006년 가장 유망한 투자 종목을 문의한 결과 '현대차'를 꼽은 증권사가 6곳으로 집계됐다. 현대차의 뒤를 이은 투자유망 종목은 삼성전자로 모두 5개 증권사가 추천했다.

현대차가 이렇게 높은 평가를 받은 이유는 2005년이 현대차가 글로벌메이커로 도약하는 원년이 될 것이라는 전망에 기초하고 있기 때문이다.

탄탄한 사업포트폴리오를 구축하는 삼성전자 주가 역시 순항할 것이라는 전망이 주를 이뤘다. IT 산업의 하강 사이클이 2006년에는 마무리될 것이라는 예상도 나오고 있어 삼성전자가 내재적 이익에 기반을 둔 장기 성장 스토리를 쓸 것이라는 설명이다.

이 밖에 사상 최고 주가시대를 맞아 이익이 급증하는 증권, 금융주에 대한 추천도 이어졌다. 대신증권은 삼성증권을, 미래에셋증권은 삼성증권과 우리투자증권을, 삼성증권은 우리투자증권을 유망주로 추천했다. 또 대우증권과 우리투자증권은 우리금융지주를 투자 유망주로 제시했다.

제약분야에서는 유한양행+, 동아제약, LG생명과학 등이 신약 개발능력과 실적 모멘텀을 주목할 만하다는 평가를 받았다. 또 다른 투자유망 종목으로는 내수 대표주이지만 저평가라는 분석이 나오고 있는 현대백화점, 자동차산업의 본격적인 도약에 따른 수혜를 기대할 만한 동양기전, 본격적인 실적 턴어라운드가 기대되는 두산인프라코어와 현대중공업 등도 유망 종목으로 지목됐다.

성진경 대신증권 연구원은 "주식형 펀드의 자금유익 확대로 기관의 매수 여력이 증가하고 있어 상승추세 자체가 흔들리지는 않을 것"이라며 "이익모멘텀이 큰 종목을 중심으로 투자전략을 세우라"고 조언한다. 그리고 "본격적인 경기회복으로 기업들의 실적개선이 예상되고 있는 만큼 이익 모멘텀이 있는 종목에 주목하라"고 밝혔다.

대신증권에 따르면 이수그룹 계열의 PCB관련 제품 제조업체인 이수페타시스의 EPS(주당순이익)가 2005년 30원에서 2006년 353원으로 1,088.1% 늘어 이익이 가장 크게 증가할 것으로 조사됐다. 특히 이수페타시스는 2005년 주가가 48%가량 상승하는데 그쳐 저평가 매력도 있는 것으로 나타났다.

또 대우조선해양, 대상, 삼성중공업, 현대중공업, 코오롱, 대우정밀, 한진중공업, LG필립스LCD, LG전자, STX조선도 내년 EPS가 2배 이상 증가할 것으로 전망됐다.

특히 대우정밀(연초 이후 수익률 7.25%), LG필립스LCD(6.67%)는 2005년 주가가 크게 상승하지 못해 주가가 떨어지는 시점을 노린 저점 매수가 유망할 것으로 보인다.

김승현 동양종금증권 연구원도 "재평가가 상당기간 진행된 현시점에서 향후 추가상승 여부는 경기와 실적에 대한 확인작업을 통해 결정될 것"이라며 "경기회복이 가시화되는 현시점에서 경기민감주 중 실적개선이 기대되는 종목을 중심으로 투자해야 한다"고 설명했다.

동양종금증권은 △IT섹터 △경기소비재 △산업재섹터가 시장대비 초과수익률을 기록할 것으로 내다봤다. 2006년 1분기 국내 증시전체 영업이익이 전년대비 24.2% 증가할 것으로 전망되는 가운데 IT섹터(48.9%) 경기소비재(41.3%) 등은 시장평균의 두 배가 넘는 이익모멘텀이 있을 것이라는 분석이다.

IT 섹터에서는 삼성전기, 삼성전자, LG전자, 신성이엔지가, 경기소비재 섹터에서는 현대차, 동양기전, 호텔신라, 웅진코웨이가, 산업재 섹터에서는 현대중공업, 대한항공, 두산인프라코어가 투자관심대상으로 각각 꼽혔다.

2006년 주요 증권사 증시 전망

증권사	동양종금증권	대신증권	삼성증권
KOSPI 예상 지수	1,120~1,500	1,050~1,450	1,130~1,580
KOSDAQ 예상 지수	별도 전망 없음	550~850	별도 전망 없음
증시 호재	• 내수경기회복, • 기관의 유동자금 유입 • 기업실적개선 • 주식 신규발행물량 증가	• 내수 회복에 따른 경제성장률5%달성 기대감 • 국내기업들의 영업이익 12%증가 예상	• 내수 경기 호전, 경기우려가 사라지면서 주식으로 투자자금 이동 이어질 전망, • 금융규제 완화 정책
증시 악재	• 금리, 유가	• 위안화 평가절상 • 원/달러 환율의 하락세 내년하반기 중국 및 미국의 주식 공급확대에 따른 물량 부담	• 금리인상 속도의 증가 • 부동산 및 유가
유망업종	• IT(반도체/디스플레이) • 자동차 • 조선	• IT(반도체, 전자부품) • 경기소비재(유통, 자동차) • 산업재(건설, 기계)	• 금융 • IT • 내수소비재
유망종목	• 삼성전자, 현대차 • 현대중공업, 삼성전기 • 삼성테크윈, 동양기전, • SBS, 프롬써어티, 대한항공,두산인프라코어 • 삼성증권, 제일모직 • SK텔레콤, LG생명과학	• 현대차, LG생명과학, 현대중공업, 삼성전자, CJ, INI, 금호전기, SBS, LG화학, NHN, 대한항공, 인탑스, 삼성증권, 제일모직 LG텔레콤, 현대해상, 대림산업	• 국민은행, • 우리투자증권 삼성전자 • 현대백화점
투자전략	• 실적 장세에 컨셉을 맞춘 종목전략을 추구해야. 이익모멘텀 개선이 전망되는 IT, 산업재, 소비재가 유망	• 1분기중 주가지수가 고점에 이른 후 2, 3분기에 조정국면을 거쳐 4분기 다시 상승 예상. 상반기엔 차익실현, 하반기엔 재매수 전략 필요	• 연초: 금융, IT, 내수소비업종에 투자. • 2분기: 단기조정에 유의 • 연말: IT경기 반전 감안한 IT업종 투자

증권사	현대증권	우리투자증권	한화증권
KOSPI 예상 지수	1250~1600	1180~1460	1250~1600
KOSDAQ 예상 지수	별도 전망 없음	별도 전망 없음	별도 전망 없음
증시 호재	• 기업실적 호전 • 내수경기 회복 • 간접투자시장 자금유입	• 설비투자 중심 내수확장 • 기업이익의 성장성 부각 • 순환적 자금유입 • 한국주식시장 Re-rating	• 국내/해외경기회복예상 • 시중의 풍부한 유동성 주식시장으로 유입 • 기업실적 호전
증시 악재	• 국제유가 급등 • 미국금리인상으로 소비위축 가능성 • 달러가치 하락으로 국제시장교란가능성	• 원/달러 강세 가능성 • 중국경기 둔화 여부 • 6월 지방선거 이후 정부정책의 혼선	• 외국인 주식매도 • 원자재 가격 상승
유망업종	• 제약 • 은행 • 자동차 • 유통 • 인터넷 • 디스플레이 • 교육	• 금융 • 내수대표 • Consumer IT	• 은행 • 증권 • 자동차 • 섬유 • 유통
유망종목	• 유한양행, 국민은행, 현대차, 신세계, NHN, 우리이티아이, 메가스터디	• 우리금융, 대구은행, 동부화재, 동아제약, LG상사, 신세계, 삼성전자, LG전자, 코아로직	• 삼성전자, 삼성전가, NHN, 현대차, 유한양행, 두산산업개발, LG화학, 삼성테크윈, 기업은행, 삼성증권
투자전략	• 유동성장세에서 실적 장세로 바뀌고 있어서 실적에 따른 종목별 차별화가 필요.	• 금융,경기관련소비재,IT업종에 대해선 2007년을 겨냥한 매수전략을 추구	• 테마성 호재보다 IT같은 실적개선 및 실적이익이 지속 가능한 종목위주의 장기적인 투자가 바람직

증권사	한국투자증권	대우증권	SK증권
KOSPI 예상 지수	1250~1600	1150~1550	1150~1580
KOSDAQ 예상 지수	별도 전망 없음	별도 전망 없음	별도 전망 없음
증시 호재	• 간접투자 자금유입지속 • 밸류에이션 추가상향 조정 가능성 • 경기모멘텀 개선 • 미국 금리인상 동결	• 내수/수출 동시 성장 • 주가 밸류에이션 성장 • 주식리스크에 개방적인 신흥부유층 대두 • 안정적 부동산 가격	• 견실한 경제성장률 • 세계증시의 상승흐름
증시 악재	• 환율의 급변동 가능성 • 외국인 매도 • 1,600선 이상에선 오히려 밸류에이션 매력약화	• 미 금리정책에 따른 글로벌 유동성 축소가능성 • 중국경기관련 예측불가능성	• 고유가 • 금리인상의 세계적 확산가능성 • 미국 부동산 시장급랭
유망업종	• IT • 금융 • 산업재	• IT • 은행 • 기계	• IT • H/W • 금융 • 항공운송 • 방송/광고 • 자동차/조선
유망종목	• 삼성전자, 하이닉스, LG전자, 국민은행, 메리츠화재, 우리투자증권, 대한항공, 현대건설, LG전선	• 오리온, 삼성전자, 하이닉스, CJ홈쇼핑, 신세계 현대백화점, GS건설, 파워로직스, NHN, 현대차, 현대모비스, 두산인프라코어, 키움닷컴증권 • 삼성화재	• 강원랜드, 고려아연, 대우조선해양, 대한항공, 동원산업, 삼성전자, 우리금융지주, 제일기획, 종근당, 하이닉스,한국전력 • 현대차, CJ, SBS
투자전략	• 1분기까지 매수후 보유전략이 유효/ 안정적 이익 성장 구가하는 종목군 관심	• 기업의 본격적 실적호전이 예상된다. 유망업종에 관심을 두는 전략이 필요.	• 전약후강의 형태가 예상되므로 매수시기는 2분기 이후이다. 펀더멘탈장세이므로 경기민감업종이 유망

돈 버는 주식투자

2005년 10월 10일 초판 1쇄
2007년 7월 30일   7쇄

지은이   매일경제신문 증권부
펴낸이   김석규
펴낸곳   매경출판(주)
등 록   2003년 4월 24일 (No. 2-3759)
주 소   우) 100-728 서울 중구 필동 1가 30번지
전 화   02) 2000-2610~2 (기획팀)
          02) 2000-2636 (영업팀)
팩 스   02) 2000-2609
이메일   publish@mk.co.kr

ISBN 89-7442-257-X
값 12,000원